本书获得西藏民族大学 2023 年教材编写资金项目资助

审计学基础

乔鹏程　编著

FUNDAMENTALS OF AUDITING

BIG DATA AND
INTELLIGENT TECHNOLOGY EDITION

大数据与智能技术版

经济管理出版社
ECONOMY & MANAGEMENT PUBLISHING HOUSE

图书在版编目（CIP）数据

审计学基础：大数据与智能技术版/乔鹏程编著. —北京：经济管理出版社，2024.5
ISBN 978-7-5096-9725-2

Ⅰ.①审⋯　Ⅱ.①乔⋯　Ⅲ.①审计学　Ⅳ.①F239.0

中国国家版本馆 CIP 数据核字（2024）第 110164 号

组稿编辑：杨　雪
责任编辑：杨　雪
助理编辑：王　慧
责任印制：张莉琼
责任校对：陈　颖

出版发行：经济管理出版社
　　　　　（北京市海淀区北蜂窝 8 号中雅大厦 A 座 11 层　100038）
网　　址：www.E-mp.com.cn
电　　话：(010)51915602
印　　刷：唐山昊达印刷有限公司
经　　销：新华书店
开　　本：787mm×1092mm /16
印　　张：17.75
字　　数：396 千字
版　　次：2024 年 8 月第 1 版　　2024 年 8 月第 1 次印刷
书　　号：ISBN 978-7-5096-9725-2
定　　价：68.00 元

前 言

大数据与智能技术对传统审计学产生了深远的影响。审计职业一直致力于评估和验证财务信息的可靠性和合规性，审计信息化正在重塑审计学科。审计学起源于古代商业活动，其现代形式的发展可以追溯到 19 世纪。随着工业革命的发展和大规模企业的兴起，社会对财务信息的审计需求日益增长。在 20 世纪，审计学逐渐形成了一套科学方法和规范，包括审计准则、程序和技术。随着全球经济的不断发展和企业治理的日益重要，审计学在保障财务信息的准确性和透明度方面发挥着关键作用。如今，党中央对审计工作的集中统一领导更加细化实化制度化，对中国特色社会主义审计事业的规律性认识更加深刻、运用更加自觉：集中统一、全面覆盖、权威高效的审计监督体系进一步健全完善；审计独特监督作用进一步彰显；审计成果运用贯通协同进一步顺畅、权威和高效。2023 年，习近平总书记在中共中央政治局常委会会议、二十届中央审计委员会第一次会议等重要会议上多次就审计工作发表重要讲话，对审计反映的重要情况、重大问题多次作出重要批示，并指出："要坚持科技强审，加强审计信息化建设。"可见，大数据和人工智能时代的到来为各行业带来了机遇和挑战，大数据和智能审计也成为目前审计领域知识革新与创新实践的热点问题。

习近平总书记强调，在强国建设、民族复兴新征程上，审计担负重要使命。这是党中央赋予审计的重大历史使命，把审计工作提升到了前所未有的高度，既是期望，更是鞭策。基于此，本书旨在介绍大数据与智能技术广泛应用后审计学的新基础知识和新概念，为读者提供对数字经济时代的审计学的新认识。在理论研究和审计实践的基础上，本书紧密结合审计实务，通过通俗的语言、丰富的案例让读者更好地理解新时代的审计学。

全书分为 11 章，第 1 章介绍了审计的定义与发展、审计的分类、国内外审计的发展，以及审计的本质和职能；第 2 章介绍了审计的对象和目标；第 3 章介绍了审计法律规范、审计准则与审计职业道德；第4章介绍了审计依据的概念、特点和分类，以及审计依据的适应原则；第5章介绍了审计程序，包括各个阶段的详细步骤；第6章介绍了审计证据及审计工作底稿；第7章介绍了审计取证策略与演进，具体介绍了四种模式；第8章介绍了审计方法；第9章介绍了三种审计信息技术及迭代；第10章介绍了大数据与审计；第11章介绍了审计报告及结果应用。

通过对本书的学习，读者可以了解审计学的基础知识和概念，更好地理解和应用审计学的原理和方法以及其对企业和经济的重要性，掌握大数据与智能技术背景下审计学的知识与技能。

在本书编写过程中，特别感谢西藏民族大学研究生张思怡、徐佳玉、李欣桐、金铭泉、王震、孙玮琦、鲍炳冰、尹湾湾、李珊珊、尚广梁、范玲玲、杜庆璋、郝彬欣、张俊俊、盛志辉、安紫薇、靳雪婷、王倩雯、高明等同学为本书收集审计学教学材料和对全书的多次校稿工作。

乔鹏程

2024 年 2 月于咸阳

目 录

CONTENTS

1

审计的概念

本章学习目标

1. 掌握审计产生的背景，了解国内外审计发展概况。
2. 深刻理解研究型审计的内涵。
3. 熟悉审计的本质和职能。

1.1 审计的定义与发展

1.1.1 审计的定义

所谓审计，是指说明审计是什么，即审计区别于其他范畴的特征。毛泽东同志说："科学研究的区分，就是根据科学对象所具有的特殊的矛盾性。因此，对于某一现象的领域所特有的某一种矛盾的研究，就构成某一门科学的对象。"

关于审计，国内外比较有代表性的定义包括：

1972 年美国会计学会《基本审计概念公告》的定义：审计是指为了查明有关经济活动和经济现象的认定与所制定标准之间的一致程度，而客观地收集和评估证据，并将结果传递给有利害关系的使用者的系统过程。

1989 年中国审计学会的定义：审计是由专职机构和人员，依法对被审计单位的财政、财务收支及其有关经济活动的真实性、合法性、效益性进行审查，评价经济责任，用以维护财经纪律，改善经营管理，提高经济效益，促进宏观调控的独立性经济监督活动。

1995 年中华人民共和国审计署的定义：审计是独立检查会计账目，监督财政、财务收支真实、合法、效益的行为。

1995 年中国注册会计师协会修订、财政部批准发布的《中国注册会计师独立审计准则》的定义：独立审计是指注册会计师依法接受委托，对被审计单位的会计报表及其相关资料进行独立审查并发表审计意见。

1997 年《中华人民共和国审计法实施条例》的定义：审计法所称审计，是指审计机关依法独立检查被审计单位的会计凭证、会计账簿、财务会计报告以及其他与财政收支、财务收支有关的资料和资产，监督财政收支、财务收支真实、合法和效益的行为。2010 年 2 月修订的《中华人民共和国审计法实施条例》，仍沿用了这一提法。

关于审计定义的表述还有很多，分析各种审计定义，一般包括以下内容：

第一，审计主体：由谁来进行审计。如审计机关，独立的专门机构和人员，国家授权或委托的机构或人员，注册会计师等。

第二，审计的依据：包括法律法规、制度、准则、标准等。

第三，审计的对象或审计的内容：财政财务收支、会计账簿、会计凭证、会计报告及相关资料和有关经济活动、经济现象等。

第四，审计的特征：独立性。

第五，审计的职能：监督，有的还包括鉴证、评价。

第六，审计的目标：财政财务收支的真实、合法、效益性。有的定义还列出了维护财经纪律、改善经营管理、提高经济效益、促进宏观调控等深层次审计目标。

第七，对审计解释的最终落脚点：有的表述为经济监督活动，有的表述为行为，有的表述为系统过程。

诚如列宁所说，"所有定义都是有条件的、相对的意义，永远也不可能包括充分发展的现象一切方面的联系"。近年来，审计工作实践发展很快，人们对审计的认识有新的变化，审计的内容、范围进一步拓展，审计的方式更加多样，对审计的目标要求更高，这些都迫切要求人们重新思考审计定义，特别是对审计对象、审计内容、审计职能以及审计目标等做出新的阐释。与时俱进地提出新的审计定义，还有待于广大审计理论和实际工作者集思广益，开展深入讨论，形成共识。现阶段研究审计定义应该考虑以下六点：

第一，以国家审计为主。尽管注册会计师审计和内部审计也属于审计的范畴，但是提出的审计定义应该以国家审计为基础，不一定要兼顾注册会计师审计和内部审计的特点。

第二，对审计范围要予以拓展。例如，国有资产、自然资源资产审计，领导干部经济责任审计，宏观调控政策执行情况审计，环境审计等。

第三，重新审视审计的职能。审计职能除了监督以外，鉴证和评价是不是审计的主要职能？各级审计机关接受本级政府委托，向同级人大常委会做审计工作报告，是不是带有鉴证的职能？经济责任审计是不是带有评价的职能？

第四，审计的目标要不要写进审计定义？真实、合法、效益的目标，是不是审计目标的全部？多层次、多方位的审计目标能否在审计定义中得到完整反映？能不能把审计目标列入审计定位的范畴，这样是否可以更好更全面地体现审计目标，更深刻地认识审计本质？

第五，审计究竟表述为一种活动，或一种行为，或系统过程更为准确？还有没有其他更好的表述方式？

第六，审计定义中是否出现主要审计程序的内容，如收集审计证据、出具和公开审计报告、督促审计整改等？

根据上述几方面内容，在中国，比较常见的审计定义是：审计是由国家授权或接受委托的专职机构和人员，依照国家法规、审计准则和会计理论，运用专门的方法，对被审计单位的财政财务收支、经营管理活动及其相关资料的真实性、合法性、效益性进行审查、监督、评价、鉴证，以维护财经纪律、改善经营管理、提高经济效益的一项具有独立性的经济监督活动。《中华人民共和国审计法》（以下简称《审计法》）

第一条规定："为了加强国家的审计监督，维护国家财政经济秩序，提高财政资金使用效益，促进廉政建设，保障国民经济和社会健康发展，根据宪法，制定本法。"依照《审计法》有关规定，审计概念可以理解为：审计是审计机关依法独立检查被审计单位的会计凭证、会计账簿、财务会计报告以及其他与财政财务收支有关的资料和资产，全面监督财政财务收支以及有关经济活动的真实、合法和效益的行为。

综合来看，无论是内部审计、注册会计师审计，抑或国家审计，其产生的客观基础都是受托责任关系，即"公众是审计师的唯一委托人"。受托责任双方关系人通过订立契约来约束各方的权利和义务，审计则对受托责任的履行过程与结果进行监督。财产所有者之所以将财产托付给代理人，是出于不同的原因。例如，在古代，统治者把征收赋税和管理财政的大权交给一些官员，是因为统治者自己无法直接管理所有的财产。对于现代企业组织来说，股东将财产托付给管理者，是为了提高财产的使用效率，为股东带来更多的增值。对于政府和非营利组织来说，投资者不以营利为目的，是源于法律要求或是为了实现特定的目的。由于每个理性经济人都会有自利的一面，其个人行为会受自利规则的驱使，加上委托人与代理人之间存在合约不完全、信息不对称和利益不一致的情况，代理人有可能背离委托人的利益或不忠于委托人的意图而采取机会主义行为。委托人为了维护自身的财产权利，防止或减少代理人不忠实的行为，往往委托第三方对代理人所进行的经济活动或提供的财务报表等会计资料进行审查，审计由此产生。

1.1.2　大数据与智能审计

审计是党和国家监督体系的重要组成部分，是推动国家治理体系和治理能力现代化的重要力量。随着人工智能、物联网、云计算、元宇宙等新一代信息技术的发展，审计技术与方法也在不断与时俱进，给审计工作带来了重大变革。智能审计是在审计领域全面深入地运用现代信息技术促进审计工作发展的过程，具有数字化、网络化、智能化等特点，因此加快实现审计的智能化程度，是进一步推动审计工作高质量发展的必然选择。

随着信息化建设步伐不断加快，财政、金融、自然资源等领域都已建立起信息系统，基于信息系统产生的种类繁多、结构复杂、信息量大的数据，如财政预算一体化、工商登记、民政社保"一卡通"等，审计人员能够通过分析这些复杂的数据来发现更多深层次问题。大数据审计时代不再局限于现场审计，而多以现场审计与非现场审计相结合的方式开展，利用SQL、无人机、ArcGIS等技术，实现线上与线下同步作业。例如，在开展耕地保护和土地利用情况的审计中，利用ArcGIS开展大数据审计，将被审计单位提供的耕地、基本农田数据与最新地理国情数据进行叠加比对分析，提取、筛选出疑点地块并进行现场确认；在预算执行审计中，利用"财政数据采集系统"自动采集、整理数据和入库，在"大数据分析模型共享分析平台"对数据模型进行协同开发和维护。大数据审计为审计全覆盖提供了数据和技术基础，如在预算执行审计中，在涉及重点领域、重点行业审计时，通过大数据审计，不放过任何

"蛛丝马迹"，实现对一级预算部门预算执行情况的审计全覆盖，避免"只见树木不见森林"现象，让审计结果更加精准。由于大数据审计较多依靠大数据技术，对审计人员的计算机等专业技术提出更高要求，越来越需要既懂审计实务又会大数据分析技术的复合型人才。同时，随着大数据技术的应用，审计标准、工作要求和审计结论的精准性也随之提高，审计风险得到有效控制。

机器对数据源的学习不依赖或较少依赖业务人员的经验，有利于增强审计结果的客观性。审计人员将正常、非正常及高关联特征数据做成训练集，通过计算机挖掘出舞弊业务的数据规律。这些规律既可用于检查、发现过去隐藏的舞弊业务，又可用于实时监督正在发生的舞弊业务，整个过程类似归纳总结工作。

审计工作正处在数字化转型中，人工智能运用是其中的重要内容，应逐步发展出审计的人工智能，这也是应对审计对象数字化升级的内生要求，当审计对象处于人机混合状态来履行职责，很难想象只靠审计人员如何来应对。所以，用"审计人员+人工智能"来应对"审计对象+人工智能"，是正在发生的事情。

智能审计的特点：①数据化。智能审计基于大数据技术，能够快速获取数据，对数据进行多维度、多层次的分析，发现潜在问题线索，提高审计分析的深度和广度，从而实现对审计对象的全面评估。②自动化。智能审计利用人工智能技术，能够自动识别异常情况，实现审计流程自动化，减少人工干预，提高审计效率和准确性，提高数据采集处理的效率和质量。③精准化。智能审计能够根据审计对象的特点和风险点，精准制定审计方案和策略，精准确定审计疑点，精准提出审计处理意见，实现对审计风险的实时监控和预测，提高审计预警的及时性和准确性。④实时化。智能审计能够实时监测审计对象的变化和风险，及时调整审计方案和策略，保证审计的时效性和有效性。⑤可视化。通过运用可视化技术，实现对审计结果的直观呈现和交互分析，提高审计报告的可读性和可理解性。

1.2　审计的分类

按照一定的标准，将性质相同或相近的审计活动归属于一种审计类型的做法，即为审计分类。研究审计的分类是有效进行审计工作的一个重要条件。

1.2.1　按照审计主体的分类

1.2.1.1　按不同的审计主体实施审计分类

按照不同的审计主体所实施的审计，可将审计分为国家审计、注册会计师审计、内部审计。

（1）国家审计

国家审计一般是指国家组织和实施的审计。审计机关依据有关财政收支、财务收支的法律法规和国家其他有关规定进行审计评价，在法定职权范围内作出审计决定，目的是维护国家财政经济秩序、促进廉政建设、保障国民经济的健康发展，特点是具有法定性。

（2）注册会计师审计

注册会计师审计是指注册会计师依法接受委托、独立执行、有偿为社会提供专业服务的活动。注册会计师审计的产生源于财产所有权和管理权的分离。

2023年2月，中共中央办公厅、国务院办公厅印发《关于进一步加强财会监督工作的意见》，要求进一步健全财会监督体系，发挥事务所等中介机构执业监督作用。资本市场中最重要的注册会计师审计组织就是会计师事务所。会计师事务所的业务包括IPO、年度审计、再融资、重组兼并审计、会计、税务、咨询相关业务，还可以服务于投资并购、内控制度、管理咨询、流程重组、税务咨询、风险管理、数据分析、IT咨询等。会计师事务所的主要作用是规范内部核算，改进内部管理，控制经营风险，提升公司价值。

（3）内部审计

内部审计是由部门和单位内部设置的审计机构和专职审计人员对本部门、本单位及下属单位进行的审计，是组织内部的管理职能。目的是增加组织价值和改进组织的运作，从而帮助组织实现目标。

1.2.1.2 国家审计、注册会计师审计、内部审计的区别与联系

（1）三者之间的区别

工作目标不同。国家审计的工作目标是服务国家和社会，维护经济安全，推动全面深化改革，促进依法治国，推进廉政建设，保障经济社会健康发展。注册会计师审计的工作目标是对财务报表是否在所有重大方面按照适用的财务报告编制基础发表审计意见。内部审计的工作目标是服务组织自身发展，促进组织完善治理，实现组织发展目标。

工作依据不同。国家审计的工作依据是宪法、《审计法》、《审计法实施条例》、国家审计准则、地方性审计法规和规章等。注册会计师审计的工作依据主要是《注册会计师法》、注册会计师执业准则等。内部审计机构开展内部审计工作的依据是内部审计工作规定、内部审计准则等。

工作权限不同。国家审计的工作权限由法律法规赋予，并以国家强制力保证实施，被审计单位和其他有关单位应当予以支持和配合。注册会计师审计的工作权限是

委托人在协议中承诺或授予的，其权限不具有法定性和强制性。内部审计的工作权限主要由组织内部规章制度确定，审计权限在一定程度上受本组织管理层制约。

（2）三者之间的联系

国家审计与注册会计师审计、内部审计之间存在着法定的监督与被监督关系。注册会计师审计组织审计的单位依法属于审计机关审计监督对象的，审计机关有权对该注册会计师审计组织出具的相关审计报告进行核查。根据审计法及其实施条例的规定，依法属于审计机关审计监督对象的单位，其内部审计工作应当接受审计机关的业务指导和监督。

审计机关可以按规定向注册会计师审计组织购买审计服务。根据《国务院关于加强审计工作的意见》《国务院办公厅关于政府向社会力量购买服务的指导意见》等规定，审计机关可以有效利用注册会计师审计力量，除涉密项目外，根据审计项目实施需要，可以向社会购买审计服务。

国家审计应当有效运用内部审计成果，实现国家审计与内部审计优势互补，有效提升审计全覆盖的质量。内部审计和注册会计师审计是实现审计全覆盖的重要力量。内部审计作为单位经济决策科学化、内部管理规范化、风险防控常态化的重要制度设计和自我约束机制，其工作越有效，单位出现违法违规问题和绩效低下问题的可能性就越小，国家审计监督的综合效能也就越高。

1.2.2 按照审计客体的分类

按照审计的目的和内容，可将审计分为财政财务审计（包含财经法纪审计）、经济效益审计、经济责任审计、大数据审计（智能审计）、鉴证审计、资源环境审计、数据资产审计、ESG 报告审计。

1.2.2.1 财政财务审计（包含财经法纪审计）

财政财务审计也称为传统审计，在西方国家被称作财务审计或依法审计。它是指对审计单位财政财务收支活动和会计资料是否真实、正确、合法和有效进行的审计。财政财务审计的主要内容是财政财务收支活动，目的是：审查财政财务收支活动是否遵守财经方针、政策、财经法令和财务会计制度、会计原则；审查是否按照经济规律办事，借以纠正错误，防止弊病，并根据审计结果提出改进财政财务管理、提高经济效益的建议和措施。财政财务审计不仅要审核检查被审计单位的会计资料，而且要审核检查被审计单位的各项资金及其运动。按照审计对象的不同，财政财务审计又可分为财政预算审计、财政决算审计和财务收支审计。财经法纪审计是对国家政府机关和企事业单位严重违反财经法纪行为所进行的专案审计。对严重违反国家现金管理、结算制度、信贷制度、成本费用开支范围、税利上缴规定等所进行的审计，均属于财经法纪审计。财经法纪审计的重点是审查和揭露各种舞弊、侵占社会主义资财的事项，审查和揭露使国家和集体财产造成重大损失浪费的各种失职渎职行为。财政财务审计和财经法纪审计是中国国家审计机关主要的审计目标。

财经法纪审计既可以单列一类，也可以认为是财政财务审计的一个特殊类别。因为进行财经法纪审计要涉及财务问题，而进行财务审计又必然地要涉及法纪问题。一般是在财务审计中，对案情比较重大的违反法纪事件专门立案审查，这样有助于集中精力查明要害问题，同时也有利于进行专案处理，追究经济责任。中国的财经法纪审计类同于国际的弊端审计和法规审计。弊端审计是指以检查、鉴定被审计单位或个人是否有弊端行为为目的的一项专门审计；法规审计指法令、规章审计，目的是要确定政府工作人员是否遵守法令以及执行政策、方针和规章制度。

1.2.2.2 经济效益审计

经济效益审计是以审查评价实现经济效益的程度和途径为内容、以促进经济效益提高为目的所实施的审计。经济效益审计的主要对象是生产经营活动和财政经济活动取得的经济效果或效率，它通过对企业生产经营成果、基本建设效果和行政事业单位资金使用效果的审查，评价经济效益的高低和经营情况的好坏，并进一步发掘提高经济效益的潜力和途径。

中国的经济效益审计类同于国际的绩效审计或"3E"审计，包括经营审计和管理审计的部分内容。"3E"审计是指经济性（Economics）审计、效率性（Efficiency）审计和效果性（Effect）审计。

第一，经济性审计。对财务支出是否节约或浪费所进行的审计为经济性审计。通过经济性审计，可以揭示被审计单位财政财务活动的恰当程度及其遵纪守法情况。

第二，效率性审计。效率性审计主要是指对投入与产出之间关系所进行的审计。借以评价成本与盈利的情况，判明被审计单位的经济活动是否经济有效。效率性审计的主要内容是：判明被审计单位在管理和利用资源上是否经济有效；查明不经济、效率低的原因；检查是否遵守有关提高效率的法规；等等。效率性审计最终要揭示被审计单位管理结构的合理性和管理职能发挥的有效性，进一步寻求有利于提高效率的办法和措施。由于该种审计主要采用货币计量单位，以价值的形式计算比较，所以也称为价值审计。

第三，效果性审计。效果性审计是指对计划目标完成情况所进行的审计，即审查产出是否达到了预期的效果和是否获得了理想的效益。效果性审计也称经营审计或经济效果审计。经营审计一般称为业务经营审计，是对企业供、产、销等业务经营活动进行的审核检查，以进一步挖掘潜力和提高经济效益的一种审计。

经济效益的内容与表述在不断变化。2024年1月全国审计工作会议指出，2024年审计工作重点第一项就是经济效益相关审计：围绕"国之大者"促进经济高质量发展开展审计。重点审计重大区域规划战略实施、重大投资项目建设，保障中央政令畅通。贯彻加大宏观调控力度的要求，密切关注财政、货币、就业、产业、区域、科技、环保等政策协调配合情况，通过审计推动提升宏观政策支持高质量发展的效果。贯彻以科技创新引领现代化产业体系建设的要求，重点开展大数据产业方面的审计，促进以科技创新推动产业创新。

财政财务审计和经济效益审计虽然有联系，但也有明显的区别，而且这种区别不仅表现在审计的具体内容上，还表现在审计的目的、依据、时间、执行者和方法等方面。从财政财务审计和经济效益审计的比较中可以看出：前者的目的在于查明财务收支和经济核算资料的真实性、正确性和合理性，进行经济公证，借以确定和解除经济责任，主要用于查错防弊，以保护原则为主；后者的目的在于确定经济效益并作出评价，借以寻求提高经济效益的途径，以建设性原则为主。前者以会计法、财政财务制度、财经法纪和财务活动事实为主要依据；后者除此之外，还要以业务、技术经济效益考核标准和经济活动事实为依据。财政财务审计以事后审计及定期审计为主；经济效益审计则以事前、事中审计为主，定期审计与经常性审计相结合。财政财务审计主要由专业审计人员进行，主要使用审查书面资料和证实客观事物的方法；而经济效益审计不仅是由专业审计人员进行，还要有工程技术等方面的内行专家参加，同时还要运用现代管理的一些先进方法。

1.2.2.3　经济责任审计

经济责任审计是指以审查经营者应负经济责任为主要目的的审计。2022 年修订后的《中华人民共和国审计法》中指出，审计包括监督与检查活动，通过对物的检查来考核管物的人的责任和绩效，而不是审物论物。2019 年 7 月，中共中央办公厅、国务院办公厅印发的《党政主要领导干部和国有企事业单位主要领导人员经济责任审计规定》中指出，经济责任审计应当以促进领导干部推动本地区、本部门（系统）、本单位科学发展为目标，以领导干部守法、守纪、守规、尽责情况为重点，以领导干部任职期间本地区、本部门（系统）、本单位财政收支、财务收支以及有关经济活动的真实、合法和效益为基础，严格依法界定审计内容。

经济责任审计要深刻理解"立足经济监督定位"，依法能动履职。2023 年 5 月 23 日下午，习近平总书记主持召开二十届中央审计委员会第一次会议，发表重要讲话并强调，在强国建设、民族复兴新征程上，审计担负重要使命，要立足经济监督定位，聚焦主责主业，更好发挥审计在推进党的自我革命中的独特作用。会议指出，做好新时代新征程审计工作，总的要求是在构建集中统一、全面覆盖、权威高效的审计监督体系，更好发挥审计监督作用上聚焦发力。要如臂使指，增强审计的政治属性和政治功能，把党中央部署把握准、领会透、落实好。要如影随形，对所有管理使用公共资金、国有资产、国有资源的地方、部门和单位的审计监督权无一遗漏、无一例外，形成常态化、动态化震慑。要如雷贯耳，坚持依法审计，做实研究型审计，发扬斗争精神，增强斗争本领，打造经济监督的"特种部队"；做好与其他监督的贯通协同，形成监督合力。

2024 年审计工作重点第六项就是经济责任相关审计：围绕推进党的自我革命开展审计。充分发挥审计在反腐治乱方面的重要作用，以权力运行和责任落实为落脚点，开展地区、部门和单位主要领导人员经济责任审计，重点查处贯彻落实党中央重大经济决策部署、执行中央八项规定精神和过紧日子要求等方面严重违反财经纪律的问题，保障党和国家大政方针在财经领域的贯彻落实。

1.2.2.4 大数据审计（智能审计）

2023 年 1 月 4 日，第二届全国审计信息化标准化技术委员会第四次全体委员会议强调，标准化工作要服务审计主责主业，努力实现对经济运行各方面数据标准化的全覆盖，聚焦事关全局的重点领域、重大政策、重大问题，助力各级审计机关提高大数据审计能力。2023 年 9 月 13～15 日，世界审计组织大数据工作组第 7 次会议围绕"大数据审计应用"展开交流研讨。随着人工智能、物联网、云计算、元宇宙等新一代信息技术的发展，审计技术与方法也不断与时俱进，给审计工作带来了重大变革。智能审计作为审计信息化发展的高级阶段，充分利用大数据等先进信息技术，自动化实现审计数据采集、数据处理、模型分析、线索核实，甚至智能化生成审计报告，实现审计信息处理的自动化、审计管理和审计作业的智能化，进而提升审计工作效率。智能审计是在审计领域全面深入地运用现代信息技术促进审计工作发展的过程，具有数字化、网络化、智能化等特点，因此加快实现审计智能化程度，是进一步推动审计工作高质量发展的必然选择。

1.2.2.5 鉴证审计

2022 年 1 月，财政部印发的《中国注册会计师鉴证业务基本准则》中明确鉴证业务包括历史财务信息审计业务、历史财务信息审阅业务和其他鉴证业务。鉴证业务是指注册会计师对鉴证对象信息提出结论，以增强除责任方之外的预期使用者对鉴证对象信息信任程度的业务。

鉴证对象信息是按照标准对鉴证对象进行评价和计量的结果。如责任方按照会计准则和相关会计制度（标准）对其财务状况、经营成果和现金流量（鉴证对象）进行确认、计量和列报（包括披露）而形成的财务报表（鉴证对象信息）。

鉴证对象与鉴证对象信息具有多种形式，主要包括：①当鉴证对象为财务业绩或状况时（如历史或预测的财务状况、经营成果和现金流量），鉴证对象信息是财务报表；②当鉴证对象为非财务业绩或状况时（如企业的运营情况），鉴证对象信息可能是反映效率或效果的关键指标；③当鉴证对象为物理特征时（如设备的生产能力），鉴证对象信息可能是有关鉴证对象物理特征的说明文件；④当鉴证对象为某种系统和过程时（如企业的内部控制或信息技术系统），鉴证对象信息可能是关于其有效性的认定；⑤当鉴证对象为一种行为时（如遵守法律法规的情况），鉴证对象信息可能是对法律法规遵守情况或执行效果的声明。

1.2.2.6 资源环境审计

资源环境审计是指审计机关依法对政府及相关主管部门和相关企业、事业单位与资源环境有关的财政财务收支及其相关管理活动的真实性、合法性和效益性，进行审计监督。

20 世纪 80 年代开始，在审计署开展的审计项目中逐渐涉及一些对环境保护资金的审计事项。例如，2009 年 9 月发布了《审计署关于加强资源环境审计工作的意见》，2011 年 6 月发布了《审计署关于印发审计署"十二五"审计工作发展规划的通知》，2017 年 6 月审议通过了《领导干部自然资源资产离任审计暂行规定》。2023 年 12 月发布的《关于建立健全领导干部自然资源资产离任审计评价指标体系的意见》中提出，到 2022 年，建立省级地方党政主要领导干部自然资源资产离任审计评价指标体系。到 2025 年，地方各级党委和政府及有关部门主要领导干部自然资源资产离任审计评价指标体系基本健全，为推动实现人与自然和谐发展提供有力支撑。重点关注发展改革、自然资源、生态环境、水利、农业农村、住房城乡建设、林草等上级主管部门对被审计地区耕地保护、污染防治、碳达峰碳中和、自然资源资产管理等监督考评情况，以及生态产品实物量与价值核算结果、自然资源资产保值增值等情况，结合巡视巡察、督察、资源环境统计监测、公众满意度等情况进行审计评价。

2020 年，云南省审计厅研发的"审计眼"系统发现了疑点图斑，利用无人机遥感技术，对耕地与林地重叠疑点图斑情况进行了核查，并实时分析、取证和存档。通过"审计眼"系统平台和无人机遥感技术手段，有效解决了因地形复杂、面广，审计人员难于调查取证的问题，有效提高了审计效率和疑点核实的精准度，进一步助推领导干部自然资源资产离任审计工作。

1.2.2.7 数据资产审计

2023 年 8 月 21 日，财政部印发《企业数据资源相关会计处理暂行规定》，数据资产及数据资产审计成为新审计客体。

数据资产是由企业过去的交易活动或采集活动直接获得，或由过去的内部经营活动间接获得，以文字、图片、影像、声音等多种形态存在，可以记录、分析和重组，并且由企业控制的、预期会给企业带来经济利益的资源。与其他资产不同的是，数据资产为企业带来的预期经济利益难以计量或短时间内难以被迅速观察和反映，这就加大了数据资产初始计量和后续计量的难度。

在数据资产化的过程中，若被审计单位无法在财务报表中公允地反映数据资产的价值，会影响其会计信息的可靠性。数据资产审计正是为强化数据资产的可信度以减少交易各方的信息不对称而产生的。数据资产审计是指注册会计师通过实施审计程序以确定企业数据资产在财务报表中确认的各类交易、账户余额、披露层次的认定是否恰当。

数据资产审计具有以下特征：①审计主体是会计师事务所，依据《中华人民共和国注册会计师法》和中国注册会计师审计准则进行审计。而国家审计和内部审计因为其特有的审计属性，不太适合进行数据资产审计。②审计客体是接受审计主体进行数据资产审计的经济责任承担者和履行者，即被审计单位。③审计对象是被审计单位的数据资产，由于数据资产具有非排他性、规模经济性、可再生性和强渗透性等特点，因而审计中需要利用数据专家协助注册会计师获取充分、适当的审计证据。

1.2.2.8　ESG 报告审计

ESG 报告是 Environmental（环境）、Social（社会）和 Governance（治理）报告的缩写，已成为新时代的热词。ESG 报告是企业/公司对环境、社会和治理责任履行状况的报告，要求企业/公司把经济绩效提升和价值创造与绿色低碳环保、社会责任和构建良好治理统筹协调，促进企业可持续发展。推动高质量发展和绿色发展的内涵包括促进企业可持续发展，提高企业可持续发展能力与水平。

目前，ESG 审计以自愿为主。规模比较大的公司因为投资者的需求、社会的压力或是自身想营造一个更负责任的企业形象，让人认为它们披露的 ESG 信息更可靠，所以需要 ESG 审计。国际准则方面，2023 年 6 月发布了 IFRS S1 以及 IFRS S2 这两个 ESG 报告准则。2023 年 8 月，国际审计与鉴证准则理事会（IAASB）针对可持续发展信息鉴证制定了一项新准则《国际可持续发展信息鉴证准则第 5000 号——可持续发展信息鉴证业务的一般要求》（ISSA 5000），在全球范围公开征求意见。目前，亟需加强以下 ESG 审计相关内容的关注：ESG 审计鉴证准则、审计鉴证的内容与方法、审计鉴证报告的形式与内容要素、审计鉴证意见类型、审计鉴证中保证程度与责任承担的关系、审计鉴证对 ESG"漂绿"行为的治理、审计鉴证促进高质量发展和绿色发展作用以及"大智移云物区"（大数据、人工智能、移动互联网、云计算、物联网、区块链）等新兴信息技术在 ESG 审计鉴证中的应用。

1.3　国内外审计的发展

1.3.1　国外审计的产生和发展

1.3.1.1　国家审计

几千年前，古埃及、古希腊、古罗马这些强大的帝国已经设立有官厅审计机构。

英国是世界上最早设立审计制度的国家，是现代审计制度的发源地。作为实行君主立宪制的国家之一，其审计制度是议会与王权斗争的产物，其诞生与国家议会对王权制约的传统密不可分（文硕，2019）。

英国议会于1983年通过《国家审计法案》（The National Audit Act）。该法案的最大贡献在于确立了独立于政府部门的审计机构——审计署（National Audit Office, NAO）及其职权。审计署直接向议会负责，由主计审计长和其任命的审计人员构成，主要职能是对政府各部门和机构的财务活动进行审计。审计署与公共账目审计委员会密切联系，审计署应将审计报告呈交给公共账目审计委员会，并且由公共账目审计委员会负责审查审计署的费用评估报告。该法案规定审计署必须确保审计报告可以被公众获取，以提高政府财政决策的透明度，使公众能够了解政府财务状况和资金使用情况。此外，审计署还有权要求政府部门对审计报告中的问题进行解释和解决，促使政府改进财政管理，强化财政问责制。

总的来说，随着文明的进步，经济技术的发展，西方国家的国家审计越来越成熟，通常在议会下成立专门的国家审计机构，经议会或国会授权，对财政财务收支进行独立的审计监督。

1.3.1.2 注册会计师审计

16世纪末期，地中海沿岸国家的商品贸易得到发展，有记载称意大利威尼斯是现代审计的萌芽地，现代意义上的注册会计师审计是伴随18世纪初期到19世纪中叶产业革命的完成而开始的。产业革命的完成推动了资本主义商品经济的发展，在西方出现了以发行股票筹集资金为特征的股份有限责任公司。股份有限责任公司这一企业组织形式的出现，公司的所有权与经营权相分离，使得对经营管理人员的监督十分必要，现代注册会计师审计制度应运而生。1853年，在苏格兰的爱丁堡成立了爱丁堡会计师协会，这是世界上第一个执业会计师的专业团体。

19世纪末期到20世纪初期，美国的注册会计师审计得到了迅猛发展。美国南北战争结束后，英国资本流入，1929～1933年的经济危机催生现代审计在美国的快速发展，美国现代注册会计师制度发展，起到了促进其经济发展的积极作用。为了保护广大投资者和债权人的利益，英国的执业会计师远涉重洋到美国开展注册会计师审计业务；与此同时，美国也很快形成了自己的注册会计师审计队伍。1887年美国会计师公会成立，1916年改组为美国会计师协会，后来发展为美国注册会计师协会（American Institute of Certified Public Accountants，AICPA），成为世界上最大的注册会计师审计专业团体。初期的美国注册会计师审计多采用英国式的详细审计。

随着全球经济的发展，注册会计师形成了一支资本市场治理的重要社会力量。世界上著名的会计师事务所有四家，如表1-1所示。

表 1-1   2023 年国际四大会计师事务所基本情况一览

名称	发展历程	2023 年全球收入（亿美元）	2023 年全球从业人员（万人）
普华永道（Price Waterhouse Coopers，PwC）	前身是 1848 年成立于英国伦敦的普华（Price Waterhouse）会计公司和 1898 年成立于美国费城的永道（Coopers & Lybrand）会计公司。两者于 1998 年 7 月 1 日合并成现在的普华永道	451	36.42
德勤（Deloitte Touche Tohmatsu，DTT）	1868 年，Deloitte 成立于美国纽约；1900 年，Touche，Niven&Co. 公司在纽约成立，后更名为 Touche Ross 公司；Tohmatsu 事务所于 1968 年成立；1999 年 Deloitte & Touche 和 Tohmatsu 正式合并，成为现在的德勤	593	45.70
安永（Ernst & Young）	前身是 1894 年成立于美国纽约的 Arthur Young 会计公司和 1903 年成立于美国克利夫兰的 Ernst & Emnst（1979 年以后合并为 Ernst & Whinney）会计公司。1989 年 Arthur Young 及 Ernst & Whinney 的兼并造就了现在的安永	494	39.54
毕马威（KPMG）	1911 年，荷兰的 William Barclay Peat & Co. 和 Marwick，Mitchell & Co. 合并为 Peat Marwick International（PMI）。1979 年，Klynveld、Deutsche Treuhand-Gesellschaft 和 McLintock Main Lafrentz 进行合并，组成 Klynveld Main Goerdeler（KMG）。1987 年，PMI 和 KMG 的成员机构进行合并形成现在的毕马威	350	23.38

资料来源：笔者根据国际四大会计事务所 2023 年度公开资料整理。

1.3.1.3   内部审计

内部审计诞生于资本主义经济快速发展时期。20 世纪初，资本主义企业规模不断扩大，企业对内部监督管理也越来越重视，内部审计就是在这样的情况下在美国产生并得到快速发展的。

20 世纪 40~60 年代，内部审计诞生之初，企业内部一般不设有单独的内审部门，而由会计部门领导，在企业内自上而下地进行审计，履行会计监督职能。但是，这样的机构设置很难保证内部审计的独立性和客观性，因此企业逐步建立起了单独的内审部门，独立开展内审工作，并以内审为基础形成了公司的内部控制系统。此时的内部审计仍局限于财务审计以及一些交易记录的合规性检查，是一种事后控制机制。

到了 20 世纪七八十年代，西方国家法律法规对企业管理层的约束更加严格，更强调企业管理当局的责任，这迫使企业管理者加强内部控制、提高管理效率。企业要求内部审计对业务流程的设置控制点给予评价，强调业务流程的梳理与优化，关注当前流程与最佳流程的差异，从而形成了以流程为导向的内部审计，负责对企业的关键业务流程设计、执行进行监督和评价。

20 世纪八九十年代，市场竞争日益激烈，很多企业开始寻求海外市场，企业规模不断扩大，国际金融一体化进程不断加快，金融衍生品交易日益频繁，加之信息技术和电子交易的逐步应用，使得企业面临的经营风险逐步增加。因此，管理者思考通过内部审计来降低和控制风险，内部审计也由此转向了以风险为导向，重视关键业务流程和关键控制的风险识别，并提出应对措施。

20 世纪 90 年代后期，企业对所面对的风险有了全新的认识，认识到企业在经营过程中面临多方面的风险，战略层、管理层、操作层都存在风险，而企业的风险管理也应该针对包括财务管理、业务经营、流程管理以及战略管理等多个方面。因此，内部审计也随着这种全面风险管理的发展而逐渐转变。

1.3.2 中国审计的发展

1.3.2.1 国家审计

随着经济的高速发展，国家审计为经济发展保驾护航的作用越来越凸显。

（1）古代国家审计

马克思和恩格斯在《德意志意识形态》中指出，"历史不外是各个时代的依次交替。每一代都利用以前各代遗留下来的材料、资金和生产力"。随着生产力的不断发展，必须建立与之相适应的生产关系。

在社会生产力低下的原始社会不需要审计。当生产力发展到一定水平时，国家财富增多、疆土扩大导致统治者分封诸侯贵族，即国家授权管理的开始。为了防范官吏在经济上的违法乱纪、贪赃枉法，西周时期已出现审计的雏形——"宰夫"，其独立于财政部门，主要检查监督百官执掌的财政财务收支，以决定各级官员和政府的奖惩，成为监督和强制保障财政收入、控制财政支出的治理工具。春秋战国时期，铁制农具的使用、牛耕、水利发展使农业生产大有提高，一些诸侯国对新兼并的领土不再进行分封而是委派官员治理，"上计"审计制度得到较快发展。隋唐时期，封建社会经济呈现出空前繁荣景象，地方赋税征免与否要报"比部"，至此主管审计且具有司法监督性质的"比部"产生。五代十国是中国历史上一个纷乱割据的时代，宋代经济发达、耕地面积扩大，统治者"以防弊之政，作立国之法"，建立了我国古代第一个以"审计"命名的专职审计机构。元明清时期，以"科道"审计为主，集监察和审计职权于一身，形成了高度集权、机构庞大、制约严密的监察体系。

由于社会生产力及人们认识能力的局限，我国古代国家审计经历了宰夫、上计、比部、审计、科道五个不同历史阶段，但并不完全独立，审计职能常与行政监察、司法财经管理、管理考核职能混在一起。

（2）近代国家审计

1921～1949 年，革命战争时期的国家审计制度从初创到逐步成熟。由于政治、经济和革命斗争的需要，中国共产党在成立初期就开展了审计工作。党的一大通过了《中国共产党第一个纲领》，"地方委员会的财务、活动和政策，应受中央执行委员会的监督"。1932 年 8 月，中华苏维埃共和国中央人民委员会颁布了《财政部暂行组织纲要》，规定中央政府在财政人民委员部设审计处。1933 年 9 月，苏区中央政府成立中央审计委员会，独立于财政委员会之外。1934 年 2 月，中央审计委员会直接由中央执行委员会领导。1937 年 2 月，中华苏维埃共和国临时中央政府设立了国家审计委员会，建立了预决算制度和审计制度。抗战时期，中央军委在财政委员会下设审计处。解放战争时期，军队团以上各级均设立审计委员会，各解放区分别建立了适合本地实际、较为独立和完善的审计制度。

（3）当代国家审计

中华人民共和国成立至今，国家审计制度越来越成为国家治理的重要组成部分。1949~1978 年，受当时的政治经济环境影响，国家没有设立独立的审计机关，而是赋予会计人员监督财政财务收支的职权。1978 年，党的十一届三中全会决定将工作重心转移到社会主义现代化建设上来。1982 年，党的十二大也指出要把全部经济工作转到以提高经济效益为中心的轨道上；同年 12 月，《中华人民共和国宪法》（以下简称《宪法》）正式确立了我国的审计监督制度。1983 年 9 月 15 日，我国最高审计机关——中华人民共和国审计署正式成立。1984 年，党的十二届三中全会通过了《中共中央关于经济体制改革的决定》。1987 年，党的十三大阐述了关于社会主义初级阶段的理论。1988 年，国务院发布了《中华人民共和国审计条例》。1992 年，党的十四大确立了建立社会主义市场经济体制的目标。1994 年 8 月 31 日，中华人民共和国第一部《审计法》正式颁布，中国审计监督制度框架初步形成并走上法治轨道。党的十五大、党的十六大提出加强对权力的监督和制约，审计机关调整审计工作定位、目标和重点，推进了审计结果公告制度和绩效审计，探索经济责任审计。国家审计围绕党的十七大提出的中心工作，通过开展法治化等五项工作促进国家政治经济文化和生态文明建设。2012 年，党的十八大提出全面建成小康社会和全面深化改革开放的目标，国家审计依法履行职责，推动全面落实经济、政治、文化、社会和生态文明建设"五位一体"的全面实施，推动完善国家治理。党的十九大提出了我国经济"新常态"下的新发展理念，国家审计紧密围绕转变经济发展方式、优化经济结构、转换增长动力、完善产权制度和要素市场化配置等重点，形成中国特色社会主义审计制度。

随着中国经济飞速发展，审计事业也发展迅速，主要体现在以下四个方面：

1）审计法律法规越来越健全

2022 年 1 月修订的《中华人民共和国审计法（2021）》主要在健全审计监督机制、完善审计监督职责、优化审计监督手段、规范审计监督行为、强化审计查出问题整改、加强审计机关自身建设等方面作了修订，首先是明确把坚持中国共产党对审计工作的领导写入《审计法》。党的十九大和十九届三中全会决定改革审计管理体制，建立中央审计委员会，将其作为党中央决策议事协调机构，为坚持和加强党对审计工作的领导提供了坚强的组织保障。《审计法》的修订，通过法定程序使党的有关主张成为国家意志，将审计管理体制改革成果上升为法律，同时为国家审计基本理论明确了方向。

2）研究型审计

2020 年 8 月 17 日，审计署党组书记、审计长侯凯在 2020 年审计署集中整训时要求，审计机关要把开展研究型审计作为头等大事，聚焦主责主业，着眼促进改革，在揭示问题的同时，推动完善制度机制，发挥审计的建设性作用。

研究不是在审计工作之外另起炉灶，而是始终融入贯穿审计立项、实施、报告全过程。"研""审"结合，紧跟政策走向、决策方向和资金流向。抓科技强审，积极推行"数据先行""分析先行"，走"政策研究+数据分析"的研究路径，建立资金"预算—指标—支付"的全流程审计策略。

3）数字化审计技术飞速发展

数字化审计技术飞速发展，表现为当前在审计工作中应用了数字化审计技术，建立了审计三级数据分析平台：

一是在内部数据分析中心搭建一级数据分析平台。依托设置数据分析中心，设立专职数据分析员负责查询与分析，并可向其他审计人员授权使用。结合应用审计软件，充分利用各项审计资源及已归集的数据资源目录数据，加强数据分析工作的组织管理，全面开展数据综合分析利用。

二是在主审计现场搭建二级数据分析平台。审计组在主审计现场专门设立数据小组，建立服务器，搭建数据分析平台，按照审计工作方案等要求，负责采集、清理与归集与本次经济责任审计相关的数据。按照统一规范，建立数据表统一命名规则。

三是在分散于各地的分审计现场搭建三级数据分析平台，建立现场查询端，主要安装应用被审计单位的系统软件，便于各审计小组或审计人员及时核实对数据综合分析结果产生的审计疑点或本小组负责的重要审计事项。

综合应用多部门数据建立分析模型进行比对分析。综合应用已归集的数据资源和审计采集的基础数据库，建立各级财务收支指标分析数据模型，有效应用财政、税务、国库等部门数据，实现跨行业数据关联分析与比对分析。

注重对大量非结构化数据的清理转化与分析应用。针对被审计单位文件和会议记录等非结构化数据量大的特点，将被审计单位办公系统中非结构性文件、档案等资料导出，清理转化为结构化数据，利用相关软件分析检索功能进行快速定位查询或模糊查询，再结合应用被审计单位的终端联网查询源文件方法，提高了审计工作的质量与效率。

4）中国审计的世界影响力日益凸显

随着改革开放 40 余年来经济的飞速发展，中国国家审计的世界影响力不断增强。走向国际的中国审计最重要的标志有两个。一是担任联合国审计委员会委员和轮值主席，二是担任世界审计组织主席。[①]

---

① 审计署国际合作司司长姜海鹰：走向世界的中国审计 ［EB/OL］. 中华人民共和国审计署，2017 - 02 - 08. https：//www. audit. gov. cn/n13/c92948/content. html

中国审计署近年来还积极推动国际审计理论和审计事业的发展。目前，中国审计署在政策执行跟踪审计、经济责任审计、计算机审计、环境审计、大数据技术应用审计、社保审计、大型投资项目审计等领域都处于领先地位、影响较广，很多中国经验和做法得到有效对外传播。除世界审计组织外，中国审计署在其他一些国际组织中也发挥着积极作用。2015年3月，在国家市场监督管理总局（国家标准化管理委员会）的指导下，审计署申报的"审计数据采集"国际标准项目委员会经ISO批准成立。中国审计署始终积极践行习近平总书记提出的中国特色大国外交理念，遵循国家外交方针，通过积极参与世界审计组织和联合国审计委员会的领导工作，扎实推进审计领域国际务实合作，注重传播中国声音和中国理念，讲好中国审计故事，增强国际话语权，发挥战略引领作用，以审计外交服务国家大外交。中国审计不但已经走向国际，而且成为国际审计舞台上一支有影响力的队伍，在国际审计领域扮演着创新者、领导者的重要角色，以更加自信的姿态站在了国际审计舞台的中心。

（4）党领导下的国家审计发展的经验及启示

综观党领导下的国家审计百年发展历程，以下三点值得特别提及：

第一，党和国家的事业大局离不开以审计监督为核心的经济监督，始终坚持服务于党和国家事业大局是国家审计的根本职责。中国共产党成立100多年以来，不同时期的具体使命和中心目标各有不同。在不同的阶段，国家审计均紧密服务于党的主要任务，并最终体现为服务全体人民。在新民主主义革命时期，党的主要目标是带领人民推翻"三座大山"，党领导下的审计事业主要目标是为"发展经济，保障供给"服务，让来之不易的经费能够更好地为中国革命事业发挥作用。在此期间，虽然革命条件异常艰苦，但党始终重视审计监督对于工人运动、红色政权发展壮大的重要作用。虽然审计机构的定位起起伏伏，但基本目标均是适应外部环境变化以更好地发挥审计职能。即使在战火纷飞的环境下，审计事业的建章立制依然取得不菲的成绩，审计公开也有明确的制度性安排。这充分说明革命战争时期党的事业大局离不开审计监督，而国家审计也始终坚持服务于党的中心工作。在中华人民共和国成立之后30余年，受苏联的影响，我国未设立审计机关，经济监督工作被严重弱化，甚至相关监督机构也被取消。这一时期虽然国家建设也取得了一定的成绩，但整体效率较低。党的十一届三中全会之后，自1983年起设立审计机关，不断探索拓展审计职能空间，至1994年《审计法》颁布，实现了从"财政监督"到"监督财政"的重要转变。党的十八大以来，审计管理体制的改革和职能空间的拓展，将国家审计与党和国家事业大局之间的关系结合得更为紧密。随着与新时代相适应的中国特色社会主义审计制度的全面建立和不断完善，国家审计在维护国家经济安全、推进民主法治、促进廉政建设、保障国家经济和社会健康发展等方面做出了巨大贡献。

第二，党的统一领导为审计制度的建立和完善指明了前进的方向，增强了审计的独立性和权威性。在不同时期，审计机构的设立或撤并以及管理体制的变化，都来自党统一领导下的部署。特别是自党的十一届三中全会、党的十二大将工作重心转向经济建设以来，在党的领导下，《宪法》明确了审计监督制度，为建立审计署与地方审计机关、独立行使审计监督权奠定了基础。在此基础上，多次党的代表大会和中央委员会全体会议对审计管理体制改革和审计事业发展提出了明确的指导意见，为审计工作的法治化、制度化、规范化指明了方向。特别是中央审计委员会组建之后，党对审计事业的领导更为直接和充分。审计独立性和权威性是审计功能得以发挥的基础。按照传统观点，审计隶属关系对于审计独立性有直接影响，中国的审计机关隶属于政府，其独立性应当不强，但实践已经证明，在党的统一领导下，在《宪法》《审计法》等相关法律的支撑下，我国国家审计的独立性已经得到充分保证。特别是党的十八大以来，中央审计委员会的组建以及全国人大常委会对审计查出突出问题整改机制的强化，进一步提升了审计监督的独立性和权威性。

第三，党领导下的中国特色社会主义审计制度必须守正创新，并结合国情不断创新管理体制，拓展职能空间。在革命战争时期，审计机构的设置和定位变动频繁，但为中国革命事业服务的根本目标没有变。自1983年审计机关设立以来，按照《宪法》《审计法》的要求，审计机关守正创新，国家审计与党和国家事业大局的契合度、国家审计对国家治理体系和治理能力现代化的保障作用都不断提升。所谓"守正"，即坚持《宪法》《审计法》关于依法独立审计相关单位财政收支和财务收支"真实、合法和效益"情况的立法意图；所谓"创新"，一是体现在审计管理体制围绕如何增强独立性和权威性不断调整，二是体现在发展出很多具有中国特色的审计项目，审计职能空间不断拓展。例如，根据中国国情发展出以领导干部为主要审计对象的经济责任审计；随着国家对生态文明的日益重视，启动了领导干部自然资源资产离任审计；2014年以来启动了政策跟踪审计；根据中国国情，以推进审计全覆盖为抓手，将审计对象拓展到公共资金、国有资产、国有资源等。这表明，国家审计作为国家治理的免疫系统，能迅速适应和应对内外环境的新变化，充分发挥好预防、揭示和抵御的功能。特别是党的十八大之后，国家审计管理体制以及审计职能空间拓展都进入急速变化期，审计监督已体现出以财政审计为基础，以政策跟踪审计直接服务于党和国家中心工作的特征。如果说1994年《审计法》颁布之后，国家审计职能实现了从"财政监督"到"监督财政"的重大转变，那么如今则是启动了从"监督财政"到"监督政府"的转变。在新发展阶段，如何更好地履行"监督政府"这一使命，还需结合中国现实国情进一步探索。

总的来看，中央审计委员会的设立标志着党领导审计事业更为直接，与新时代相适应的中国特色社会主义审计制度已初步确立并将进一步完善。展望未来，有理由相信，国家审计推动国家治理现代化的保障作用将发挥得更为充分，服务于中国特色社会主义现代化事业的功能将得以充分拓展。

1.3.2.2 注册会计师审计

我国注册会计师制度起步较晚：1918 年 9 月 7 日，北洋政府颁布《会计师暂行章程》。1918 年，谢霖①在北京创办了我国第一家会计师事务所——正则会计师事务所，标志着我国注册会计师制度正式诞生。1930 年，《会计师条例》的颁布确立了会计师的法律地位。

1980 年，我国恢复注册会计师制度。1981 年 1 月 1 日，上海成立了上海会计师事务所。1985 年，注册会计师审计被载入《中华人民共和国会计法》。1986 年 7 月，《中华人民共和国注册会计师条例》颁布，确定了注册会计师在我国的法律地位。1988 年 11 月 15 日，中国注册会计师协会成立，并于 1991 年举行了第一届中国注册会计师考试。1994 年 1 月 1 日，《中华人民共和国注册会计师法》实施（1993 年 10 月 31 日颁布）。2000 年以后，中国的注册会计师国际化程度不断提高，2006 年发布新的独立审计准则体系，逐渐与国际趋同。2009 年，中国注册会计师考试制度与国际普遍认可的注册会计师考试制度趋同，通过中国注册会计师考试将打造中国注册会计师走向国际的"通行证"。2018~2023 年，中国注册会计师协会共发布 20 余项行业管理制度，修订 46 项审计准则及 63 项应用指南，拟订（修订）14 项质量管理相关准则及 18 项应用指南，全面修订职业道德守则，首批发布 4 项审计数据规范。②

截至 2023 年 6 月 30 日，中国注册会计师行业共有事务所团组织 1475 家，35 岁以下注册会计师 22366 人，非执业会员 87727 人。2022 年，共有 61 家会计师事务所加入或自创 34 家国际会计师事务所的国际网络（联盟）。会计师事务所利用所在网络（联盟）资源，协调境内外成员所协同服务，为 3 万余家中国企业在 200 多个国家和地区的 4 万多个项目设点布局提供各类专业服务，助力共建"一带一路"和中国企业"走出去"。中国注册会计师协会发布的《2022 年度会计师事务所综合评价百家排名（公示稿)》的前 10 所会计师事务所信息如表 1-2 所示。

表 1-2 2022 年度会计师事务所综合评价百家排名信息前 10 所

排名	名称	2022 年度事务所本身业务收入（万元）	注册会计师数量（人）	信息技术人员数量（人）
1	普华永道中天会计师事务所（特殊普通合伙）	792470.50	1693	189
2	安永华明会计师事务所（特殊普通合伙）	664587.14	1818	79
3	毕马威华振会计师事务所（特殊普通合伙）	511686.73	1113	75

---

① 谢霖（1885 年 11 月 30 日—1969 年 2 月 15 日），字霖甫，江苏武进人，毕业于日本明治大学，知名会计学者、会计教育家。谢霖是东晋谢氏世家后代，中国会计界先驱，中国第一位注册会计师，中国会计师制度的创始人，中国第一家会计师事务所的创办者。会计学著作有《簿记学》《改良中式会计》《中国之会计师制度》等。

② 资料来源：笔者根据中国注册会计师协会网站信息人工统计所得。

排名	名称	2022年度事务所本身业务收入（万元）	注册会计师数量（人）	信息技术人员数量（人）
4	德勤华永会计师事务所（特殊普通合伙）	515036.62	1180	252
5	立信会计师事务所（特殊普通合伙）	491474.74	2275	54
6	天健会计师事务所（特殊普通合伙）	402968.40	2078	42
7	容诚会计师事务所（特殊普通合伙）	266330.91	1267	45
8	信永中和会计师事务所（特殊普通合伙）	307478.45	1494	53
9	致同会计师事务所（特殊普通合伙）	264883.77	1229	53
10	天职国际会计师事务所（特殊普通合伙）	312258.31	1067	46

资料来源：中国注册会计师协会，网址：https://www.cicpa.org.cn/xxfb/news/202309/t20230913_64493.html。

据2024年1月《中国会计报》的《持续推进行业数字化转型——中国注册会计师协会行业信息化委员会会议综述》：会计师事务所信息化建设是一个系统性工程，通常以加强和完善会计师事务所自身管理和质量控制体系为基础，以数字化审计工作平台（审计软件）为核心载体，集成各种数据分析工具和辅助工具，在提升专业服务质量的同时，提高工作效率，拓展服务领域，助力企业客户进行数字化转型和数字化管理。

《注册会计师行业信息化建设规划（2021-2025年）》中提出"推动构建行业数据标准体系"的工作任务，发布的四项审计数据规范就是行业贯彻落实这一规划的重要成果。作为夯实行业信息化建设基础设施的一项创新性举措，审计数据规范的制定有助于解决注册会计师获取被审计单位数据难度大、成本高等行业痛点问题。2023年中国注册会计师协会发布的公共基础、总账、销售和银行流水四项注册会计师审计数据规范（以下简称"数据规范"），标志着注册会计师行业正向数字化和现代化的方向迈进。

1.3.2.3 内部审计

中华人民共和国的内部审计制度起步于20世纪80年代。1983年，我国处在改革开放全面展开的历史阶段。在这个历史时点上，为解决经济体制改革和对外开放中出现的新情况、新问题，适应激发经济主体活力，以及加强财政经济监督的需要，我国颁布了一系列政策法规，例如，1982年的《宪法》确立了我国实行审计监督制度；1983年9月15日，中华人民共和国审计署成立。1985年8月国务院发布的《国务院关于审计工作的暂行规定》、1988年11月国务院发布的《中华人民共和国审计条例》，都对建立内部审计监督制度提出明确要求，并规定内部审计业务接受国家审计机关的指导。审计署在1985年颁布了《审计署关于内部审计工作的若干规定》，1989年颁布了《审计署关于内部审计工作的规定》，对内部审计的定义、机构设置、领导体制、职责权限、工作程序等都作出了进一步的明确规定。2019 年发布《第 2309 号内部审计具体准则——内部审计业务外包管理》，2021 年发布《第 2205 号内部审计具体准则——经济责任审计》。

截至 2023 年底，中国内部审计协会共有单位会员 519 家，个人会员 2365 人。近年来，内部审计在公司治理中的重要性越来越强，董事会和相关各方对内部审计的期望越来越高，以大数据和人工智能为代表的新技术应用迅速普及，内部审计信息分析聚焦于技术而不囿于技术，建立和完善信息化审计体系、大力推进审计方法技术创新，作为内部审计实现转型发展和提升履职能力的关键。前瞻性应用"信息引导审计""持续性审计"理念，以技术创新与应用为支点，推动内部审计理念与工作方式的变革，实现从发现风险向预测风险扩展，从识别"单业务条线风险"向"全面识别关联风险"转变，从"现场+人工"向"非现场+智能化"转变，从"时点审"向"持续审"转变，从"抽样审计"向"全量审计"转变。

1.4 审计的本质和职能

1.4.1 审计的本质

本质，指事物本身所固有的，决定事物性质、面貌和发展的根本属性，是事物最稳定、最牢靠的东西，不会轻易改变。

董大胜（2015）认为，审计本质是审计基本理论中的一个重要问题。要着眼系统本源，加强对国家审计本质和规律的研究。对审计本质的认识是纲，纲举才能目张。

一直以来，业界对审计本质有多种认识。造成这种状况的一个重要原因是，人们没有区别审计定义与审计定位，在强调一方的同时忽视了另一方，或者把两者混同起来，以至于出现了关于审计本质的不同理解和不同表述。从审计理论研究的发展过程看，对审计本质的认识经历了较大的思想变迁，下面对较有影响的观点进行分析。

对审计本质的认识的发展取决于审计方法的改进，审计方法的改进取决于审计目标的发展，审计目标的发展又取决于社会经济的发展。科学技术的发展、社会分工的专业细化，导致审计目标不断变化，促进了审计方法的不断改进，先后经历了从账表导向审计、系统导向审计和风险导向审计三个阶段，每个阶段的审计本质研究都体现了社会经济的发展状态。

综上，审计的本质是以经济责任关系为前提，对受托责任方经济责任的履行情况按规范程序进行审查并得出结果的行为，主要包括下列属性：

（1）经济责任关系属性

以委托经济责任关系为必要前提。财产的所有者与经营、管理者分离，产生了所有权与管理权的"两权分离"，形成了委托—代理关系，所有者把财产处分权委托给经营管理者，受托方就产生了对委托方的经济责任。委托—代理关系就是经济责任关系，不是上下级的行政管理关系。没有委托经济责任就没有审计，这是审计本质的最基本属性。

（2）标准既定属性

受托责任方的经济责任包括受托责任、行为规范等，在受托时即已规定，非事后作出。审计所依据的是受托经济责任既定的标准，包括程序的规定、执行的标准和经济责任的目标。未委托，无责任。

（3）专门行为属性

审计是一种专门的比对行为，注重过程程序的规范性、比对依据的权威性，强调比对动作产生的事实成果。审计行为直接表现为对受托责任方的经济活动或经济事项与既定标准的相符程度进行比对。

（4）结果数据原始属性

对既定标准的比对检查结果不作价值评估、不作是非判断，而是作出直接反映客观事实的结论，确保审计结论的客观性。审计成果的价值评估、是非判断等是审计第一关系人或者第三关系人的职责。

上述属性组成了审计的本质属性。凡是符合上述审计本质属性的行为都称为审计，凡是符合审计本质特性要求的事物都可以进行审计活动。

1.4.2　审计的职能

审计职能是指审计本身所固有的内在功能。目前，关于审计职能的论述多种多样，通过总结各种审计实践，审计具有经济监督、经济确认和经济鉴证的基本职能。

（1）经济监督

监督是指监察和督促。经济监督是指监察和督促被审计单位的全部经济活动或其某特定方面是否在规定的标准以内、在正常的轨道上进行。

（2）经济确认

经济确认就是通过审核检查，确定被审计单位的计划、预算、决策、方案是否具有可行性，经济活动是否按照既定的决策和目标进行，经济效益的高低，以及内部控制系统是否适当有效等，从而有针对性地提出意见和建议，以促使被审计单位改善经营管理，提高经济效益。

（3）经济鉴证

鉴证是指鉴定和证明。经济鉴证是指通过对被审计单位的财务报表及有关经济资料所反映的财务收支和有关经济活动的合法性、公允性进行审核检查，确定其可信赖的程度，并作出书面报告，以取得审计委托人或其他有关方面的信任。经济鉴证职能是随着现代审计的发展而出现的一项职能，它逐渐受到人们的重视，并起到重要的作用。

不同组织形式的审计职能的侧重点有所不同，国家审计侧重于经济监督，内部审计侧重于经济确认，注册会计师审计则侧重于经济鉴证。

审计职能并非一成不变，它随着审计的产生而产生，并随着社会经济的发展和人类认知能力的提高而不断扩展。比如，中央审计委员会的成立标志着国家审计已被定位为宏观管理部门，将在更大范围内发挥其宏观管理职能。1983 年 9 月审计署成立，到 2024 年国家审计机关已经走过了整整 41 个年头，从当年的"看门人"、经济安全的"守护者"、人民利益的"忠诚卫士"，到现在经济监督的"特种部队"，审计的职能不断深化。从当初成立审计机关时防止财政资金损失浪费和"查错纠弊"，到监督财政资金使用的真实合法，再到提高资金的使用效益，最后到推进党的自我革命中的独特作用，形象地体现了审计职能在时代发展中的演变。

本章小结

审计的本质是一种受托责任的检查手段或过程。审计职能是指审计本身所固有的内在功能，审计基本职能。通常认为包括经济监督、经济确认和经济鉴证三项职能。

对审计进行科学的分类，有助于加深对各种不同审计活动的认识，探索审计规律；有利于更好地组织审计工作，充分发挥审计的作用。研究审计的分类是有效地进行审计工作的一项重要条件。

关键概念

审计：Audit

国家审计：Government Audit

内部审计：Internal Audit

注册会计师审计：CPA Audit

经济监督：Economic Supervision

经济确认：Economic Confirmation

经济鉴证：Economic Authentication

自测题

一、单项选择题

1. （　　）是审计的本质特征，也是保证审计工作顺利进行的必要条件。

A. 权威性　　　　　B. 独立性　　　　　C. 合法性　　　　　D. 合理性

2. 国家审计的重要特点是（　　）。

A. 强制性　　　　B. 独立性　　　　C. 广泛性　　　　D. 无偿性

3. 下列项目中，需要接受被审计单位委托才能提供审计服务的是（　　）。

A. 国家审计　　　　　　　　　　B. 注册会计师审计

C. 内部审计　　　　　　　　　　D. 内部审核

4. 按照审计的主体不同，审计可以分为（　　）。

A. 财务报表审计和合规性审计　　　B. 国家审计、注册会计师审计和内部审计

C. 详细审计和资产负债表审计　　　D. 整体审计和局部审计

5. 下列关于国家审计与注册会计师审计的论断中，正确的是（　　）。

A. 两者都有权就有关审计事项向有关单位和个人进行调查并取得有关证明材料

B. 两者都是外部审计，都具有较强的独立性

C. 两者的审计标准基本一致

D. 两者的对象、方式和监督的性质基本一致

6. 下列有关注册会计师审计与国家审计关系的表述中，正确的是（　　）。

A. 注册会计师审计与国家审计在审计目标上具有一致性

B. 如果被审计单位拒绝审计调整建议，注册会计师和国家审计部门均应出具审计意见书

C. 注册会计师审计与国家审计部门在获取审计证据时具有同等权力，任何单位或个人不得拒绝

D. 注册会计师审计与国家审计均是外部审计，都具有较强的独立性

二、多项选择题

1. 由（　　）和（　　）进行的审查才是审计。

A. 专职机构　　　B. 审计人员　　　C. 会计人员　　　D. 管理人员

2. 中国审计组织由（　　）构成。

A. 国家审计机关　　　　　　　　B. 注册会计师审计组织

C. 内部审计机构　　　　　　　　D. 资产评估机构

3. 多职能论认为，审计具有多种职能，通常认为包括（　　）三项职能。

A. 经济监督　　　B. 经济确认　　　C. 经济鉴证　　　D. 经济保证

三、判断题

1. 审计的职能不是一成不变的，它是随着经济的发展而变化的。（　　）

2. 在中国审计监督体系中，国家审计是主导，内部审计是基础，而注册会计师审计是不可缺少的重要力量。（　　）

3. 按照不同的审计主体所实施的审计，可分为国家审计、内部审计和注册会计师审计。（　　）

四、简答题

1. 审计的本质是什么？

2. 为什么说经济监督是审计最基本的职能？

3. 什么是审计分类？审计分类有哪几种方法？

五、论述题

简述内部审计与注册会计师审计的主要区别。

重庆：打造经济监督的"特种部队"①

重庆市审计机关加强审计干部思想淬炼、政治历练、实践锻炼、专业训练，提升能查能说能写本领。

南岸区审计局： 建立"请进来""送出去"学习交流机制，邀请市审计局、区税务局、区财政局等业务骨干进行授课，丰富干部职工知识储备。选派干部到审计署重庆特派办、市审计局等部门挂职锻炼，学习工作理念、工作方法，切实提升"能查"本领。通过主题党日活动、"三会一课"、书记讲党课、青年党员上讲台、微宣讲等活动，鼓励审计干部登台演讲、脱稿发言，帮助年轻干部掌握谈话技巧和针对要害问题进行阐述的能力，提升"能说"本领。成立专项课题研究小组和信息宣传写作小组，积累信息素材，注重总结提炼专报、要情，提高审计报告撰写质量。

黔江区审计局： 完善教育培训体系，制定干部个人考核内容及评分标准，开展固定资产投资审计、财务审计、公文写作、法律法规、信息化建设等业务培训，培养查核问题能力、政策分析研究能力、文字写作能力。实施政治业务"双导师"制度，选派年轻干部到重点审计项目、重大专项工作中挂职锻炼，锤炼过硬本领。执行干部选拔任用规定与程序，统筹推进干部职级晋升工作，执行全市审计机关干部管理、交流轮岗等制度，促进实现干部队伍专业化、年轻化。落实党风廉政建设责任制，深入开展"以案四说"警示教育。

渝北区审计局： 安排青年干部担任项目主审或选派参加各级巡视巡察工作及市审计局审计项目，促进青年干部压担成长。提升综合素能。开展研究型审计，出台思想政治和审计实务"双导师"制度，定期开展政策研究和大数据审计学习，通过"科长擂台"、青年理论学习小组等形式，发挥"传帮带"作用，加速青年干部专业成长。筑牢廉洁防线，广泛开展领导"讲廉"、网络"传廉"、典型"示廉"、读书"思廉"、家庭"助廉"的"五廉"活动，打造"承王朴之志，塑时代先锋"党建品牌，引导党员干部坚定理想信念，筑牢拒腐防变思想防线。

大足区审计局： 制订每月青年理论学习小组计划，建立青年干部年度学习档案，记录学习内容及成果。加强轮岗交流，安排青年干部挂职交流，参与巡视巡察、科研

---

① 资料来源：重庆：打造经济监督的"特种部队"［EB/OL］. 中华人民共和国审计署，2023-08-15. https://www.audit.gov.cn/n4/n20/n524/c10345169/content.html

课题研究、跨部门联合专项检查等工作，针对性重点培养和储备后备人才。按照"人岗相适、人岗相宜"原则，注重发挥每位青年干部特长，有计划安排青年干部担任主审、承担急难险重工作，激发青年干部队伍活力。强化结果运用，对在理论学习、成果转化中得分排名位居前列的青年干部优先选拔任用，促进青年干部履职尽责、担当作为。

武隆区审计局：加强业务能力培养，鼓励干部职工参加财务、计算机、工程等专业技术职称考试，针对性安排青年干部担任项目主审或参加重点审计项目，以练促学、以练促训、以练促用，不断提升干部职工业务本领和实战能力。加强沟通协调能力培养，以"三会一课"、青年理论学习小组、青年干部座谈会为载体，安排审计干部轮流登台讲课，讲审计实务，分享心得体会，为青年干部搭建自我展示的平台。加强写作能力培养，修订公务员年度考核办法，将信息、要情、专报及课题研究等工作纳入考核指标，并针对信息撰写提出"三个一"工作要求，做到"一个项目至少有一篇审计报告、一篇审计信息、一篇审计专报"。

丰都县审计局：以"三会一课"、干部职工学习、青年理论学习小组、审计驿站讲堂、书香审计读书会等为载体，深入学习党的创新理论，提高政治判断力、政治领悟力、政治执行力。注重实践锻炼，选派干部参与县委巡察、市局审计项目，提升审计能力。深化政治业务"双导师"制度，发挥好"传帮带"作用，帮助青年审计干部快速成长。开展"五个一"活动，即每月开展一次业务交流、季度精读一本书、季度开展一次演讲、半年开展一次实绩比拼、每年撰写一份调研报告，全面提升审计干部综合素质。开展干部审前廉政谈话，加强对重点领域和关键岗位监督，引导审计干部知敬畏、存戒惧、守底线。

云阳县审计局：通过邀请审计署重庆特派办、市审计局、县级部门业务骨干，开展财政政策、审计业务等各类培训，提升审计干部能查能说能写本领。深化"审学研"融合，运用西南大学共建实习实践教学基地，定期开展专题培训、学术研究，提高理论研究水平。推进政治、业务"双导师"制度，坚持在一线锤炼干部，推行岗位练兵和案例教学，组织开展审计项目"晒比评述"，提升审计干部业务水平。健全审计干部动态管理、持续培养机制，建立"老中青"培养梯队，完善干部考核评价、选拔任用和激励约束机制，通过日常档案全过程记录干部政治表现、工作业绩、奖励处分等情况，激发创业积极性。

2

审计的对象和目标

本章学习目标

1. 理解审计的对象。
2. 通过本章的学习，要求了解什么是审计客体。
3. 深入理解审计的目标。

2.1 审计的对象

审计对象又称审计客体，是指参与审计活动关系并享有审计权利和承担审计义务的主体所作用的对象，它是对被审计单位和审计的范围所作的理论概括。依其定义可知，审计对象包含两层含义：其一是外延上的审计实体，即被审计单位；其二是内涵的审计内容或审计内容在范围上的限定。

综观中外审计史，传统审计对象和现代审计对象是不同的。传统审计的对象主要是被审计单位的财政财务收支。它是以会计资料及其所反映的财务收支为主要对象的审计。如古代早期的簿记审计，20世纪前流行于英国的对所有会计报表及凭证、账簿进行的详细审计，20世纪后流行于美国的资产负债表及财务报表审计，以及中国目前的财政财务审计，都是以会计资料及其所反映的财务收支为主要对象的传统审计方式。其特点是实施这一审计是为了评价、确认、解除受托的经营管理者在财务收支上的经济责任。审计的核心是审计和评价经济责任的履行情况。而现代审计的对象主要是被审计单位的财政财务收支及其有关经济活动。

20世纪下半叶，为了适应经济的发展，审计的外延有所扩大。在西方出现的经营审计、管理审计、绩效审计，以及在中国实施的经济效益审计，这些审计的审查对象都超出了原有的财政财务收支活动的范围而扩展到影响经济效益的生产经营管理等各个方面。对被审计事项已实现和预计实现的经济效益进行事前事后的审计和评价包括收支活动在内的各项经营管理活动的信息，除了会计资料外，还有计划、统计，以及其他各种资料，如合同、协议、决策、预算、章程等。因而，现代审计的对象既包括会计资料及其所反映的财务收支活动，也包括其他经济资料及其所反映的各项生产经营管理活动。由于评价受托经营管理者的经济责任的扩大，它不但包括财务收支方面的经济责任，也包括与经济效益高低有关的各种经营管理方面的经济责任。根据中国干部制度改革需要，把经济审计方法引入对干部考核管理，建立任期经济责任审计，提拔前和离任时均要进行审计。特别是对经济部门、金融机构、企事业单位的领导干部必须进行审计。这就使中国审计的范围进一步扩大了。

根据我国《宪法》第91条和第109条规定的精神，以及《审计法》的具体规定，中国国家审计对象的实体（被审计单位）是指所有作为会计单位的国务院各部门、地方各级人民政府、国有的金融机构和企业事业组织等。审计对象的主要内容包括上述部门的财政财务收支（负债、资产、损益）和决算，以及与财政财务收支有关的经济活动及其经济效益。

根据《审计署关于内部审计工作的规定》，中国内部审计的对象是本部门、本单位及其所属单位的会计账目、相关资产，以及所反映的财政收支和财务收支活动。

根据《中华人民共和国注册会计师法》及有关规章的规定，中国注册会计师审计组织（会计师事务所）接受国家审计机关、企事业单位和个人的委托，可承办财务收支的审计查证事项、经济案件的鉴定事项、注册资金的验证和年检，以及会计、财务、税务和经济管理的咨询服务等。

尽管国家审计、内部审计、注册会计师审计具体的对象有所不同，但从其内容和范围上说一般均包括被审计单位的会计资料及其他有关的经济资料，以及所反映的财政收支、财务收支及相关的经济活动。

2.1.1　被审计单位的会计资料及其有关经济资料

审计对象的内容都是通过一定的载体反映出来的。这个载体就是会计资料及其他有关的经济资料，如会计报表、会计账簿、会计凭证等资料，以及计划、预算、统计、合同、章程等相关资料。现代审计虽然在审计范围上已大大扩展，但仍然离不开审查经济信息，特别是会计资料。因为会计系统连续地反映了一个单位经济活动的全过程及其结果，要想实现审计目标，就必须对会计资料及其存在的错弊进行审查。

2.1.1.1　会计报表

会计报表是重要的会计资料之一，通过对会计报表的审计，可以全面了解被审计单位在一定时期的财务状况和经营成果，以及对国家有关方针、政策、法规和制度的执行情况，从而对其作出全面的评价。

会计报表审计的内容不外乎两个方面，即常规性审查和实质性审查。会计报表常规性审查即报表形式的审查；会计报表实质性审查即报表内容的审查，主要包括报表内容真实性、合法性审查和报表内容合理性、有效性审查。

（1）会计报表常规性外在形式的审查

对报表常规性外在形式的审查主要是查明报表的编制是否符合制度的规定。例如，报表的编制是否符合规定的程序和手续；报表的种类（如主表、附表、附注以及财务状况说明书等）是否编制齐全；报表的格式是否规范、内容是否完整，以及有无缺页、缺项等。

（2）会计报表内容的真实性、合法性审查

报表内容的真实性、合法性审查就是要查明报表所反映的经营情况、财务状况和财务成果是否真实、合法。也就是说，主要核对查明会计报表中资产、负债、所有者权益、收入、费用和利润等要素的期末数是否真实正确、合规合法；会计报表是否真实公允地反映了财务状况和经营成果；并用财务制度规定的财务评价指标来分析评价财务状况，以便报表使用者据以进行正确的决策提供信息资料。

（3）会计报表内容的合理性、有效性审查

报表的合理性、有效性审查主要是查明报表所反映的经济活动是否经济、有无效率和效果。这方面的审查一般是对报表上提供的数据指标间的比例关系进行分析。

2.1.1.2　会计账簿

会计账簿是重要的会计资料之一，无论进行什么样的审计，都离不开对会计账簿的审查。可以说，对会计账簿的审查是会计资料审计的中心环节，在整体审计活动中处于极为重要的地位。

（1）会计账簿外在形式的审查

会计账簿外在形式的审查主要是查明会计账簿的设置和使用是否符合有关规定的要求。例如，会计账簿设置是否符合会计制度的规定，是否能满足管理和核算的要求，是否合理；会计账簿的启用是否符合规定；会计账簿的内容是否填列完整，是否有合法的凭证，书写是否符合要求，结账是否符合规定；等等。

（2）会计账簿真实性、合法性审查

会计账簿真实性、合法性审查主要是查明会计账簿所反映的经济活动是否真实与合法。例如，经济业务的发生是否真实、合法；有关账户的发生及其余额的计算是否真实、正确；相关账项的记录是否相符，有关账户余额是否合理；有关账户余额反映的财物、债务是否确实存在等。

（3）会计账簿内容合理性、有效性的审查

会计账簿内容合理性、有效性的审查主要是查明会计账簿所反映的有关经济活动是否合理和有效，这方面的审查主要是通过对会计账簿上的内容摘要进行分析。

2.1.1.3　会计凭证

会计凭证是最为重要的会计资料。它是证明经济业务和财务收支的发生情况、明确相应的经济责任、进行会计核算的合法依据。事实上，任何错弊的认定最终都会反映在会计凭证上，任何经济事项的来龙去脉都会反映在会计凭证上。因此，审计中要查明任何问题最终要落实到对经济凭证的鉴别上。

（1）会计凭证外在形式的鉴别

会计凭证外在形式的鉴别主要是查明会计凭证的取得和填制是否符合有关规定。例如，会计凭证应具备的要素（内容）是否齐全完整，填写是否正确、清楚，有无涂改、刮擦、增添和污损现象；记账凭证有无合法的原始凭证作为依据；会计凭证所需的审批传递手续是否符合规定，有关人员是否全部签章，是否盖有财务公章或收讫戳记；会计凭证的使用、保管是否符合规定等。凭证鉴别的根本目的是查明有无伪造、涂改等现象。

(2) 会计凭证内容真实性、合法性的审查

会计凭证真实性、合法性的审查主要是要查明会计凭证所反映的经济业务内容是否真实、合法。经济业务内容真实性的审查主要通过凭证本身真实性的审查来进行，而经济业务合法性的审查则应联系具体的业务内容进行分析。对这方面的审查，主要应注意以下几个问题：会计凭证所反映的经济业务的摘要是否真实、清楚、明确；会计凭证所反映的经济业务是否符合财务制度及有关的法令制度，是否按规定的合法手续，并有合法的原始依据；记账凭证与所附原始凭证张数是否相符、内容是否一致；会计科目的应用是否按统一会计制度的规定；会计分录是否正确，与其所反映的经济业务是否一致等。

(3) 会计凭证内容合理性、有效性的审查

会计凭证内容合理性、有效性的审查主要是查明凭证所反映的经济业务是否合理和有效。应审查：会计凭证所证明的经济业务和财务收支事项是否应该发生；经济业务或财务收支事项发生以后是否实现了预期的目标或效果。

此外，电子计算机的磁带、磁盘等会计信息载体同样也是审计的对象。

2.1.1.4 其他相关经济资料

与经济活动有关的其他经济资料主要是指除会计核算资料之外的业务核算资料、统计核算资料和有关管理资料，如计划、预决策、预算、订单、合同、章程、技术标准以及相关的文件资料等。这些相关资料主要用于审查被审计单位的经营管理活动和效益性。

(1) 审查相关经济资料的完整性

主要审查相关经济资料是否能充分反映被审计单位经济活动的各个方面情况、有无缺失和不足之处；否则，难以对被审计单位作出全面、完整的衡量和评估。

(2) 审查相关经济资料的真实性

主要审查被审计单位的相关经济资料是否真实可靠、有无正当的来源渠道以及是否符合国家的方针、政策和有关的法律法规、制度等；否则，将无法对被审计单位作出正确评估。

(3) 审查相关经济资料的可比性

主要审查被审计单位的相关经济资料是否具有可比性，即是否可以进行历史的纵向比较、是否可以与国内外先进水平进行横向比较以及是否与计划衔接；否则，也难

以评估判断其效益优劣。

（4）审查相关经济资料的合理性

主要审查相关经济资料的内容是否科学、形式是否合理，以及能否比较全面、准确地反映出被审计单位的真实情况。审查相关资料是否建立在相对先进合理的基础上并且起到促进作用。例如，考核被审计单位经济效益的有关资料是否定得过低，使之丧失考核意义；是否定得太高，脱离实际。被审计单位的效益指标应该是经过努力多数可以达到、部分超额、少数接近为佳。相关资料先进合理性的审查便于客观公正地评价、判断审计单位的经济活动，特别是经营管理活动。

2.1.2　被审计单位的财政收支及其有关的经济活动

不论是传统审计还是现代审计，也不论是国家审计、内部审计还是注册会计师审计，都要以被审计单位客观存在的财政收支、财务收支及其有关的经济活动为审计对象，对其真实、合法效益进行审查和评价，以便对其所负受托经济责任是否认真履行进行确定、证明和监督。

2.1.2.1　财政收支

财政收支是指各级人民政府、各部门、各单位按照《中华人民共和国预算法》和国家其他有关规定，纳入预算管理的收支以及预算外收支。对财政收支进行审计监督是国家审计机关的主要职责。国家设立审计机关，对国务院各部门和地方各级政府的财政收支进行审计监督。中国《审计法》规定，国务院各部门和地方各级人民政府及其各部门的财政收支，应当接受审计监督。中国《审计法》还规定，审计机关对本级各部门（含直属单位）和下级政府预算的执行情况和决算以及其他财政收支情况进行审计监督。审计机关有权对国家财政收支进行全面的审计监督：一是有权审计财政部门具体组织的预算的执行和汇总的决算；二是有权分别审计本级各部门的预算执行和决算；三是有权审计下级政府的预算执行和决算；四是有权审计本级各部门和下级政府预算外资金的管理和使用情况。

国家财政是指国家为了维持其存在和实现其社会管理职能，凭借政权的力量参与国民收入分配的活动。财政收支作为审计的对象，主要是指对哪些单位的财政收支以及对哪些财政收支的内容进行审计。具体包括：①本级财政预算执行和其他财政收支情况的审计；②本级各部门和下级政府的预算执行情况和决算的审计；③预算外资金审计。

2.1.2.2　财务收支

财务收支是指国家机关、社会团体、国有金融机构和企业事业单位以及其他组织，按照国家的财务会计制度规定，办理会计事项，纳入会计核算的各种收支。审计机关监督各部门财政收支，即监督部门的财务收支。确切地说，财务收支是指经济组织在从事各项业务活动中筹集、使用、分配资金而进行的收支活动。这种收支活动不仅是国家审计的对象，也是注册会计师审计和内部审计的对象，同时也是现代审计最主要的内容。

根据《审计法》的规定，国家审计机关以财务收支为审计对象的主要内容包括以下七个方面：①金融机构的财务收支审计；②事业组织财务收支审计；③企业财务收支审计；④国家建设项目的财务收支审计；⑤基金、资金的财务收支审计；⑥国际援助、贷款项目的财务收支审计；⑦其他单位和项目的财务收支审计。

2.1.2.3 有关的经济活动

现代审计的对象既包括会计资料及其所反映的财政、财务收支活动，也包括其他经济资料及其所反映的与财政、财务收支有关的经济活动，如经营活动和管理活动。在经营活动方面，不仅要对财务、会计活动进行审查，还要对有关的技术、商业、安全、管理等活动进行审查，以确定被审计单位的整体经营活动是否按经营方针、目标执行，是否经营有效，对财政、财务收支有何影响等。在管理活动方面，不仅要对各管理职能部门的组织和职责进行审查，还要对计划、决策、组织、指挥、协调、控制等管理过程进行审查，同时还要审查有无正确、有效的管理原则和管理观点，以考核和评价各项管理活动的科学性和有效性以及对财政、财务收支的影响程度。《审计法》规定了国家审计对财政资金的使用效益进行审计，并对单位主要负责人进行经济责任审计，这就更加拓宽了审计的对象和范围。

2.1.3 审计对象资料数据库的建立与上传

2.1.3.1 审计对象资料数据库的建立

审计对象资料数据库是为审计工作全过程提供"营养储备"的资料数据仓库，资料数据库载体可以用传统纸质材料，形成纸质的资料数据库，也可以用现代化的电脑以及其他电子设备媒介等，形成电子资料数据库。资料数据库可以在审计工作中起到补充和促进作用。建立审计资料数据库，实现资源共享，充分利用相关单位的情况资料、审计历史资料和已有的审计成果，总结经验，把握全局，是审计管理机制创新的需要，也是提升审计管理水平的保证。

审计对象内部资料数据主要是历年在审计中形成的审计情况数据，例如，审计要情、审计信息、审计报告、审计决定、审计统计报表、审计工作计划、审计工作总结以及其他资料中的数据。审计对象外部资料数据主要是指利用《审计法》中规定的权利从外部收集取得的资料数据，如从财政税务部门取得的年度本地区财政收支情况，从国家发展改革委等综合性经济管理部门取得的本地区项目建设规划和正在建设的项目等信息情况，从被审单位及财政预算执行单位取得的单位基本情况、资金来源、业务范围等情况。例如，可以通过对以上获取的资料综合分析，合理取舍后可以建立被审计单位基本情况资料数据库、财政预算执行审计资料数据库、经济责任审计资料数据库、项目投资审计资料数据库等。

审计对象资料数据库的形式可以按资料数据的载体分类，可以包括纸质的资料数据和电子资料数据。纸质的资料数据主要是指从相关单位取得的报表、文件等；电子资料数据主要是指从相关单位计算机业务管理软件以及会计核算软件上拷贝取得的以电子媒介存放的电子数据以及电子文件等。在经费和条件允许的情况下，可以购买或者研发一些审计数据管理软件，以方便审计资料的数据收集的存放以及使用。利用电子媒体储存资料数据时要保证其安全性，对资料数据载体电脑、磁盘、移动硬盘以及U盘要有一定的保护措施，并需要有多个备份，以防资料数据出现不必要的损失。还可以从互联网上收集一些单位的相关信息，补充数据库；同时，还要积极争取金审工程建设，与金财、金税、金保等网络工程对接，以便审计机关直接从专业网络上获取审计相关数据资料。

2.1.3.2 审计对象数据资料上传管理

为加强对现场审计实施系统数据资料上传工作的管理，进一步明确责任分工，加强监督考核规范操作，沈阳市审计局于2007年出台了《关于进一步加强现场审计实施系统数据资料上传工作的通知》，为此项工作的顺利开展提供了制度保证。

第一，进一步明确了上传内容。主要包括：被审计单位概况表及审计承诺书、审计通知书送达回证、审计日记、审计工作底稿及审计证据、审计报告征求意见书、审计报告征求意见稿及审计报告送达回证。

第二，进一步规范了上传程序。一是上传时限，凡处于现场审计实施阶段的项目，审计组应于每月10日和25日前，上传审计对象现场数据资料不少于1次。二是分级审核，在审计组上传审计对象现场数据资料后，审计组组长要在1个工作日内对上传的资料提出审核意见，处室负责人要在3个工作日内对上传的资料进行审查并提出明确意见，分管领导对每次上传的资料审阅后应作出相应批示。

第三，进一步明确了上传职责。一是审计组组长要对审计组成员审计对象数据资料上传完整性、准确性和及时性负责，及时督促审计组成员做好上传工作，并审核审计组成员上传的审计对象数据资料。二是处室负责人要对本部门所有项目的审计对象数据资料上传完整性、准确性和及时性负责，按时审查上传资料，及时查看领导批复或反馈意见，强化对现场审计工作的监管。三是分管领导应及时审阅审计现场数据包，作出反馈或批复意见，指导现场审计工作，以保证数据资料上传工作的顺利进行。

加强对上传工作的指导培训和上传资料的监督考核，明确信息化管理处负责对审计对象数据资料上传的操作提供技术支持和保障，并协助法规处做好审计对象数据资料上传的指导培训工作；办公室按照计划要求，对审计对象数据资料上传的及时性进行考核，对未按时上传的处室和项目按月进行通报。

2.1.4　数字经济背景下审计对象的其他注意事项

对审计对象的确定，除审计方面的专门法规规定以外，还要考虑到其他法律、行政法规、行政规章和政策方面的规定。同时，要具备创新思维，结合审计对象的不同特点和审计重点内容，积极创新审计组织方式及审计技术方法手段，推动对审计对象的日常跟踪分析与现场审计实施、结构化数据与非结构化数据分析相结合，提升审计效率和质量。

财务报告信息向业务领域延伸，很多非财务指标已经纳入财务报告范围，企业集团财务共享服务也跨越了财务信息范围，财务信息的拓展要求审计对象随之改变。此外，实施IT审计能够促进审计创新，拓展咨询业务，实现业务、财务和审计的信息共享。

数字经济背景下，完善审计对象基本信息库包括：组织架构、治理结构、业务流程、财政财务数据、生产经营数据、重大投资项目、重大决策事项、重点业务范围、重点工作任务、内部规章制度、年度工作报告、重点目标责任书等主要信息，同时要结合实际，体现区域特色和审计对象的特点，合理增减信息库内容。审计要紧密结合政策法规库、审计成果库等其他子信息库，结合具体审计对象的特点，深入研究审计单位的历史沿革、发展现状和趋势、改革方向、主要问题和短板以及重点风险隐患等事项。注意研究审计对象的各个环节、各个层面、各个领域的相互关系，如针对某一区域，要全面研究该区域的发展特点和定位以及主要短板及风险，将该区域内财政、金融、资源环保等各领域审计对象基本信息库融会贯通起来，开展系统分析；针对审计对象的某一行业或领域，要把该行业或领域不同审计对象的基本信息库贯通起来，加大对比分析力度，以此不断增强审计对象基本信息库的系统性以及研究的整体性。

此外，还要完善审计对象成果库，广泛收集审计对象以往的审计成果、注册会计师审计以及内部审计的审计结论、其他监督机构的监督成果以及相关问题事项的整改情况，按区域、行业领域、具体被审计单位、审计事项、问题类型分类梳理汇总，形成纵向到底、横向到边的被审计单位审计对象成果库，为审计实施主体开展研究型审计提供全面且连续的参考。在此基础上，要依托具体审计对象的项目，结合深入的多维度研究分析，突出被审计单位特点和审计重点，对审计对象精准画像，运用多种技术手段和审计方法开展研究分析，既要及时全面揭示典型问题，又要注重横向和纵向对比分析，深入研究产生问题的具体原因和背景、变化规律及发展趋势，着力发现普遍性以及倾向性问题，提出针对性和操作性强的政策建议及整改措施，实现揭示问题、规范管理、促进改革的有机统一，全面提升审计对象的成果质量和层次。

2.2　审计的目标

2.2.1　审计目标的概念

审计目标是指审计人员通过审计活动所期望达到的目的和要求，它是指导审计工作的指南。审计目标可分为审计总体目标和审计具体目标。审计总体目标就是被评价的受托经济责任的履行情况。从历史的发展看，审计总体目标为了适应审计委托人审计目标的需要，是在不断变化和扩展的。审计具体目标是审计总体目标的进一步具体化。为了达到审计总体目标，审计人员必须审查会计报表的各个项目及有关资料，获取必要的审计证据。

审计目标既是审计行为的起点，又是审计行为要达到的目的，审计目标在审计项目的全过程中起决定性作用。在一个审计项目中，究竟采取什么样的审计程序和方法，怎样收集、从何处收集和收集多少、收集什么样的审计证据，都取决于审计目标。正确理解审计目标对财务和管理层至关重要。

审计目标是审计目的的具体化。目的具有全面性与长期性，而目标具有局部性和阶段性。审计目的取决于审计授权人或委托人，审计目标的确定受两个因素的影响：一是社会的需求；二是审计职业自身的能力和水平。可以说，审计目标的确定是社会需求和审计职业界能力与水平之间的平衡点。

我们可从六个方面对"审计目标"进行正确理解和应用：

第一，务必加强对项目审计与政策背景资料的研读，正确并深层次理解审计要求与重点。

第二，从财务数字中跳出来，站在审计项目"全局观"的角度，思考"审计目标"提升审计思维全局性。

第三，加强与委托方的沟通，对"审计目标及要求"反复进行确认；同时在审计执行过程中，通过"回头看"的形式，分析审计工作是否偏离"审计目标"，对于存在偏差的地方，及时作出调整。

第四，当存在超出审计能力范围的事项，导致无法有效判断"审计目标"时，及时寻求必要的专业帮助，避免对"审计目标"产生偏差，进而导致审计失败。

第五，"审计目标"不应局限于找问题，更应该提出合理的规范意见。在合规审计的前提下，对"审计目标"进行适当延伸，应该协助客户有效整改与规范，通过审计有效促进客户"价值造价"。

第六，加强对项目的总结，分析项目实施中对"审计目标"的把握是否适当，分析导致存在偏差的原因，及时扬长避短，为下次正确理解"审计目标"打下基础。

2.2.2 国家审计的审计目标

由于全球化和信息技术的飞速发展，国家治理的要求发生了深刻变化。责任、透明、法治、廉洁、公平和正义等原则和理念，逐渐成为世界各国完善国家治理的目标。与此相适应，促进执行法律法规、维护国家安全、加强反腐倡廉、提高政府绩效、促进经济社会健康可持续发展已成为审计机关的使命和责任。

在我国，国家审计目标就是审计机关开展审计工作所要达到的境界或目的。按照层次不同，国家审计目标可以划分为根本目标、现实目标和直接目标。其中，根本目标是维护人民群众的根本利益，现实目标是推进法治、维护民生、推动改革、促进发展，直接目标是监督和评价被审计单位财政财务收支的真实、合法和效益。三者相互联系、相互依存。根本目标是最高层次的目标，是审计工作的最终目的，是确定审计工作在一定时期的现实目标和直接目标的前提和基础。现实目标和直接目标是根本目标在一定时间和空间内的具体化。现实目标既是根本目标在现阶段的具体体现，又是直接目标在一定时期的方向和指引。国家审计目标的实现依赖于各个时期审计主要任务的完成。

另外，真实、合法和效益这三者是紧密相连的，其中真实性是基础，不真实本身就是不合法的，建立在不真实的基础上的效益也是虚假的。合法性是基本要求，不合法的行为往往采取弄虚作假的手法加以掩盖，通过非法方式取得的效益也是不合法的，得不到法律的保护。效益性是最终目标，它需要以真实性和合法性为基础，并且是在这一基础上的更高要求。从长远看，真实、合法、效益都是审计工作应该达到的目标。但在现阶段的审计实践中，要同时达到上述三类审计目标往往是不现实的，审计机关一般要根据审计法律法规的要求，根据实际工作中存在的问题，以及社会法治环境状况和审计机关的人力、财力和技术资源等状况，确定审计目标更侧重于哪一方面，即明确审计目标的侧重点。

审计机关应把真实性审计目标放在重要地位，在审计财政财务收支的真实性上下功夫，坚决打击各种弄虚作假行为，纠正会计信息失真问题，在确保会计信息真实性的基础上，揭露和查处各种重大违法行为，促进被审计单位改善经营管理，不断提高经济效益和社会效益，逐步实现真实、合法和效益三个目标的统一。

2.2.3 内部审计的审计目标

中国内部审计协会颁布的《第1101号——内部审计基本准则》第二条将内部审计的目标界定为"促进组织完善治理、增加价值和实现目标"，明确了内部审计在组织中的地位和层次。对内部审计的这一目标定位适应了内部审计外在环境的变化，体现了内部审计职业对自身要求的提高，为内部审计职业未来发展开辟了广阔空间。

内部审计业务类型不同，具体审计目标也不同。其中，合规审计的具体目标是确定组织各部门是否遵循了现行法律和法规，以及专业和行业标准或合同责任的要求，是否遵循了组织制定的章程、特定的程序或规则。财务审计的具体目标是通过实施审计程序以确定财务部门出具的财务报表中确认的各类交易、账户余额、披露层次认定是否恰当。绩效审计的具体目标是评价组织经营活动的经济性、效率性和效果性，评价组织内部控制的健全性和有效性，评价组织负责人的经济责任履行状况，以有助于组织增加价值。总之，内部审计以风险防控为基础，提供客观的确认、建议和洞见，以增加和保护组织价值。

2.2.4　注册会计师审计的审计目标

注册会计师在执行审计工作时，审计目标也分为审计的总体目标和具体目标。审计总体目标就是发表审计意见，出具审计报告；具体审计目标就是在审计过程中获取审计证据来确认管理层在财务报表中确认的各类交易、账户余额、披露是否恰当。

2.2.4.1　审计总体目标

一是对财务报表整体是否不存在由于舞弊或错误导致的重大错报获取合理保证，使注册会计师能够对财务报表是否在所有重大方面按照适用的财务报告编制基础编制发表审计意见。

二是按照审计准则的规定，根据审计结果对财务报表出具审计报告，并与管理层和治理层沟通。

审计的总体目标（发表意见+出具报告）需要注意以下三个问题：

一是对财务报表整体发表意见，对其他单方面发表意见，不属于审计的总体目标。比如，对内部控制、持续经营能力等发表意见和出具报告。

二是针对舞弊或错误导致的重大错报，如果只说对舞弊导致的重大错报或只说对错误导致的重大错报，都是不对的。

三是对所有重大方面发表意见。看似是绝对的表达，实际上不是。因为不是所有方面，而是所有重大方面。同理，错报也是指舞弊或错误导致的重大错报，不是所有错误都为错报。

2.2.4.2　具体审计目标

具体审计目标是指注册会计师通过实施审计程序以确定管理层在财务报表中确认的各类交易、账户余额、披露层次认定是否恰当。分开来看，包括两个方面：

第一，注册会计师评价管理层对各类交易事项的判断及相关披露是否恰当，既然是交易，涉及的就是反映在利润表中的项目，包括报表项目类别是否恰当（定性分析）和每个项目的金额是否恰当（定量分析）。

第二，注册会计师评价管理层对期末账户余额的判断及相关披露是否恰当，既然是期末账户余额，涉及的就是反映在资产负债表中的项目（利润表项目在每期期末都要全部结转至所有者权益，最后没有余额），包括报表项目类别是否恰当（定性分析）和每个项目的金额是否恰当（定量分析）。

管理层在财务报表中确认的各类交易、账户余额、披露，就是管理层在财务报表中作出的各种明确或隐含的表达，这些表达在审计上有个专门的名称，叫作认定。

其中，明确的认定就是在财务保证中直接体现出来的信息，比如存货余额就表示实实在在有这么多存货，体现了存货这类资产的金额；隐含的认定就是通过报表中直接体现出来的信息可以间接得知的信息，比如通过存货余额就可以间接知道企业所有存货的数量，已经全部入账，没有多计或少计。

注册会计师的具体审计目标就是对管理层在报表中的各种认定进行评价，考虑是否存在各种类型的潜在错报。

根据上面的解释，认定可以分为两大类：各类交易事项及相关披露的认定（利润表）和期末账户余额及相关披露的认定（资产负债表）。

关于注册会计师的具体审计目标的审计认定，注意以下六个问题：

第一，发生认定和存在认定的含义相同，但适用范围不同。发生认定针对的是各类交易事项及相关披露的认定（利润表），存在认定针对的是期末账户余额及相关披露的认定（资产负债表）。

第二，发生（存在）认定与完整性认定不同。一个表示没有虚构（多记），另一个表示没有漏记（少记）。理解记忆的技巧就是，完整性认定表示完好无缺，即没有少记；另一个发生（存在）认定就表示没有多记。

常见的违背发生认定的情形是虚构收入，常见的违背完整性认定的情形是隐瞒成本、费用、损失。

第三，准确性认定与发生（存在）认定、完整性认定不同。发生（存在）认定表示没有多记，完整性认定表示没有少记，这两类认定解决的是确认问题。比如，将不符合收入确认条件的交易确认为收入，就违背了发生认定；相反，如果已经满足收入确认条件的交易但没有确认收入，就违背了完整性认定。

准确性认定表示金额计算准确，没有多记，也没有少记，解决的是计量问题。比如，一项交易符合收入确认条件，但是在计算时把单价或数量弄错了，导致多记或少记，就违反了准确性认定。在判断时不能仅通过多记或少记去判断属于哪种认定，因为准确性认定和发生（存在）认定都可能是多记、准确性认定和完整性认定都可能是少记，应该从计量角度去考虑是否违背准确性认定。多记或少记只是计量错误（违背准确性认定）的结果，而不是原因。

第四，准确性、计价和分摊认定是资产负债表项目期末余额有关注的专属认定，表示期末余额计算准确，没有多记，也没有少记，解决的是计量问题，还额外针对资产的折旧、摊销、减值等都已恰当地考虑。

常见的情形就是存货跌价准备、资产减值准备、应收账款坏账准备、固定资产折旧、无形资产摊销等。

第五，截止认定很好判断，就是是否计入错误的期间，这个一般只会发生在期末期初前后几天，即资产负债表日前后。比如年报的 12 月 31 日前后几天就可能出现提前到上一期确认收入或延迟到下一期确认收入。

第六，列报表示在报表中列示和在附注中披露，前面几个认定也会涉及列示项目、金额和披露信息，列报认定只是单独拿出来作为一种认定，其实与前面几个认定都有交集。

2.2.5　信息系统审计的目标

（一）信息系统审计的总体目标

通过对信息系统的审计，揭示信息系统面临的风险、评价信息系统技术的适用性、创新性、信息系统投资的经济性、信息系统的安全性、运行的有效性等内容，合理保证信息系统安全、真实、有效、经济。主要是揭示风险；评价适用性、创新性、经济性、安全性、有效性等。

（二）信息系统审计的具体目标

第一，保证信息系统建设符合国家有关法律法规和组织内部制度。保证信息系统建设方案、规划内容充分体现组织的战略目标，对信息系统建设、应用与公司的经营目标的一致性作出评价。

第二，信息系统审计应促进信息系统在购置、开发、使用、维护过程中，以及数据在生产、加工、修改、转移、删除等处理中都必须符合国家相关法律法规、准则、组织内部规定等，并促进信息系统有效实现既定业务目标。

第三，提高组织信息系统的可靠性、稳定性、安全性，数据处理的完整性和准确性。主要是审计是否符合法律法规和内部制度；实现业务目标；提高可靠性、稳定性、安全性、完整性、准确性。

信息系统审计的特点，信息系统审计除了具备传统审计的权威性、客观性、公正性等特点之外，还具备一些独有的特点，例如，信息系统审计可以突破物理区域限制，开展远程非现场审计；信息系统审计要求审计人员具备较高的信息化知识和技能；信息系统审计的内容更加广泛；信息系统工作难以量化，审计评价时需要定性与定量相结合；等等。

2.2.6　数字经济时代审计目标演进的新发展

审计目标的演进经历了详细审计阶段、资产负债表审计阶段、财务报表审计阶段三个阶段，现在进入了数据导向审计阶段。

秦荣生（2023）认为，这一阶段是对财务报表中各项目数据的合法性和公允性的鉴证。2022年12月，《中共中央国务院关于构建数据基础制度更好发挥数据要素作用的意见》指出，数据作为新型生产要素，是数字化、网络化、智能化的基础，已快速融入生产、分配、流通、消费和社会服务管理等各环节，深刻改变审计目标。在数字经济时代，数据已成为新的生产要素，企业所面临的政治、经济、技术等风险不断升高，审计流程的数据化就成为必然，被审计单位生产经营产生了越来越多的数据，审计人员只有收集、挖掘、分析、利用、整合数据才能得出客观的审计结论。其实，审计人员对财务报表的审计，就是对财务报表中各项目数据的合法性和公允性的鉴证。因此，对财务报表审计的审计过程的数据导向将会越来越普遍，审计过程中的风险评估、控制测试和实质性程序都会普遍使用数据导向，为审计人员迅速、快捷地完成审计任务提供技术手段①。

未来，为应对差错风险的现实情况，审计人员开始实施数据导向审计。在数据导向审计策略下，审计数据差错不再局限于对财务数据，而是利用大量业务数据和外部数据与财务数据的交互式审计，以证实财务报表中各项目是否存在差错。面对海量业务数据和外部数据，审计人员需要快速从中了解数据、理解数据、挖掘数据、分析数据、利用数据，并从数据中找出财务报表项目数据的疑点、问题和异常，审计工作需要从"风险导向"向"数据导向"转化，数据导向审计就成为审计发展的必然趋势。

2022年后，在大数据时代，影响审计目标实现的最关键因素便是大数据处理，因此数据挖掘以及大数据分析技术将是今后审计要攻克的目标核心技术。利用数据分析工具快速实施风险分析、交易和控制测试、分析性程序，有效地找到重要审计领域和项目；对全样本进行测试，化解随机抽样的不完整性带来的问题；解决审计与客户之间的IT系统、软件和数据接口的"瓶颈"，提高数据采集、提取、验证和转换的速度；利用数据可视化技术，通过客户财务流程，绘制交易流程，快速识别异常复杂、风险较大的交易。

本章小结

审计对象又称审计客体，是指参与审计活动关系并享有审计权利和承担审计义务的主体所作用的对象，它是对被审计单位和审计的范围所作的理论概括。而现代审计的对象主要是被审计单位的财政财务收支及其有关经济活动。

审计目标是指在特定的社会历史环境中，人们通过审计实践活动所期望达到的目的或结果。审计目标的确定，除受审计对象的制约以外，还取决于审计的社会性、审计的基本职能和审计授权者或委托者对审计工作的要求。审计具有实践性与实用性，审计目标反映了社会的需求，审计目标的变化也反映了社会需求的变化。

---

① 秦荣生. 数据导向审计体系构建：风险模型、方法体系与实现路径 [J]. 审计研究，2023 (5)：3-10.

关键概念

审计对象：Audit Object

会计报表：Accounting Statement

会计账簿：Accounting Book

会计凭证：Accounting Document

财政收支：Financial Revenue and Expenditure

审计目标：Audit Objective

社会需求：Social Demand

审计能力：Audit Capability

社会环境：Social Environment

自测题

一、单项选择题

1. 注册会计师审计在市场经济中的特殊作用是（　　　）。

A. 防止错误与舞弊的发生

B. 提高企业财务信息的可靠性和可信性

C. 正确反映企业财务状况和经营成果

D. 帮助企业改善经营管理、提高经济效益

2. 关于注册会计师审计的下列说法，不恰当的是（　　　）。

A. 财产所有权与经营权的分离是注册会计师审计产生的重要原因

B. 注册会计师审计是由会计师事务所和注册会计师实施的审计

C. 注册会计师审计的产生早于国家审计

D. 注册会计师审计独立于政府和任何企业或经济组织

3. 注册会计师与国家审计部门如果对同一审计事项进行审计，最终形成的审计结论可能存在差异。导致差异的下列各项原因中最主要的是（　　　）。

A. 审计的方式不同　　　　　　　　B. 审计的性质不同

C. 审计的独立性不同　　　　　　　D. 审计的依据不同

4. 下列说法中，表述正确的是（　　　）。

A. 国家审计是独立性最强的一种审计

B. 报表的合法性是报表使用者最为关心的

C. 注册会计师应保证财务报表的可靠程度

D. 内部审计在审计内容、审计方法等方面与注册会计师审计具有一致性

二、多项选择题

1. 20 世纪三四十年代，注册会计师审计的主要特点有（　　　）。

A. 审计的主要目的是查错防弊，保护企业资产的安全和完整

B. 审计对象是以资产负债表和损益表为中心的全部财务报表及相关财务资料

C. 以控制测试为基础使用抽样审计

D. 审计报告使用人是股东和债权人

2. 由于审计环境的变化，注册会计师一直随着审计环境的变化调整着审计方法，审计方法包括（　　）。

A. 制度基础审计　B. 报表基础审计　C. 账项基础审计　D. 风险导向审计

3. 影响被审计单位固有风险的因素包括（　　）。

A. 管理人员的品行和能力　　　　　　B. 行业所处环境

C. 业务性质　　　　　　　　　　　　D. 容易遭受损失或被挪用的资产

4. 审计目标的演进历程有（　　）。

A. 详细审计阶段　　　　　　　　　　B. 资产负债表审计阶段

C. 财务报表审计阶段　　　　　　　　D. 查错防弊阶段

5. 审计目标的特征（　　）。

A. 能动性　　　　B. 系统性　　　　C. 动态性　　　　D. 长期性

6. 审计目标的类型（　　）。

A. 审计总目标　B. 审计具体目标　C. 审计项目目标　D. 审计短期目标

三、判断题

1. 会计报表审计的内容有常规性审查和实质性审查。（　　　）

2. 传统审计对象和现代审计对象是相同的。（　　　）

3. 审计人员应确定账户中记录的资产是否由被审计单位拥有，记录的负债是否为被审计单位应该承担的。（　　　）

四、简答题

1. 简述目前中国审计对象的内容。

2. 简述注册会计师审计的目的和意义。

五、论述题

简述实现审计目标的基本要素。

 相关阅读

江西出台意见指导和规范研究型审计工作①

为推动主题教育调研成果高效转化，指导和规范全省审计机关深入开展研究型审计，全面提升审计工作质效。2023 年 8 月 3 日，中共江西省委审计委员会办公室、

---

① 资料来源：江西省人民政府网站。网址：https://www.jiangxi.gov.cn/art/2023/8/7/art_5389_4561888.html

江西省审计厅出台《关于深入开展研究型审计，进一步提升审计工作质效的实施意见》（以下简称《意见》），明确了开展研究型审计的指导思想、基本原则和主要目标，聚焦审前、审中、审后3个关键环节提出了9项研究重点。

《意见》指出：要以研究型审计为抓手，把研究贯穿审计工作全过程、各环节，不断深化对党中央、国务院重大决策部署，省委、省政府工作大局，新时代新征程审计工作目标要求，以及中国特色社会主义审计工作特点规律的理解把握，推动构建"审计+研究"工作机制，实现审计立项更科学、审前研究更深入、审中实施更高效、审计质量更过硬、审计建议更精准、审计成果更丰富、审计整改更有力，推进新时代审计工作高质量发展，更好发挥审计在推进党的自我革命中的独特作用。

《意见》明确：要强化审计立项、审计对象、审前调查等审前研究。要坚持把立项当课题研究，沿着"政治—政策—项目—资金"这条主线自上而下研究党中央和省委重大决策部署及其背后蕴含的政治意图、实践要求，健全完善审计项目储备库，做到审计立项更加科学合理、精准有效；要深入研究党中央、国务院和省委、省政府对审计对象及所在地区、行业、领域的决策部署，全面把握审计对象的历史沿革、发展现状、改革方向、职责履行、业务运行和管理模式，为审计对象"精准画像"；要认真开展审前调查，充分了解被审计单位基本情况，收集相关政策法规，采集财政财务业务数据并进行分析研究，明确审计组织方式，列出审计事项清单，确定审计重点内容，制定有针对性、可操作性的审计工作（实施）方案。

《意见》明确：要强化审计方法、审计问题、审计质量等审中研究。要坚定不移走科技强审之路，建设大数据审计研究团队，探索以数字赋能提高审计质效的路径，搭建财政、金融、社保、投资等领域数据分析模型，建立完善审计创新技术方法库；要坚持把问题当课题研究，深入揭示重大政策不落实、重大损失浪费、重大弄虚作假、重大风险隐患、重大违纪违法、重大体制机制问题，深入分析问题背后深层次原因和体制性障碍、机制性缺陷、制度性漏洞，充分挖掘问题背后存在的利益输送等违纪违法线索；要树牢"审计质量是审计工作生命线"的理念，完善全流程质量管控机制，深化审计发现问题线索移送管理研究，着力提升审计移送问题线索的及时性、准确性，探索建立重大审计项目质量验收制度，打造更多审计精品。

《意见》明确：要强化审计成果、审计整改、审计评估等审后研究。要沿着"资金—项目—政策—政治"这条主线自下而上研究经济问题、经济责任反映的政治问题、政治责任，提出务实管用、切实可行的审计建议，形成高质量的审计（调查）报告、审计综合报告、审计专报等审计成果；要深入贯彻落实中央和江西省关于建立健全审计整改长效机制的决策部署，研究制定审计整改标准指南，对不同问题精准开具"药方"，持续推进审计监督与纪检监察监督、巡视巡察监督等其他监督贯通协同，形成审计整改监督合力；要深化审计项目后评估制度，及时总结经验、分析不足，分类完善审计操作指南和政策法规，建立优秀审计案例库，创新发展审计学术理论，紧密结合审计应用实践，加快审计科研成果转化，推动实现审计质量效率不断提升。

3

審计规范与职业道德

本章学习目标

1. 掌握审计法律规范的含义、内容和层次划分。
2. 掌握审计准则的含义和作用，熟悉不同审计主体审计准则的内容，了解中国审计准则和国际审计准则的区别。
3. 理解审计职业道德的含义和作用，熟悉不同审计主体的职业道德规范。

3.1 审计法律规范

3.1.1 审计法律规范的含义与内容

审计法律规范是由国家规定或认可，具有法定约束力，并由国家强制力保障实施的国家审计规范，可分为审计法律类规范、审计法规类规范和审计规章类规范。

审计法律类规范是指宪法中有关国家审计的规定、审计法和其他各项法律中有关国家审计的规定。

审计法规类规范是指国务院制定的行政法规和地方人民代表大会及其常务委员会制定的地方审计法规以及其他地方性法规中有关国家审计的规定。

审计规章类规范是审计署和地方人民政府制定的审计规章、国务院其他部门和地方人民政府制定的其他规章中有关国家审计的规定。

3.1.2 审计法律规范的层次划分

以宪法为核心，以审计法、审计法实施条例、国家审计准则等法律法规规章为主要组成部分，审计工作已做到了有法可依。根据制定的机关不同，参考中华人民共和国审计署网站对法律法规的分类①，可分为以下五个层次：

——宪法。《宪法》是中华人民共和国的根本大法，规定拥有最高法律效力，对审计监督工作做出原则性规定。

——法律。开展审计监督活动，最直接的法律依据是《中华人民共和国审计法》，规定了审计机关和审计人员、审计职责和权限、审计程序和法律责任等内容。另外，还有其他一些法律对审计工作作出了相关规定，如《中华人民共和国会计法》《中华人民共和国个人所得税法》等有关法律，以及《中华人民共和国行政处罚法》

---

① 资料来源：中华人民共和国审计署网站。网址：https://www.audit.gov.cn/n6/n36/index.html

《中华人民共和国行政复议法》《中华人民共和国行政诉讼法》等规范国家行政机关行为的法律。其中，《中华人民共和国审计法》在 1994 年 8 月 31 日第八届全国人民代表大会常务委员会第九次会议上通过，根据 2021 年 10 月 23 日第十三届全国人民代表大会常务委员会第三十一次会议《关于修改〈中华人民共和国审计法〉的决定》第二次修正。

——行政法规。行政法规是中国最高行政机关，即中央人民政府——国务院根据宪法和法律或者全国人民代表大会常务委员会的授权决定，依照法定权限和程序，制定颁布的有关行政管理的规范性文件。行政法规在中国立法体制中具有重要地位，是仅次于法律的重要立法层次。审计的行政法规主要包括《党政主要领导干部和国有企事业单位主要领导人员经济责任审计规定》《中华人民共和国审计法实施条例》《财政违法行为处罚处分条例》《中央预算执行情况审计监督暂行办法》等。

——部门规章。部门规章仅是由国务院、国家审计局以及国家相关部门根据法律规定以及国务院的批准而制定、变更的行政规章。审计的部门规章主要包括《审计署关于内部审计工作的规定》《审计机关审计档案管理规定》《审计机关封存资料资产规定》《中华人民共和国国家审计准则》《审计机关审计听证规定》等。

——规范性文件。有权机关在履行职责过程中形成的具有特定效力和规范格式、可以反复适用的立法性文件和非立法性文件。审计的规范性文件主要包括《审计署人民银行 银保监会 证监会关于审计机关查询单位和个人在金融机构账户和存款有关问题的通知》《审计署办公厅关于印发政府财务报告审计办法（试行）的通知》《审计署关于在乡村振兴战略实施中加强审计监督的意见》《审计署关于进一步加强减税降费政策措施落实情况审计监督的意见》《审计署办公厅关于中国内部审计协会与审计署脱钩的通知》《审计署 国家发展和改革委员会关于废止基本建设项目竣工决算审计试行办法的通知》等。

3.1.3 审计机关工作人员应知应会法律法规清单

2022 年 4 月，为引导审计人员学习审计工作应知应会的重要法律法规，增强法治意识和依法审计能力，提高审计工作法治化、规范化水平，审计署法规司立足审计工作需要，列示了审计履职所必须了解的宪法、审计、财政、会计等领域重要法律法规、部门规章以及部分党章党规共 62 部，审计机关工作人员应知应会法律法规清单如下：

一、党内法规

1. 《中国共产党章程》
2. 《中国共产党廉洁自律准则》
3. 《关于新形势下党内政治生活的若干准则》

4.《党政领导干部选拔任用工作条例》

5.《中国共产党纪律处分条例》

6.《中国共产党党内监督条例》

7.《中国共产党巡视工作条例》

8.《中国共产党问责条例》

9.《中国共产党农村工作条例》

10.《信访工作条例》

11.《中共中央办公厅、国务院办公厅关于完善审计制度若干重大问题的框架意见》

12.《党政主要领导干部和国有企事业单位主要领导人员经济责任审计规定》

13.《领导干部自然资源资产离任审计规定（试行)》

二、宪法、法律、行政法规、部门规章

14.《中华人民共和国宪法》

15.《中华人民共和国国旗法》

16.《中华人民共和国国歌法》

17.《中华人民共和国民法典》

18.《中华人民共和国刑法》

19.《中华人民共和国审计法》

20.《中华人民共和国预算法》

21.《中华人民共和国会计法》

22.《中华人民共和国企业国有资产法》

23.《中华人民共和国政府采购法》

24.《中华人民共和国招标投标法》

25.《中华人民共和国公司法》

26.《中华人民共和国证券法》

27.《中华人民共和国环境保护法》

28.《中华人民共和国土地管理法》

29.《中华人民共和国矿产资源法》

30.《中华人民共和国水法》

31.《中华人民共和国节约能源法》

32.《中华人民共和国社会保险法》

33.《中华人民共和国农业法》

34.《中华人民共和国乡村振兴促进法》

35.《中华人民共和国行政处罚法》

36.《中华人民共和国行政复议法》

37.《中华人民共和国行政诉讼法》

38.《中华人民共和国保守国家秘密法》

39.《中华人民共和国国家安全法》

40.《中华人民共和国网络安全法》

41.《中华人民共和国数据安全法》

42.《中华人民共和国个人信息保护法》

43.《中华人民共和国档案法》

44.《中华人民共和国公务员法》

45.《中华人民共和国公职人员政务处分法》

46.《中华人民共和国监察法》

47.《中华人民共和国审计法实施条例》

48.《中华人民共和国预算法实施条例》

49.《政府投资条例》

50.《企业投资项目核准和备案管理条例》

51.《财政违法行为处罚处分条例》

52.《中华人民共和国政府信息公开条例》

53.《关键信息基础设施安全保护条例》

54.《行政机关公务员处分条例》

55.《国务院关于加强审计工作的意见》

56.《中华人民共和国国家审计准则》（2010 年审计署第 8 号令）

57.《审计机关封存资料资产规定》（2010 年审计署第 9 号令）

58.《审计机关审计档案管理规定》（2012 年审计署、国家档案局第 10 号令）

59.《审计署关于内部审计工作的规定》（2018 年审计署第 11 号令）

60.《审计机关审计听证规定》（2021 年审计署第 14 号令）

61.《设立"小金库"和使用"小金库"款项违法违纪行为政纪处分暂行规定》（2010 年监察部、人力资源和社会保障部、财政部、审计署第 19 号令）

62.《违规发放津贴补贴行为处分规定》（2013 年监察部、人力资源和社会保障部、财政部、审计署第 31 号令）

3.1.4 新修订审计法涉电子数据审计相关条款变动内容[①]

3.1.4.1 拓展和丰富了审计数据类型与来源

随着电子数据审计业务的深入开展，审计机关对数量巨大、来源分散、格式多

---

① 杨柔坚，洪书瑶. 推进电子数据审计工作高质量发展研究——基于新修订审计法视域 [J]. 审计观察，2023（12）：78-83.

样的国家经济社会运行数据开展跨层级、跨地域、跨系统、跨部门和跨业务深入挖掘与分析的需求日益强烈，单一的财务数据已无法满足当前审计工作的实际需求。在审计数据类型拓展方面，新修订审计法第三十四条将被审计单位应提供的审计资料在种类和形式上进行了拓展与细化，将审计机关能够从被审计单位取得的电子数据类型在原来财务数据的基础上明确增加了业务数据、管理数据等，极大丰富了审计机关的取证类型；在审计数据来源拓展方面，新修订审计法第三十五条为新增条款，明确了国家政务信息系统和数据共享平台应当按照规定向审计机关开放，保障了审计机关合理利用国家信息化发展成果，为审计机关获取审计所需的必要数据拓展了重要渠道。

3.1.4.2　明确和提高了审计数据质量要求

审计数据分析工作环环相扣，数据采集作为数据清洗与分析工作的前置环节，其所获得数据的质量直接决定了数据清洗的效率与数据分析的效果。在提升所获审计数据质量方面，新修订审计法第三十四条提高了对被审计单位负责人提供审计资料的责任要求，除了真实性、完整性外，还对及时性提出了新的要求，要求审计数据要及时提供并更新，以保障审计数据分析的时效性；在保障数据真实可靠方面，结合新修订的审计法第四十三条审计人员可以检查被审计单位信息系统并取证的表述，第三十六条明确了审计机关对被审计单位信息系统的检查权，为电子数据审计筑牢了数据质量安全基础。

3.1.4.3　赋权和规范了审计数据利用方式

随着审计机关可利用的数据种类和数量不断增多，审计机关开展电子数据审计和对数据的利用方式也发生了重大变化，新修订审计法构建了审计人员依法开展审计活动的指导框架。在进一步赋权方面，新修订审计法第三十四条增加了审计机关对被审计单位电子数据等资料的核实权，即明确了审计机关能够对数据本身和通过数据分析发现的问题开展核实；新修订审计法第三十六条，在第三十四条赋予审计机关对审计资料获取权、核实权的基础上，扩充了审计机关对审计资料的检查权，不仅可以检查被审计单位的财务、会计资料，还可以检查与财政收支、财务收支有关的业务、管理等资料和资产，且这些资料的形式可以是电子数据和有关文档，充分保障审计人员能够全面了解数据，提升审计工作专业性；在对审计机关获取数据与利用数据方式加以规范方面，新修订审计法第三十五条为全新条款，规定审计机关通过政务信息系统和数据共享平台取得的电子数据等资料能够满足需要的，不得要求被审计单位重复提供，进一步强调了审计工作要求。

3.2 审计准则

3.2.1 审计准则的含义

审计准则是执行审计工作应该遵循的规范。这是对审计主体的要求，也就是对审计机构和审计人员自身素质及其工作质量的要求。它是由审计职业界遵循公认惯例分别确立的职业行为规范，并可作为衡量审计工作质量的重要依据。

审计准则是在审计实践中逐渐形成的、为多数同行承认并参照执行的一种审计工作惯例。这种惯例一经审计职业权威机构审定颁布即成为审计职业界共同遵守的行为规范。审计准则是审计主体进行自我约束的规定，也是衡量审计工作的尺度。

由于社会公众的强烈要求和审计职业界为巩固和提高自身社会地位的需要，1947年，美国注册会计师协会下属的审计程序委员会提出了《审计准则的试点说明——审计准则的一般公认要点及范围》。后经几番充实和完善，审计程序委员会于1972年修改通过了财务报表公认审计准则，并在1984年发布了49份审计准则说明书，对审计准则作了解释。日本参照美国准则，由大藏省企业会计审计会于1956年制定了日本的审计准则，1976年经第三次修改后，形成了《审计准则、审计实施准则及审计报告准则》。世界上其他国家（如加拿大、澳大利亚、德国、英国等）也先后制定了本国的审计准则。

在审计准则演变过程中，有关审计组织及审计学者对其定义和内涵作了充分的论述。中国一些审计学者也从不同的角度对审计准则的定义加以阐述。

从审计准则的形成过程及其不同的描述中，可以发现审计准则主要包括以下含义：

1）审计准则是出于审计自身的需要和社会公众的要求而产生和发展的；

2）审计准则是审计实践经验的总结，它的完善程度同样反映出审计发展水平；

3）审计准则是对审计组织和审计人员（审计主体）提出的要求，而不是对审计客体的要求，更不是衡量审计客体的尺度；

4）审计准则规定了审计工作质量的要求，既是控制和评价审计工作质量的依据，也是控制审计风险的必要；

5）审计准则一般应由审计组织及审计职业团体制定和颁布，才具有权威性。

3.2.2 审计准则的特性

审计准则既是审计理论的重要组成部分，又直接用来指导审计实践的作业规范。

研究审计准则的特性，更有利于从理论的高度去认识审计准则的内涵，把握其外延。

要了解审计准则的真正特性，首先应了解审计准则与审计假设、审计标准（依据）、审计法规及会计准则的关系。①审计假设是审计理论的基石，又是审计工作的前提；而审计准则是对审计假设的说明和支持，它既以审计假设为前提，又具体体现了审计假设的内容。②审计标准是用以衡量、评价被审计单位经济活动的合法性、合规性、有效性及经济资料的可靠性和公允性的尺度，它具有层次性、强制性；而审计准则是对审计组织、审计人员和审计工作所提出的要求和指南，具有权威性，一般不具有强制性。③审计法规虽然也属于审计规范体系，但审计法规属于高层次的规范，而审计准则是具体的规范。④审计准则和会计准则虽然都是一种指导业务工作的规范，但它们具体指导的对象不同，前者是指导审计人员的规范，后者是指导会计人员的规范，也是会计核算管理工作的规范。同时，会计准则属于审计标准的范畴，它是审计人员用来判断被审计单位财政财务收支及经济活动是非优劣的重要依据。

从审计准则的基本含义出发，在明确审计准则与有关概念关系的基础上，审计准则的特性可以概括为权威性、规范性、可接受性、可操作性和相对稳定性。

（1）审计准则的权威性

这主要是指审计准则对审计人员的行为具有普遍约束力。审计人员必须按照审计准则的规定和要求进行审计工作，如有违反，就有可能承担相应的民事责任甚至刑事责任。审计准则的权威性：一是来源于审计准则的科学性，它不仅来源于审计实践，而且是整个审计职业界公认的惯例；二是来源于审计职业界权威机构或政府机构对它的审定、完善、颁布和监督实施。

（2）审计准则的规范性

这首先表现为审计准则本身就属于审计规范的范畴，它是审计规范体系中的具体规范；其次是审计准则本身必须具有统一性、条理性及准确性，否则就不可能成为审计工作的指南。统一性要求审计准则的内容前后一致、相互协调；条理性要求审计准则结构严谨、条理清晰、层次分明；准确性要求审计准则用词恰当、表达确切、易于理解、方便使用。

（3）审计准则的可接受性

这主要是指审计准则应当被审计人员、审计客体和广大社会公众所乐于接受，否则就不能称其为审计工作规范。对审计主体而言，审计准则集审计工作实施规则、审计操作程序和惯例于一体，是保证审计质量的技术性指南，如不能被审计人员所接受，就从根本上失去了制定审计准则的意义。对审计客体和广大社会公众而言，审计准则有助于他们了解审计人员应该做什么和不应该做什么以及在什么样的情况下审计人员应承担什么样的责任；如果审计准则不能被他们所接受，既说明审计准则没有客观地反映他们对审计工作的基本要求，也说明他们对审计工作不能理解，最终会导致审计准则不能成为审计人员自我保护的工具。

（4）审计准则的可操作性

这主要表现在审计准则可以直接用来指导审计实践。在审计理论和审计实践之间，审计准则是沟通的桥梁。也就是说，审计理论只有通过审计准则才能指导审计实践，审计实践只有先归纳总结为审计准则才能上升为审计理论。要想使审计准则具有可操作性首先要使审计准则具有鲜明的层次性（如一般准则和实施、报告准则等），并要明确每个层次的准则所要服务的目标，即每个层次的准则要与具体的审计工作相联系；其次是审计准则的内容务必明确、可行，便于审计人员理解和遵照执行。

（5）审计准则的相对稳定性

这是指审计准则一旦确定和发布，就不能轻易改动，要保持一个相对稳定的时期。制定审计准则是一项涉及面广而又复杂的工作。同时，审计准则的基本结构、主要内容及其要求变动频繁不利于审计人员接受和贯彻执行准则，也不利于准则被社会公众理解。但是，审计准则只具有相对稳定性。因为社会经济关系的变化、科学技术的发展和审计环境的改变都会引起审计事项、审计方法的变化和发展，都会对审计工作提出更高的要求。作为审计工作规范的准则，也势必要做相应的调整，删除过时的、不适宜的内容，增加新的、适应需要的内容。也就是说，审计准则应当随着审计事业的发展而不断完善。

3.2.3 审计准则的作用

1）审计准则为审计人员提供了审计工作规范。审计准则使审计人员知道如何开展审计工作，如何编制审计计划，如何制定审计方案，如何收集审计证据以及怎样编写审计报告等。

2）审计准则的实施有利于提高审计工作质量。审计准则中一般都规定审计人员的任职条件及其在工作中应保持的态度、审计工作的基本程序和方法以及审计报告的撰写方式和要求等，这就促使审计人员谨慎工作，依照准则办事，有助于提高审计工作质量。

3）审计准则有利于维护公众和审计人员的合法权益。审计准则有利于监督审计组织和审计人员正确地履行职责，有利于维护公众的正当利益，有利于审计人员合理地维护自身的利益。

4）审计准则有利于促进国际审计经验交流。审计准则是审计实践经验的总结和升华，审计准则的实施和发展对国际审计经验和学术的交流起到了重要的推动作用。

3.2.4 中国现行国家审计准则

2010年9月1日，审计署8号令公布了修订后的《中华人民共和国国家审计准则》（以下简称《审计准则》），自 2011 年 1 月 1 日起施行。《审计准则》进一步细化了审计流程、统一了审计标准、规范了审计行为，把依法审计贯穿到审计工作的全过程，落实到每个审计机关及审计人员的行动上。《审计准则》的修订和颁布，对促进审计工作的法制化、规范化和科学化，具有十分重大的意义。

《审计准则》是一部完整且单一的国家审计准则。下一步，国家审计署将研究开发审计指南，进一步细化审计业务操作。同时，根据《中华人民共和国审计法实施条例》附则第五十七条"实施经济责任审计的规定，另行制定"的规定，据此将构建起由宪法、审计法和审计法实施条例、审计准则、审计指南和经济责任审计规定等不同层级组成的审计法律规范体系。

《审计准则》在吸收原有审计准则和相关规定中能够继续适用的内容后，废止了审计署以前发布的 28 项审计准则和相关规定。《审计署关于内部审计工作的规定》《审计机关审计听证的规定》《审计机关审计复议的规定》《审计机关审计项目质量检查的规定》《审计机关审计档案工作规定》《审计机关监督注册会计师审计组织审计业务质量的暂行规定》等仍然有效。

《审计准则》正文分为七章，即总则、审计机关和审计人员、审计计划、审计实施、审计报告、审计质量控制和责任、附则，共 200 条。

3.2.5　中国注册会计师审计准则

3.2.5.1　中国注册会计师审计准则

现行有效的审计准则涉及的文号包括财会〔2006〕4 号、财会〔2010〕21 号、财会〔2016〕24 号、财会〔2019〕5 号、财会〔2020〕17 号、财会〔2021〕31 号、财会〔2022〕1 号、财会〔2022〕36 号。

财会〔2020〕17 号，包括三项准则（中国注册会计师审计准则第 1121 号——对财务报表审计实施的质量管理、会计师事务所质量管理准则第 5101 号——业务质量管理、会计师事务所质量管理准则第 5102 号——项目质量复核），证券业务所于2023 年 1 月 1 日实施，非证券业务所于 2024 年 1 月 1 日实施，其实施将废止财会〔2019〕5 号文中的两项准则（中国注册会计师审计准则第 1121 号——对财务报表审计实施的质量控制、质量控制准则第 5101 号——会计师事务所对执行财务报表审计和审阅、其他鉴证和相关服务业务实施的质量控制）。

中国注册会计师协会近年陆续修订了《中国注册会计师审计准则第 1101 号——注册会计师的总体目标和审计工作的基本要求（2022 年 1 月 5 日修订)》等 48 项审计准则。中国注册会计师审计准则如表 3-1 所示。

表 3-1　截至 2024 年 2 月中国注册会计师审计准则

一般原则与责任	中国注册会计师鉴证业务基本准则（2022 年 1 月 5 日修订）
	中国注册会计师审计准则第 1101 号——注册会计师的总体目标和审计工作的基本要求（2022 年 1 月 5 日修订）
	中国注册会计师审计准则第 1111 号——就审计业务约定条款达成一致意见（2022 年 1 月 5 日修订）
	中国注册会计师审计准则第 1121 号——对财务报表审计实施的质量管理（2020 年 11 月 19 日修订）
	中国注册会计师审计准则第 1131 号——审计工作底稿（2022 年 1 月 5 日修订）
	中国注册会计师审计准则第 1141 号——财务报表审计中与舞弊相关的责任（2019 年 2 月 20 日修订）
	中国注册会计师审计准则第 1142 号——财务报表审计中对法律法规的考虑（2019 年 2 月 20 日修订）
	中国注册会计师审计准则第 1151 号——与治理层的沟通（2022 年 1 月 5 日修订）
	中国注册会计师审计准则第 1152 号——向治理层和管理层通报内部控制缺陷（2010 年 11 月 1 日修订）
	中国注册会计师审计准则第 1153 号——前任注册会计师和后任注册会计师的沟通（2010 年 11 月 1 日修订）
审计计划、判断、风险、程序	中国注册会计师审计准则第 1201 号——计划审计工作（2022 年 1 月 5 日修订）
	中国注册会计师审计准则第 1211 号——通过了解被审计单位及其环境识别和评估重大错报风险（2019 年 2 月 20 日修订）
	中国注册会计师审计准则第 1221 号——计划和执行审计工作时的重要性（2019 年 2 月 20 日修订）
	中国注册会计师审计准则第 1231 号——针对评估的重大错报风险采取的应对措施（2019 年 2 月 20 日修订）
	中国注册会计师审计准则第 1241 号——对被审计单位使用服务机构的考虑（2010 年 11 月 1 日修订）
	中国注册会计师审计准则第 1251 号——评价审计过程中识别出的错报（2019 年 2 月 20 日修订）
	中国注册会计师审计准则第 1301 号——审计证据（2016 年 12 月 23 日修订）
	中国注册会计师审计准则第 1311 号——对存货、诉讼和索赔、分部信息等特定项目获取审计证据的具体考虑（2019 年 2 月 20 日修订）
	中国注册会计师审计准则第 1312 号——函证（2010 年 11 月 1 日修订）
	中国注册会计师审计准则第 1313 号——分析程序（2010 年 11 月 1 日修订）
	中国注册会计师审计准则第 1314 号——审计抽样（2010 年 11 月 1 日修订）
	中国注册会计师审计准则第 1321 号——审计会计估计（包括公允价值会计估计）和相关披露（2010 年 11 月 1 日修订）
	中国注册会计师审计准则第 1323 号——关联方（2010 年 11 月 1 日修订）
	中国注册会计师审计准则第 1324 号——持续经营（2016 年 12 月 23 日修订）
	中国注册会计师审计准则第 1331 号——首次审计业务涉及的期初余额（2019 年 2 月 20 日修订）
	中国注册会计师审计准则第 1332 号——期后事项（2016 年 12 月 23 日修订）
	中国注册会计师审计准则第 1341 号——书面声明（2016 年 12 月 23 日修订）
	中国注册会计师审计准则第 1401 号——对集团财务报表审计的特殊考虑（2022 年 1 月 5 日修订）
	中国注册会计师审计准则第 1411 号——利用内部审计人员的工作（2022 年 1 月 5 日修订）
	中国注册会计师审计准则第 1421 号——利用专家的工作（2022 年 1 月 5 日修订）

续表

审计结论与信息报告	中国注册会计师审计准则第 1501 号——对财务报表形成审计意见和出具审计报告（2022 年 1 月 5 日修订）
	中国注册会计师审计准则第 1502 号——在审计报告中发表非无保留意见（2019 年 2 月 20 日修订）
	中国注册会计师审计准则第 1503 号——在审计报告中增加强调事项段和其他事项段（2022 年 1 月 5 日修订）
	中国注册会计师审计准则第 1504 号——在审计报告中沟通关键审计事项（2016 年 12 月 23 日发布）
	中国注册会计师审计准则第 1511 号——比较信息：对应数据和比较财务报表（2019 年 2 月 20 日修订）
	中国注册会计师审计准则第 1521 号——注册会计师对其他信息的责任（2016 年 12 月 23 日修订）
其他业务审计	中国注册会计师审计准则第 1601 号——对按照特殊目的编制基础编制的财务报表审计的特殊考虑（2021 年 12 月修订）
	中国注册会计师审计准则第 1602 号——验资（2006 年 2 月 15 日发布）
	中国注册会计师审计准则第 1603 号——对单一财务报表和财务报表特定要素审计的特殊考虑（2021 年 12 月 9 日修订）
	中国注册会计师审计准则第 1604 号——对简要财务报表出具报告的业务（2021 年 12 月 9 日修订）
	中国注册会计师审计准则第 1611 号——商业银行财务报表审计（2006 年 2 月 15 日发布）
	中国注册会计师审计准则第 1612 号——银行间函证程序（2006 年 2 月 15 日发布）
	中国注册会计师审计准则第 1613 号——与银行监管机构的关系（2006 年 2 月 15 日发布）
	中国注册会计师审计准则第 1631 号——财务报表审计中对环境事项的考虑（2006 年 2 月 15 日发布）
	中国注册会计师审计准则第 1632 号——衍生金融工具的审计（2006 年 2 月 15 日发布）
	中国注册会计师审计准则第 1633 号——电子商务对财务报表审计的影响（2006 年 2 月 15 日发布）
质量控制	会计师事务所质量管理准则第 5102 号——项目质量复核（2020 年 11 月 19 日发布）
	会计师事务所质量管理准则第 5101 号——业务质量管理（2020 年 11 月 19 日修订）

资料来源：中国注册会计师协会。

截至 2024 年 2 月，中国注册会计师协会除制定了 48 个审计准则以外，还制定了：

1）审阅准则 1 个：

中国注册会计师审阅准则第 2101 号——财务报表审阅（2006 年 2 月 15 日发布）。

2）其他鉴证业务准则 2 个：

中国注册会计师其他鉴证业务准则第 3111 号——预测性财务信息的审核（2006 年 2 月 15 日发布）；

中国注册会计师其他鉴证业务准则第 3101 号——历史财务信息审计或审阅以外的鉴证业务（2006 年 2 月 15 日发布）。

3）相关服务准则 2 个：

中国注册会计师相关服务准则第 4111 号——代编财务信息（2006 年 2 月 15 日发布）；

中国注册会计师相关服务准则第 4101 号——对财务信息执行商定程序（2006 年 2 月 15 日发布）。

3.2.5.2 中国注册会计师审计准则与国际审计准则比较

国际会计师联合会（IFAC）成立于 1977 年 10 月，IFAC 的宗旨是服务于公众利益并强化会计行业，为此，IFAC 致力于制定高质量的国际职业准则（包括国际审计准则、国际会计教育准则、国际会计师职业道德守则以及国际公共部门会计准则等），引导、推动其采用和实施，推动会计职业组织的能力建设，提升会计师的职业价值，以及在涉及公众利益的问题上代表全球会计行业发声。中国注册会计师协会（以下简称"中注协"）于 1997 年 5 月 8 日加入 IFAC，并派代表担任理事。

国际审计准则包括一般准则、工作准则和报告准则。中国注册会计师审计准则在不断修改完善的基础上，顺应国际大势，在许多方面逐步与国际审计准则趋同。2010 年 11 月 10 日，国际审计与鉴证准则理事会与中国审计准则委员会再次签署联合声明，宣布我国修订发布的新审计准则与明晰化后的国际审计准则实现实质性趋同。

审计准则趋同战略的实施，对提高中国注册会计师行业整体的职业水准和审计质量起到了至关重要的作用，而且其影响力正在逐渐加深，未来仍将发挥更大的作用。随着信息技术的快速发展，审计实务不断改进，超越了审计理论的发展，很可能将倒逼审计准则实现又一次跨越式变革，从自动化工业时代进入智能化工业时代。

当然，中国特有的执业环境以及企业面临的复杂经济环境，使得与国际趋同的审计准则像中国企业会计准则一样，也在一定程度上出现水土不服的情况。风险导向的新审计准则与国际财务报告准则一样，也是基于原则导向的，而且更多是基于国外审计实务制订的，因此，在中国落地必然会遇到准则执行层面的诸多问题，这是正常的，不能归咎于新审计准则本身。中国审计实务的复杂程度、特定时期审计工作时间集中度之高很可能是国际审计准则制定者所不了解的，特别是对于大量国有企业的各类审计业务，注册会计师在执业中一直面临很多准则执行层面的问题。主要体现在国有企业审计、集团报表审计、利用专家工作、舞弊审计、IT 审计等领域，与审计资源分配、审计工作时间不足、风险导向审计理念落地、质量控制等方面。

例如，审计工作时间不足的问题，近几年显得越发突出。回看沪深两市上市公司 2018 年报披露时间，约 2/3 的上市公司在 2019 年 4 月公布年报，约 1/3 的上市公司在 2019 年 4 月的最后一周公布年报。尽管年报公布时间对审计工作时间的影响因项目而异，但整体上对注册会计师年报审计形成了巨大的时间压力。在有限的时间和有限的资源配置下，注册会计师常有无能为力之感，审计失败比例的上升也是必然的。尽管《会计法》中已经将允许企业自行选择会计年度纳入新增内容，但即便修订通过仍然难以缓解注册会计师的年审时间压力。实务中，一些大型会计师事务所通过重新调整质量控制资源的分配，将质量控制复核前移至预审期间，采用全过程跟踪的方式，在一定程度上减轻了年审的时间压力。类似的实务处理方法，有时比质量控制准则的原则规定更加有效。

监管部门与中注协在对会计师事务所的历年检查中，发现的问题相似度极高，而且有些问题几乎每年都会重复出现。例如，风险评估流于形式、审计程序不到位、审计证据存在瑕疵、审计思路僵化等问题重复出现，屡查屡犯。这一方面说明审计人员的整体执业水准仍然有待进一步提高，事务所对执业人员的培训、监控以及奖惩措施还需要加强；另一方面也说明审计准则在执行层面确实需要对这些"屡教不改"的问题出台一些更清晰更有操作性的指引。

近年来，监管部门对注册会计师行业采用全面、从严监管的原则，在审计准则执行层面上则体现为要求更高，例如 IPO 审计中的穿透式核查要求、审计准则问题解答中引入的延伸检查等。这些基于舞弊审计实务的做法，在符合一定条件并恰当地执行时通常比较有效，但符合哪些条件才适用，如何恰当地执行才能表明注册会计师勤勉尽责，则需要审计准则制定者给实务工作以更具体的指引。原则导向的审计准则，并不一定要回避更具体的指引。中注协陆续发布的各项指南、指引，可以有效促进新审计准则在中国的落地生根。

由于注册会计师审计工作面临的特殊环境，促使审计事务所遭遇的问题比较复杂。尽管这对于执行新审计准则增加了难度，也因此提供了一个行业深度参与审计准则改进的契机。这些实务问题其实正是值得深入挖掘的宝库。在审计准则国际趋同的道路上，通过对准则执行层面相关问题的探索和研究，研发更多具有操作性的实务指引，并在此基础上尝试主动参与国际审计准则的改进工作，才有可能真正使中国注册会计师行业从被动跟跑阶段进入互动阶段，从而使审计准则国际趋同战略显现其深远影响。

3.2.6　内部审计准则

3.2.6.1　国际内部审计实务框架

国际内部审计师协会（IIA）于 2024 年 1 月 9 日发布了新修订的《全球内部审计准则》（以下简称《准则》）。

IIA 于 2022 年下半年启动了对 2017 年颁布的《国际内部审计专业实务框架》（IPPF）的修订工作，于 2023 年初完成了《准则》的征求意见稿，经过向关键利益相关方、广大内部审计从业人员和全社会征求意见，于 2024 年初完成了《准则》的最终稿并正式发布。

修订后的 IPPF 将包含强制性指南和补充性指南两个部分。

强制性指南中包含了此次发布的《准则》和专项要求。《准则》整合了 2017 年版 IPPF 中内部审计的使命、内部审计实务的核心原则、内部审计定义、职业道德规范、国际内部审计专业实务标准，在修订内容的同时对体例和范式进行了重大调整。修订后的《准则》用于指导全球内部审计实务，并作为评价和提升内部审计工作质量的标准。《准则》有助于实现内部审计工作的有效性，共包括 15 项原则，每项原则包含了若干标准，每项标准又由具体要求、执行标准须考虑的因素和证明遵循性的示例组成。专项要求主要针对特定领域或事项的内部审计活动，目的是提升此类活动的一致性和质量。当审计项目涉及特定领域或事项时，内部审计人员须遵循有关专项要求。

补充性指南目前主要包括《IPO 全球指南》。《IPO 全球指南》为开展内部审计工作提供非强制性的信息和推介最佳实务，从而促进对《准则》的有效遵循。

新修订的《准则》将于 2025 年 1 月起正式生效。

3.2.6.2　中国内部审计准则

中国内部审计准则主要由内部审计基本准则、内部审计具体准则和内部审计实务指南三部分组成。

（1）内部审计基本准则

中国内部审计协会 2023 年 6 月修订了《第 1101 号——内部审计基本准则（2023 年修订）》，共包括 6 章 36 条。内部审计基本准则是制定内部审计具体准则和内部审计实务指南的基本依据。

（2）内部审计具体准则

内部审计具体准则是依据内部审计基本准则制定的，是内部审计机构和人员在进行内部审计工作时应当遵循的具体规范。截至 2024 年 2 月中国内部审计协会共发布了 24 个内部审计具体准则：

第 2309 号内部审计具体准则——内部审计业务外包管理（2019 年 5 月）

第 2308 号内部审计具体准则——审计档案工作（2016 年 2 月）

第 2307 号内部审计具体准则——评价外部审计工作质量（2013 年 9 月）

第 2305 号内部审计具体准则——人际关系（2013 年 9 月）

第 2304 号内部审计具体准则——利用外部专家服务（2013 年 9 月）

第 2306 号内部审计具体准则——内部审计质量控制（2013 年 9 月）

第 2303 号内部审计具体准则——内部审计与外部审计的协调（2013 年 8 月）

第 2302 号内部审计具体准则——与董事会或者最高管理层的关系（2013 年 8 月）

第 2301 号内部审计具体准则——内部审计机构的管理（2013 年 8 月）

第 2205 号内部审计具体准则——经济责任审计（2021 年 2 月）

第 2204 号内部审计具体准则——对舞弊行为进行检查和报告（2013 年 8 月）

第 2203 号内部审计具体准则——信息系统审计（2013 年 8 月）

第 2201 号内部审计具体准则——内部控制审计（2013 年 8 月）

第 2202 号内部审计具体准则——绩效审计（2013 年 8 月）

第 2109 号内部审计具体准则——分析程序（2013 年 8 月）

第 2108 号内部审计具体准则——审计抽样（2013 年 8 月）

第 2107 号内部审计具体准则——后续审计（2013 年 8 月）

第 2106 号内部审计具体准则——审计报告（2013 年 8 月）

第 2105 号内部审计具体准则——结果沟通（2013 年 8 月）

第 2104 号内部审计具体准则——审计工作底稿（2013 年 8 月）

第 2103 号内部审计具体准则——审计证据（2013 年 8 月）

第 2102 号内部审计具体准则——审计通知书（2013 年 8 月）

第 2101 号内部审计具体准则——审计计划（2013 年 8 月）

第 1201 号——内部审计人员职业道德规范（2013 年 8 月）

（3）内部审计实务指南

内部审计实务指南为内部审计机构和人员开展内部审计工作提供了具有可操作性的指导意见，是依据内部审计基本准则和内部审计具体准则制定的。

中国内部审计协会截至 2024 年 2 月共发布了 4 个内部审计实务指南①：

第 3205 号内部审计实务指南——信息系统审计（2021 年 1 月）

第 3204 号内部审计实务指南——经济责任审计（2022 年 3 月）

第 3201 号内部审计实务指南——建设项目审计（2021 年 7 月）

第 3101 号内部审计实务指南——审计报告（2019 年 12 月）

3.2.7 大数据与智能审计相关的审计数据规范

ISO 国际标准和国内标准均基于包括企业 ERP 系统采集数据的内部证据，而使用内部证据无法满足审计证据的充分性、适当性。因为信息系统自动化一般控制的缺陷往往影响 ERP 数据的真实性和可靠性。此外，现有的国内标准是会计核算标准，不能满足审计程序和审计方法的需求；ISO 国际标准和国内标准均基于通用行业，又无法适用于各行业的多样性。这一切使得将数据规范进行统一变得迫在眉睫。

2023 年 3 月 27 日，中国注册会计师协会发布了《注册会计师审计数据规范——公共基础》《注册会计师审计数据规范——总账》《注册会计师审计数据规范——销售》《注册会计师审计数据规范——银行流水》四项注册会计师审计数据规范。四项注册会计师审计数据规范共包括 980 条数据元和 69 个实体。每项规范的框架内容都包括前言、引言、范围、规范性引用文件、术语和定义、数据元的描述、数据模型等

---

① 资料来源：中国内部审计师协会。

11 个部分。理解并做到执行数据标准，需要业务标准部门及技术开发人员的共同参与，业务人员需要了解标准中所涉及的所有数据元素对应到哪些审计程序、底稿和检查事项中，利用原始数据进行确认，利用数据间的关系进行交叉验证。

2023 年 5 月 18 日，浙江省推出的全国首个《审计数据归集规范》（DB33/T 2579—2023）省级地方标准（以下简称《规范》）正式实施，《规范》聚焦收集、产生公共数据的信息系统和公共数据平台向审计大数据中心归集审计数据的具体控制架构，重点围绕审计数据归集的基本原则、归集体系、数据申请与审批、数据交换与归集、数据治理和安全控制等方面进行标准研制，提出了被审计单位、大数据管理部门、审计机关的数据申请、审核确认、数据交换与归集、数据治理等数据归集流程和技术规范，以实现自动归集与汇聚政务信息系统和数据共享平台的审计数据。

3.3　审计职业道德

道德就是人类社会生活中所特有的，由经济关系决定的，依靠人们的内心信念和特殊的社会手段维系的，并以善恶进行评价的原则规范、心理意识和行为活动的总和。职业道德，就是从事一定职业的人们在其特定的工作中或劳动中的行为规范的总和。在阶级社会中，任何一个阶级的道德都是通过具体的职业道德形式表现出来的。阶级道德寓于职业道德之中，职业道德体现或包含着阶级道德。任何一种形式的职业道德都在不同程度上体现着阶级道德的要求，反映着一定的阶级道德的影响。

社会中所有受人们关注和尊重的专门职业都应制定职业道德规范，旨在提供从业人员保持专业态度和立身处世的指南，以期加强职业风纪的发展。因为任何受人尊重的专业都有服务于公众的责任，都有复杂的学识主体和需要获得公众的信任。

3.3.1　审计职业道德含义及其本质

审计人员职业道德，是指审计机关审计人员的职业品德、职业纪律、职业胜任能力和职业责任。

审计职业道德是指审计人员在长期审计工作过程中逐步形成的应当普遍遵守的行为规范。它是为指导审计人员在从事审计工作中保持独立的地位、公正的态度和约束自己的行为而制定的；也是为树立良好的职业形象、赢得社会的尊重和信赖而制定的。审计职业道德是维持高度实务上专业水平的主要因素。它不仅可作为每个审计人员维持专业态度的实务指南，也是向委托人与社会大众提供审计人员愿意维持高度标准并遵照执行的一种保证。对于每一个审计人员而言，道德规范在短期内有时或嫌限制过苛而感到困扰；但就长期而论，毫无疑问可使每一个审计人员、整个审计界以及社会大众都受益。

审计人员职业道德本质的特殊性主要体现在审计职业对审计人员的道德品质和道德行为的特殊性要求方面：一是早已存在于审计职业活动中并被审计行业公认、多数审计人员自觉遵守的习惯、规矩或者纪律；二是国家和政府有关部门制定的有关审计人员行为标准和活动要求的法律法规、条例、政策、制度、规定、规则、守则等，这些都具有法律效力或行政效力，是成文的审计人员行为规范。此外，审计人员职业道德规范体系结构的多侧重、多层次性也是中国审计职业道德规范本质特征的重要方面。中国审计包括国家审计和内部审计、社会中介机构审计。审计人员除了要共同遵守依法独立、客观、公正等公认的职业道德要求以外，还须按照自身的行业要求恪守特殊的行业道德规范。例如，国家审计人员是从事审计监督的国家公务员，因此他们的行为和思想品德都应纳入公务员道德规范。内部审计人员分政府部门内部审计人员、企事业单位内部审计人员。政府部门内部审计人员应遵守公务员道德规范，企事业单位内部审计人员应遵守单位内部员工的道德规范。社会注册会计师审计人员的品质和行为应按注册会计师独立审计准则、职业道德基本准则等行业规则的要求纳入道德规范。

3.3.2　制定审计人员职业道德规范的必要性

（1）出于审计职业特殊性的必要

首先，审计职业的特殊性表现为其特殊的服务对象。如果考虑审计服务所产生的后果（审计报告），其服务对象可能是使用审计结果的成千上万的团体或个人，也是社会的公众。更为重要的是，同一审计结果对直接服务的委托人和间接服务的社会公众可能会产生不同影响。审计人员与客户都满意的审计结果有可能损害成千上万使用审计报告的团体或个人的利益。这种损害虽然是无形的、不可计量的，但远远大于对委托人的影响。这就要通过一定的道德规范来协调这种矛盾，使委托人和其他使用审计报告的人均能满意审计的服务。

其次，审计职业的特殊性表现在现代审计技术的复杂性。审计本来就是一种专业性强的职业，现代信息技术的发展，不仅提高了审计对象的难度，也促进了审计技术的复杂化。因此，非审计人员不经过系统的、长期的培训，根本无法理解和判断审计人员的行为是否恪守应有的职守。这就要提供一套委托人及社会公众都能理解和据此判定是非的审计职业道德规范。

最后，审计职业的特殊性表现在审计服务结果为社会直接引用。律师答辩的服务结果还要通过法官的评判才能对社会产生影响；而审计人员的服务结果可以直接为社会所引用。审计人员直接为社会公众服务的责任提高了对审计质量的要求，更加重了对审计人员职业道德的要求。

（2）出于取信社会公众的必要

自中国恢复审计制度以来，审计工作虽然对社会经济活动起到了良好的促进作用，但个别注册会计师的审计工作也给社会带来了危害，如"长城公司""琼民源""红光实业""银广夏""康美药业"等，由于审计人员未恪守应有的职业道德，为公司管理层的违法行为推波助澜，给公众带来了巨大的损失，导致了注册会计师行业的信任危机。建立一套高水准的职业道德规范，最深层的原因就在于要使公众对审计人员提供服务的质量产生信任感。如果客户或其他使用审计报告的广大社会公众不信任审计人员、不信任审计结果，审计这一职业就没有生存和发展的必要了。

（3）出于对审计职业评价的必要

如何分清审计人员是在尽职尽责的情况下出现的可容许的误差，还是故意利用审计技术的复杂性或者是没有引起足够的注意犯下了不允许出现的错误，一般人是无法判断的。同时，客户也没有时间和精力去评价审计人员是否尽职尽责。因此，客户及公众期望审计职业界能有一套完整的道德条款对审计行业进行约束，并在其内部对审计服务进行评价；同时也使客户和社会公众有所了解，便于对审计职业界进行监督。

（4）出于社会竞争日益激烈的必要

现代社会的激烈竞争不可能使审计界风平浪静，尤其是随着社会注册会计师审计的竞争越来越激烈，这就使有些注册会计师审计组织不得不从其生存出发去拉拢客户并谋求利润，从而忽视了对审计质量的保证。竞争是客观存在的，要解决生存与发展的矛盾，审计职业界应制定出一套职业道德规范，进行行业内的自我约束，制止那些不正当的竞争。

3.3.3 国家审计人员职业道德

国家审计人员职业道德要求审计机关和审计人员在办理审计事项时，应当客观公正，实事求是，廉洁奉公，保守秘密。审计署不断对审计人员的职业道德提出要求：

2001 年 8 月 1 日，中华人民共和国审计署令第 3 号公布《审计机关审计人员职业道德准则》。

2008 年 12 月 5 日，审计署发布了《审计署关于加强审计纪律的八项规定》。

2011 年 1 月 1 日起施行的《中华人民共和国国家审计准则》第十五条规定：审计人员应当恪守严格依法、正直坦诚、客观公正、勤勉尽责、保守秘密的基本审计职业道德。

第一，严格依法就是审计人员应当严格依照法定的审计职责、权限和程序进行审计监督，规范审计行为。

第二，正直坦诚就是审计人员应当坚持原则，不屈从于外部压力；不歪曲事实，不隐瞒审计发现的问题；廉洁自律，不利用职权谋取私利；维护国家利益和公共利益。

第三，客观公正就是审计人员应当保持客观公正的立场和态度，以适当、充分的审计证据支持审计结论，实事求是地作出审计评价和处理审计发现的问题。

第四，勤勉尽责就是审计人员应当爱岗敬业，勤勉高效，严谨细致，认真履行审计职责，保证审计工作质量。

第五，保守秘密就是审计人员应当保守其在执行审计业务中知悉的国家秘密、商业秘密；对于执行审计业务取得的资料、形成的审计记录和掌握的相关情况，未经批准不得对外提供和披露，不得用于与审计工作无关的目的。

3.3.4　内部审计人员职业道德规范

内部审计人员职业道德要求内审人员依法审计、忠于职守、坚持原则、客观公正、廉洁奉公、保守秘密；不得滥用职权、营私舞弊，不得泄露秘密、玩忽职守。

（1）中国内部审计人员职业道德

中国内部审计协会于 2003 年发布了《内部审计基本准则》（以下称基本准则）、《内部审计人员职业道德规范》和 10 个具体准则在内的首批内部审计准则，初步建立了内部审计准则体系。此后，协会又陆续发布和修订了多批内部审计具体准则和实务指南，形成了较为完善的内部审计准则体系。

2023 年，中国内部审计协会对《内部审计基本准则》进行了系统修订和完善，修订后共 36 条。为体现党对内部审计工作的全面领导，此次修订对第三章作业准则和第五章内部管理准则中涉及的三个条款的表述进行了相应调整。将原第二十四条、第三十条中"董事会"的表述统一修改为"委（党组）、董事会（或者主要负责人）"；在原第十二条中增加年度审计计划应当报经组织党委（党组）、董事会（或者主要负责人）或者最高管理层批准的规定。

为充分体现当前数字化环境对内部审计理念、组织方式、技术方法以及审计管理产生的全面而深刻的影响，此次修订单独在第三章作业准则中增加一条，作为第十八条，规定："内部审计人员在实施审计时，应当关注数字化环境对内部审计工作的影响"，同时不再保留原第十五条中有关"内部审计人员应当关注信息系统对业务活动、内部控制和风险管理的影响"的内容，因为新规定已经涵盖了此项内容，而且更为宽泛。

（2）中国内部审计职业道德规范与国际内部审计职业道德规范的比较

内容上两者的相似之处：从内容上看，国际内部审计职业道德规范和我国内部审计所规范的内容基本相同。对于诚实、客观、保密和胜任四条基本原则，两者都提出了要求。国际内部审计职业道德规范有行为准则的内容，我国对此也做出了相应的规范。比如，国际内部审计职业道德规范的行为准则第一条"部审计师应诚实地、勤奋地和富有责任感地执行他们的工作"。就与我国的内部审计职业道德规范第三条

"内部审计人员在履行职责时，应当做到独立、客观、正直和勤勉"相类似。

结构上两者存在的差异：从结构上比较，国际内部审计职业道德规范层次分明，富有逻辑性。我国的内部审计职业道德规范没有明显层次之分，只是将内部审计人员应当遵守或者不可以进行的行为依次进行罗列。

另外，我国的职业道德规范明确规定了内部审计人员"必要时可聘请专家协助""内部审计人员应具有较强的人际交往能力，妥善处理好与组织内外相关机构和人士的关系""内部审计人员应不断接受后续教育……"而关于国际内部审计职业道德的完善虽没有在本规范里提出明确要求，但是在内部审计职业实务准则中做出了相应的规范。

综上所述，国际内部审计职业道德规范的结构严谨，内容周详，层次分明，富有逻辑性、科学性。我国内部审计人员职业道德规范较为简练，在内容上与国际内部审计职业道德规范趋于一致。但值得一提的是，《中国内部审计准则序言》未将《内部审计人员职业道德规范》纳入中国内部审计准则体系中；国际内部审计实务准则框架的重要组成部分之一却是内部审计职业道德规范。

3.3.5　中国注册会计师职业道德规范及基本原则

注册会计师的职业道德主要包括：注册会计师应遵循独立、客观、公正、廉洁等基本原则；注册会计师应具有较强的业务能力；注册会计师应遵守工作程序和工作方法方面的技术守则；注册会计师既要对社会公众负责，也要对委托单位负责；业务承接中的职业道德。

（一）中国注册会计师职业道德规范

习近平总书记对注册会计师行业作出"要紧紧抓住服务国家建设这个主题和诚信建设这条主线"的重要批示。2021年，国务院办公厅印发《国务院办公厅关于进一步规范财务审计秩序促进注册会计师行业健康发展的意见》，明确提出要"强化行业日常监管和信用管理"。2023年，中共中央办公厅、国务院办公厅印发《关于进一步加强财会监督工作的意见》，明确要求"加强行业诚信建设，健全行业诚信档案，把诚信建设要求贯穿行业管理和服务工作各环节"。财政部始终坚持以诚信建设为主线推进注册会计师行业改革发展，持续加强行业诚信建设，基本形成了符合我国市场经济特点的行业诚信建设体系，行业诚信建设取得积极成效。但从近年来曝光的一些审计失败案例来看，行业诚信建设与新时代高质量发展和全面建成社会主义现代化强国要求不匹配、不协调、不适应的矛盾仍然突出。主要表现为：诚信标准尚不健全；覆盖行业全过程、全链条的诚信监控体系尚未形成，诚信信息采集和披露机制尚不完备，行业从业人员诚信信息仍有缺失；守信激励和失信惩戒机制尚不健全，尚未实现共享和公开相关信息并实施联合惩戒；诚信教育机制尚未覆盖行业服务全环节，履约践诺、诚实守信的诚信文化氛围尚未全面形成。2023 年 3 月，财政部制定印发了《注册会计师行业诚信建设纲要》，明确提出要"以诚信驱动执业质量提升"。

（二）中国注册会计师职业道德基本原则

修订后的《中国注册会计师职业道德守则（2020）》具体包括《中国注册会计师职业道德守则第 1 号——职业道德基本原则》《中国注册会计师职业道德守则第 2 号——职业道德概念框架》《中国注册会计师职业道德守则第 3 号——提供专业服务的具体要求》《中国注册会计师职业道德守则第 4 号——审计和审阅业务对独立性的要求》《中国注册会计师职业道德守则第 5 号——其他鉴证业务对独立性的要求》。

中国注册会计师职业道德基本原则包括：诚信、独立性、客观和公正、专业胜任能力和应有的关注、保密、良好的职业行为。会计师事务所要认真对照中国注册会计师职业道德守则和质量管理准则中"相关职业道德要求"要素，查找自身在职业道德政策和程序设计、实施方面存在的突出问题与薄弱环节，有针对性地加以改进完善，进一步提高职业道德水平，有效识别、评价和应对对遵循职业道德基本原则造成不利影响的情况。

（1）诚信

诚信原则要求会员应当在所有的职业关系和商业关系中保持正直和诚实，秉公处事、实事求是。

（2）独立性

在执行鉴证业务时，注册会计师要从实质上和形式上保持独立，不得因任何利害关系影响其客观性。独立性是审计业务的灵魂。事务所和注册会计师在执行审计业务过程中，要严格按照中国注册会计师职业道德守则要求，确保从实质上和形式上保持独立，不得因任何利害关系影响其客观公正。事务所不得以或有收费方式提供审计服务，收费与否或者收费多少不得以审计工作结果或实现特定目的为条件。事务所要建立并完善与公众利益实体审计业务有关的关键审计合伙人轮换机制，指定专门岗位或人员跟踪、监控本所连续为同一公众利益实体执行审计业务的年限，做到实质性轮换，防止流于形式。

（3）客观和公正

客观和公正原则要求会员应当公正处事、实事求是，不得由于偏见、利益冲突以及他人的不当影响而损害自己的职业判断。

（4）专业胜任能力和应有的关注

首先是专业胜任能力。会员应当保持专业胜任能力，将专业知识和技能始终保持在应有的水平之上，以适应当前实务、法律和技术的发展，确保为客户提供具有专业水准的服务。其次是应有的关注。应有的关注要求会员勤勉尽责，按照执业准则和职业道德规范的要求，认真、全面、及时地完成工作任务。再次是职业怀疑态度。在审计过程中会员应当运用专业知识、技能和经验，获取和评价审计证据。最后是勤勉尽责。会计师事务所要综合考虑客户业务复杂程度等因素，保持应有的职业怀疑，为每项业务分派具有适当胜任能力的项目合伙人和项目组成员，并保证其有充足的时间持续高质量地执行业务，避免超出胜任能力执业。会计师事务所要配备具备相应专业胜任能力、时间和权威性的专家和技术人员，为审计业务提供必要的专业技术支持。

此外，还要关注数字化转型的专业胜任能力影响，要利用新技术手段进行审计创新。随着互联网、大数据、人工智能等信息技术在经济社会各领域深度应用，会计师事务所要关注数字经济发展和上市公司数字化转型带来的商业模式创新、业务流程重塑及管理模式变更对审计风险的影响，分析对审计方式、审计抽样、审计证据收集等技术和方法的影响，获取、开发、维护、利用适当的数字化审计工具，进行审计创新；要加强对数字化审计技术的培训，培养审计人员数字化审计能力，确保审计人员在使用审计作业系统、函证电子平台、智能文档审阅工具和数据分析软件等新型审计工具时，具备相应的专业能力并保持应有的谨慎，以更有效地进行风险评估、设计更合适的程序，并调查异常情况。

（5）保密

保密原则要求会员应当对在职业活动中获知的涉密信息予以保密，避免出现下列行为：未经客户授权或法律法规允许，向会计师事务所以外的第三方披露其所获知的涉密信息；利用所获知的涉密信息为自己或第三方谋取利益。会计师事务所要强化数据安全意识，建立并实施保护数据安全的相关政策和程序，以确保会计审计等资料的安全性。

（6）良好的职业行为

会员应当遵守相关法律法规，避免发生任何损害职业声誉的行为。在推介自身和工作时，会员不应损害职业形象，不仅要加强对大数据的整合分析能力、对信息技术的运用能力，还需要加强职业道德素养和互联网法律意识。

会计师事务所应当按照职业道德守则和执业准则规定，执行有关客户接受与保持程序，谨慎评估提出违规付费要求的客户风险。如果发现客户存在或有付费违规行为的，会计师事务所应当拒绝承接或者终止该项审计业务。

会员应当诚实、实事求是，不应存在下列行为：夸大宣传提供的服务、拥有的资质和获得的经验；贬低或无根据地比较其他注册会计师的工作。

3.3.6 国家审计、注册会计师审计、内部审计的职业道德规范比较

3.3.6.1 内容上三者的相似之处

第一，关于独立、公正、客观原则。无论是国家审计、注册会计师审计还是内部

审计，都在职业道德规范中强调审计人员应当在履行职业责任的过程中恪守独立、客观、公正的原则。

第二，关于诚实性、应有的职业谨慎、保密性。三个审计职业道德规范都提出诚实性的职业品德的要求；都强调审计人员应当遵守职业的技术标准，合理使用职业判断，保持职业谨慎；在保密性方面，审计人员在执行业务时，必须对所得信息严加保密，未经适当或特别授权，不得使用或披露这些信息，要防止因为这些信息与资料的泄露所造成损失。

第三，关于维护职业形象责任。三个审计职业道德规范都从各自职业角度出发，对维护职业形象作出了规范。

第四，关于遵守审计技术规范、专业胜任能力规范的规定。三个审计职业道德规范都强调遵守各自发布的审计准则，注册会计师审计的规范缜密周详，除遵守自身独立审计准则等职业规范之外，还要求合理运用会计准则及国家其他相关技术规范，而《内部审计人员职业道德规范》只是强调遵守内部审计协会发布的内部审计准则等规定。三个审计职业道德规范均强调"保持和提高专业胜任能力"，审计人员必须拥有实施审计活动所必需的知识、技能和其他能力。

第五，关于后续教育的规范。国家审计关于后续教育的规范全面、具体，具有可操作性。不仅对内容、质量提出了要求，还规定了学习时间。注册会计师审计对此的规定是由《中国注册会计师职业后续教育基本准则》进行规范。中国内部审计协会在《内部审计人员后续教育实施办法》中也做了相应的规范。

3.3.6.2　结构上三者存在的差异

从结构上相比较而言，《中国注册会计师职业道德基本准则》最为严谨，由总则、一般原则、专业胜任能力与技术规范、对客户的责任、对同行的责任、其他责任等构成。在架构上，每章首条提出原则性的规范，随之对该原则进行具体化的描述。《审计机关审计人员职业道德准则》《内部审计人员职业道德准则》只是将审计人员应当遵守或者不可以进行的行为依次进行罗列，比较简练明了。具体差异应表现在以下五个方面：

第一，关于审计人员的任职条件。注册会计师审计关于注册会计师资格考试及注册由《中华人民共和国注册会计师法》等进行严格的规范。审计机关审计人员应当具有符合规定的学历，通过岗位任职资格考试，具备与从事的审计工作相适应的专业知识、职业技能和工作经验，并保持和提高职业胜任能力，不得从事不能胜任的业务。内部审计对于审计人员任职条件并未提出具体的要求，只是由中国内部审计协会在《内部审计人员岗位资格证书实施办法》中作出了相应规范。众所周知，注册会计师公认性、知名度远胜于国家审计和内部审计的人员，这与其通过"立法"注册会计师任职条件的规范不无关系。

第二，关于违反职业道德规范、职业责任。审计机关审计人员职业道德准则规定："审计人员违反职业道德，由所在审计机关根据有关规定给予批评教育、行政处分或者纪律处分。"对此，内部审计未作出专门的规范。关于注册会计师审计由于自身职业的特点，对客户、同行及其他人的责任，专门用三章共计十三条进行了阐述，国家审计和内部审计只是强调对国家、组织和职业形象的责任。

第三，关于对业务助理人员的责任规定。《中国注册会计师职业道德基本准则》第十四条专门规定了注册会计师执行业务时，应当妥善规划，并对业务助理人员的工作进行指导、监督和检查。这表明注册会计师审计的条文严谨，国家审计和内部审计在本规范中未提出类似的要求。

第四，关于外聘专家协助的规定。由于内部审计目标是促进组织目标的实现，而组织活动是丰富多彩的，相应审计活动领域也是复杂多样的，由此对内部审计技能提出了更高要求，需要各种专业人才。实际上，受到编制、预算、审计成本的限制，内部审计人员所具有的专业知识与其所面对的丰富多彩的内部审计活动无法完全匹配。所以当审计的事项需要运用某些特定领域的专业知识时，必须聘请相关的专家协助。为此，《内部审计人员职业道德规范》第六条作出了相应的规定，即"必要时可聘请有关专家协助"，这里所谓专家是指独立于本组织的个人或公司，持有合格证书的组织内部和外部人员。对此，国家审计和注册会计师审计在本规范中没有提出相应的要求。

第五，关于沟通能力的规定。内部审计特色在于其"内向性"，主要表现在内部审计人员是组织里的成员，却要去发现组织内部的不足，所以内部审计人员与被审计对象之间存在着潜在的冲突倾向，而处理好这种关系，是发挥内部审计"助手""参谋"作用、实现内部审计目标的关键因素之一。为此，《内部审计人员职业道德规范》第十条提出了"内部审计人员应具有较强的人际交往技能，妥善处理好与组织内外相关机构和人士的关系"。对此，国家审计和注册会计师审计均未作出规范。

从以上比较可知，《审计机关审计人员职业道德准则》《中国注册会计师职业道德基本准则》《内部审计人员职业道德规范》尽管在结构上有所不同，但在内容上趋于一致。比如，关于独立、客观、公正的基本原则，关于职业品德、专业胜任能力、职业纪律、职业责任的规范都大致相同。不同之处主要是从各自的职业角度出发，对某些方面进行着重强调，例如，内部审计强调人际交往能力、外聘专家的规范，国家审计注重廉政纪律规范，注册会计师审计强调对客户同行的责任。

3.3.7 大数据与智能审计对审计职业道德的挑战

诚信、独立性、客观和公正、专业胜任能力和应有的关注、保密和良好的职业行为是审计职业道德的基本原则，而新的信息技术又对前五个方面产生了新冲击。

（1）诚信

比如区块链各节点的上链审计数据的质量取决于外部控制环境的可信度，记录的交易记录以及数据从输入时可能就不足以提供足够适当的与交易性质有关的审计证据，可能是具有欺诈性，或是与"链外"的附属协议相关，同时也可能存在财务报表的错误分类。

如果企业使用的是联盟链和私有链（可接入节点更少需要授权，安全性更高），可能会导致限制审计人员对合同协议、资产归属以及交易方身份的验证权限，增加审计取证的难度。

被审计单位区块链自建平台相比外购平台不具有标准化的特点，会进行个性化定制，设计时会存在"留有后路"的风险，所以自建平台造假会比外购平台更容易。自建和外购平台在数据公开透明度、发现欺诈交易方面可能会存在差异。

（2）独立性

例如，会计师事务所将开发的技术解决方案作为商业产品出售或授权给第三方，如基于区块链的商业应用程序。这是一种非鉴证服务（Non-assurance Service），推动会计师事务所与审计客户建立商业关系。在审计客户中拥有经济利益的合伙人可能有能力影响与其在同一办公地点的项目合伙人。虚拟和远程办公技术使得办公室不再局限于实际地点，这种情况下如何保持审计的独立性。审计师以受托人身份持有大量利益相关者的资产，资产是否考虑包括数据资产？是否持有了客户加密货币？

（3）客观和公正

比如许多互联网公司的用户群体以及一些门户网站的点击量，这些资产难以计量，但却是企业不可否认的资产，并且为企业创造出可观的价值。审计人员在审计时如何衡量这些资产的价值，可能会影响其客观公正。

再如数字时代出现的加密资产主要依靠加密技术和分布式账本技术（DLT）或类似技术作为其被认可的或固有价值的一部分。如何确定加密货币在实务中的分类以及公允价值？

此外，注册会计师使用新技术进行分析时，其选择的数据集可能存在偏见；技术人员开发的技术系统使用的算法本身是非客观的。

（4）专业胜任能力和应有的关注

专业胜任能力包括解决问题的能力、沟通能力、协作能力，以及处理数据、最新技术和系统的能力。智能审计技术被认为是有用的商业和专业技能，且随着审计师越来越依赖技术，智能审计技术越来越被视为审计师完成工作所必需的。另外，大数据分析正在改变基于抽样的传统审计方法。虽然审计师仍将对较小的数据样本进行详细分析，但审计分析使他们能够识别异常值和异常情况，并专注于风险最大的领域。他们还可以使用各种分析工具来可视化数据、连接财务和非财务数据，并将预测结果与现实世界进行比较。

（5）保密

在数字时代，审计师所能接触到的数据规模是空前的，访问权限也会增加，区块链环境的透明化、公开化使得审计人员能够实时查看审核交易数据，了解交易的具体信息，在一定程度上接触到更多内幕信息和商业机密，除企业隐私数据外，还可能涉及政府的敏感数据。欺诈检测可能会利用员工发送的电子邮件进行文本分析，这将遇到法律和道德限制。在网络攻击事件频发的大背景下，事务所数字化程度越高，潜在被攻击的方面就越广。不论保密条款是否覆盖了客户数据，如果被审计单位数据被窃取，向未授权方曝光数据的行为可能违反保密原则的基本职业道德。例如，2017 年，德勤遭受黑客攻击，导致大量邮件和客户敏感信息泄露。

（6）良好的职业行为

在当前时代，审计人员的良好职业行为至关重要，需要倡导审计职业道德，培育审计工匠精神。为此，我们应该加强审计人员的职业道德建设，采取多种方式组织职业道德教育实践活动，以提高他们的职业素养，确保其一直保持职业胜任能力。在内部管理方面，可以定期组织专题教育，以教育短片、小组分享、案例分析等形式强调职业道德的重要性，营造廉洁从业的氛围。同时，还可以将职业道德作为绩效考核的一部分，以规范审计人员的行为表现。另外，国家也应该加大对失信审计人员的处罚力度，将严重失信的人员列入黑名单，并与银行系统对接，以促进良好职业道德的形成。

本章小结

本章介绍了审计规范的含义和分类；审计法律规范的含义、内容和层次划分。

审计法律规范是由国家制定或认可的，由国家强制力保证实施的，调整各种审计监督关系的行为规则。审计法律规范同其他法律规范一样，一般由行为模式和法律后果两部分组成。审计法律规范根据效力等级可分为宪法、审计法和其他有关审计方面的法律、审计方面的行政法规、地方性法规和行政规章四个层次。

审计准则反映了审计工作的客观规律和基本要求，是执行审计工作应该遵循的规范。它来源于审计实践工作，又指导审计实践工作，是审计人员专业行为的指南和规范。审计准则的作用包括：为审计人员提供了审计工作规范，有利于提高审计工作质量；有利于维护公众和审计人员的合法权益；有利于促进国际审计经验交流。不同审计主体的审计准则内容有所区别，同时中国审计准则与国际审计准则也存在不同。

审计人员职业道德是为指导审计人员在从事审计工作中保持独立的地位、公正的态度和约束自己的行为而制定的一整套职业道德规范。国家审计、注册会计师审计和内部审计的职业道德规范存在区别。

关键概念

审计准则：Auditing Standard

审计道德规范：Code of Ethics for Auditing

自测题

一、单项选择题

1. 审计准则的作用不包括（　　）。

A. 审计准则为审计人员提供了审计工作规范

B. 审计准则的实施有利于提高审计工作质量

C. 审计准则有利于维护公众和审计人员的合法权益

D. 是评价被审计单位会计报表是否合法、公允的依据

2. 审计准则含义不包括（　　）。

A. 审计准则是出于审计自身的需要和社会公众的要求而产生和发展的

B. 审计准则是审计实践经验的总结，它的完善程度同样反映出审计发展水平

C. 审计准则一般应由审计组织及审计职业团体制定和颁布，才具有权威性

D. 审计准则及职业道德对被审计单位的行为具有约束力

3. 不与被审计单位发生利益冲突体现了审计职业道德中的（　　）原则。

A. 诚信　　　　　　B. 客观　　　　　　C. 保密　　　　　　D. 独立性

4. 下列关于审计准则的表述，错误的是（　　）。

A. 审计准则是衡量审计工作质量的重要依据

B. 审计准则是评价被审计单位的标准

C. 审计准则是执行审计工作应该遵循的规范

D. 审计准则是审计人员在实施审计过程中必须遵守的行为规范

5. 以下不是注册会计师应当遵守的技术准则的是（　　）。

A. 中国注册会计师执业准则

B. 企业会计准则

C. 与执业相关的其他法律法规和规章

D. 中华人民共和国国家审计准则

6. 制定审计人员职业道德规范的必要性不包括（　　）。

A. 出于审计职业特殊性的必要

B. 出于取信社会公众的必要

C. 出于在审计过程中保持职业怀疑与应有的谨慎

D. 出于社会竞争日益激烈的必要

7. 审计人员在审计工作中首先要保持的是（　　）。

A. 独立性　　　　　B. 客观性　　　　　C. 谨慎性　　　　　D. 公正性

8. 下列各项关于独立性的表述不恰当的是（　　）。

A. 审计与其他经济监督活动相比最大的区别就是独立性

B. 注册会计师在执行咨询业务时不需要强调独立性

C. 独立性原则针对的是审计人员而不是审计组织

D. 审计人员在审计活动中应当保持实质上与形式上的独立

二、多项选择题

1. 可能对职业道德基本原则产生不利影响的因素包括（ ）。

A. 自身利益 B. 自我评价 C. 过度推介 D. 密切关系

2. 以下关于审计准则的理解中正确的有（ ）。

A. 是出于审计自身需要和社会公众的要求而产生的

B. 是对审计实践的总结

C. 是对审计组织和审计人员提出的要求

D. 是衡量审计工作质量的依据

3. 注册会计师的职业道德主要包括（ ）。

A. 注册会计师应遵循独立、客观、公正、廉洁等基本原则

B. 注册会计师在做出判断时，不受其个人喜好或他人的不适当影响，对所有相关环节做出公正的评价

C. 注册会计师应尊重所获取信息的价值和所有权，没有适当授权不得披露信息，除非是在有法律或职业义务的情况下

D. 注册会计师既要对社会公众负责，也要对委托单位负责

三、判断题

1. 注册会计师不得以或有收费方式提供鉴证服务。（ ）

2. 注册会计师不得为被审计单位提供代编会计报表等专业服务。（ ）

3. 会计师事务所人员在向审计客户提供内部审计服务时，不得承担管理层职责。（ ）

4. 如果注册会计师未查出被审计单位财务报表中的错报，则注册会计师应当承担法律责任。（ ）

5. 注册会计师应当遵循诚信、客观和公正原则，在执行审计和审阅业务以及其他鉴证业务时保持独立性。（ ）

6. 在运用职业道德概念框架时，对于职业道德守则中明确的禁止性规定，注册会计师可以通过采取防范措施将可能产生的不利影响降低至可接受的水平，从而能够保持该利益或关系，或者提供该服务。（ ）

四、简答题

1. 审计规范的含义是什么？

2. 审计准则的特性和作用分别是什么？

3. 为什么要重视审计职业道德？

 相关阅读

北京注册会计师资产评估行业党委举办"以案为鉴、以案促改"警示教育大会暨"两师"说廉教育片发布会①

　　2024 年 1 月 25 日，北京注册会计师资产评估行业党委举办"以案为鉴、以案促改"警示教育大会暨"两师"说廉教育片发布会。北京市财政局一级巡视员、行业党委书记于保江出席会议并讲话，行业党委副书记、纪委书记冯静主持会议，行业党委委员、行业纪委委员，各基层党组织书记、纪委书记等 200 余人参加了大会。

　　会议播放了《新闻 1+1：嘘，这是国家秘密》《康美药业案件对行业的启示》两部警示教育片，传达了北京市警示教育大会精神，并对全面从严治党治业提出五个方面要求。一要持续完善维护党中央权威和集中统一领导的各项制度。深入学习习近平总书记关于党的建设的重要思想，严格执行新时代党的组织路线，旗帜鲜明、毫不动摇坚持党对行业的全面领导，严守政治纪律和政治规矩，自觉把党的领导贯彻到行业发展的全过程各方面，不断提高全行业的政治判断力、政治领悟力、政治执行力，确保习近平总书记重要指示批示精神和党中央决策部署贯彻落实不偏向、不走样。二要坚持不懈用习近平新时代中国特色社会主义思想凝心铸魂。深刻领悟习近平新时代中国特色社会主义思想的重大意义、科学体系和实践要求，进一步坚定对习近平新时代中国特色社会主义思想的政治认同、理论认同、情感认同，强化人民至上的价值导向，坚持立党为公、执政为民的执业理念，锤炼职业道德修养，把文明道德风尚融入行业诚信作风建设，争当社会主义核心价值观的模范践行者。三要强化生命线意识，营造行业诚信文化。通过宣传片、研讨会、继续教育、法律专栏、庭审旁听等多种形式，增强从业人员的法律意识，筑牢法律法规红线，营造守法经营、诚信服务的行业文化，推动行业在维护社会公平正义、规范市场经济秩序、保障国家经济安全等方面更好发挥作用。四要完善监管体系，强化行业自律监管。完善执业机构自查自纠机制，持续开展违法违规行为专项整治，推动反面案例进岗位任职培训、进职业继续教育、进党校培训课堂、进基层组织生活，引导全体从业人员审慎执业。将党内监督、行业监管结果作为高端人才选拔推荐、评先评优的先决条件，对存在不诚信执业行为的人员及时进行约谈提醒，因执业行为受到行业惩戒或处理处罚的党员，要依法依规给予严肃问责追责，形成党内监督与行业自律的监督合力，实现"双重震慑"。五要坚持正风反腐，保持廉洁政治本色。各基层党组织要积极探索党内监督与自律监督相结合的有效方法途径，突出事前事中控制，及时发现和纠正可能存在的问题。要弘扬清正廉洁

---

　　① 北京注册会计师资产评估行业党委举办"以案为鉴、以案促改"警示教育大会暨"两师"说廉教育片发布会［EB/OL］. 中国注册会计师协会，2024-01-25. https：//www. cicpa. org. cn/xxfb/topnews/202401/t20240125_64668. html

之风，探索惩防并举的有效载体，深挖行业廉洁元素，提升廉洁文化感染力，引导从业人员做法纪的守护者、廉洁文化的践行者，推动公正、诚信、高效、廉洁的执业理念在行业不断深入人心，助推行业高质量发展。

会上发布了"两师"说廉教育片，全面展示近年来北京行业基层党组织积极发挥行业党建引领作用，将党建与业务深度融合，贯彻新发展理念，服务新发展格局，以诚信建设为生命线，依托专业优势、狠抓作风建设、探索"党建+数字化"新模式、强化行业自律监督，在推进中国式现代化、投身新时代首都发展等方面取得的优秀成果。

4

审计依据

本章学习目标

1. 掌握审计依据的含义及其分类。
2. 理解审计依据的特点。
3. 熟悉使用审计依据的原则。
4. 熟悉不同审计目标下适用的审计依据。
5. 掌握审计依据的引用。

4.1 审计依据的概念、特点及分类

4.1.1 审计依据的概念

根据《中华人民共和国国家审计准则》，即实施审计所依据的法律法规规定，审计依据是指对所查明的被审计单位的行为和事实作出判断的根据，是得出审计结论、提出审计意见的标准。

审计依据与审计准则是两个既有联系又有区别的概念。审计准则解决如何进行审计的问题，是审计人员行动的指南和规范；审计依据则解决审计人员根据什么标准判别被审计单位的财务状况、经营成果和现金流量的合法性、公允性，并得出审计结论、提出审计意见和建议。

在整个审计工作过程中，都存在评价判断问题，特别是在审计工作从实施阶段转入完成阶段，审计人员必须对被审计单位的经济活动及其结果进行评价、判断，得出结论，提出有益的意见和建议。在审计实施阶段，必须有一套合适的审计依据，帮助审计人员对已经查清查实的审计事项进行评价，判断其真实性、合法性、合理性。审计人员只有根据审计依据提出审计意见、得出审计结论，才能取信于社会公众，提高审计组织和审计人员的威望，助推审计事业的发展。

审计人员如何运用好审计依据？

第一，熟悉审计依据所涉及的法律法规、规章、制度等。有时候，审计人员明明觉得某个经济行为有问题，可就是找不到相应的审计依据，这就是对法规、制度等不够熟悉。

第二，能够解析地看待法律法规、规章、制度等。所谓解析，就是审计人员在深入了解法律法规、规章、制度等的基础上，能够分析解构，能够较严谨地和经济行为对应起来。

第三，能够辩证地看待法律法规、规章、制度等。尤其是企业组织制定的一系列规章制度，其中不一定完全的合理或者符合实际情况。审计人员在引用审计依据并指出审计问题后，要考虑被审计单位的实际经营情况和问题如何整改。

第四，发展地看待法律法规、规章、制度等。市场经济下，影响企业组织的外部因素变化很快。企业组织也在不断地通过组织创新、产品创新、经营创新等进行变革，以适应市场的变化。很多法律法规、规章、制度等已经是很多年前制定的了，是否符合现在的市场环境，审计人员也要以发展的眼光来看待。

审计人员在与被审计单位沟通时，不要直接搬来法规、条例来指出问题的存在，而是要把审计依据和审计发现问题有机地结合起来，指出问题的风险、影响。

4.1.2　审计依据的分类

审计依据可以按不同标准进行分类，如按来源可分为被审计单位内部制定的审计依据和被审计单位外部制定的审计依据；按性质可分为宪法、法律法规政策、规章制度；按内容则可分为预算、计划、经济合同、业务规范、技术经济标准等。

4.1.2.1　国家审计的审计依据

经过三十余年的努力，我国的国家审计的审计法律制度体系已基本形成，以宪法为核心，以审计法、审计法实施条例、国家审计准则等法律法规规章为主要组成部分，审计工作已做到了有法可依。宪法对审计监督的基本原则、体制和基本制度作了原则性规定。

——法律。开展审计监督活动，最直接的法律依据是审计法，审计法规定了审计机关和审计人员、审计职责和权限、审计程序和法律责任等内容。另外，还有其他一些法律对审计工作作出了相关规定，如会计法、税收征收管理法、预算法等有关财经法律，以及行政处罚法、行政复议法、行政诉讼法等规范国家行政机关行为的法律。

——行政法规。主要包括审计法实施条例、中央预算执行情况审计监督暂行办法、财政违法行为处罚处分条例、行政执法机关移送涉嫌犯罪案件的规定等。

——部门规章。主要包括国家审计准则、审计机关封存资料资产规定、审计署关于内部审计工作的规定等。

此外，国家审计中还有党政主要领导干部和国有企业领导人员经济责任审计规定及实施细则、领导干部自然资源资产离任审计规定（试行）、关于完善审计制度若干重大问题的框架意见及相关配套文件、国务院关于加强审计工作的意见等重要文件，也是开展审计工作的重要依据。

4.1.2.2　注册会计师审计的审计依据

——党和国家颁布的法律法规，如法律、条例、政策部署等。

——国务院各部门颁布的各种规章和制度。

——地方各级人民政府制定和颁发的地方性法规等。

——被审计单位上级主管部门制定的规章制度、下达的计划和提出的技术经济指标等。

——被审计单位的股东代表大会、董事会等所做的决议，以及本单位各职能部门所制定的规章制度、做出的计划和决议。

另外，审计依据从法规和规章制度的制定过程来看，低层次的法规、制度不能违反高层次的法规，只能在高层次法规的基础上，结合本地区和本部门的具体情况加以补充和具体化。这就是说，层次越高的法规，覆盖面就越大，而层次越低的法规和制度等，其具体适用性却越强。因此，审计人员应注意尽量完整地收集有关被审计单位的具体法规和规章制度，这样有利于正确地判断所查明事实的是非曲直。但如遇低层次的规定与高层次的规定相抵触，则应以高层次的规定为准，作出评价和判断。

4.1.2.3　内部审计的审计依据

——国家法律法规。国家的法律法规适用的范围很广。例如，《中华人民共和国会计法》在财务审计中就很容易被引用。不过国家的法律法规具有极强的严肃性，一旦被审计人员在审计问题中引用，被审计单位一般会觉得比较敏感。

——行业的规定、指导意见等。每个行业都会出台一些规定、指导意见来规范行业内企业组织的经营行为。企业组织在实际经营中，难免会触碰到行业禁止的经营行为，这时候，内部审计人员就要指出来。尽管被审计单位会讲，内审部门和经营部门也都是同一个组织的，被审计单位所做的违反行业规定的行为也是受市场环境的影响，也是为了生存，但是内部审计人员要站在组织的整体利益上，为组织避免外部监管风险。要意识到，规范经营并不是阻碍组织发展的"刹车器"。

——组织制定的规章制度。越是成熟的企业组织，其规章制度越是健全。规章制度越是健全，审计人员越是容易找到审计依据。

——内部控制原则。一些法律法规、规章、制度没有明确指出，但是违反内部控制原则的经济事项，审计人员要通过分析、判断，把具有重大风险的事项揭示出来。

4.1.3　审计依据的特点

4.1.3.1　相关性

审计依据的相关性，是指审计依据要与审计结论相关联，审计人员可以利用审计依据提出审计意见和建议，并做出审计结论。审计依据的相关性是由审计工作的本质特性所决定的。因为审计工作的目的是对被审计单位所承担的受托经济责任作出评价，如果审计依据不利于审计人员评价受托经济责任，与审计结论无关，则审计依据就失去了意义。因此，审计人员选用的审计依据，一定要与得出的审计结论以及提出的审计意见和建议密切相关。如果有多种审计依据可供选择，必须认真分析，深入分析矛盾，抓住主要矛盾和矛盾的主要方面，选用最能揭示被审计单位有关事项本质的审计依据。

4.1.3.2 权威性

任何审计依据都具有一定的权威性或公认性，否则不足以引用为依据、标准，不同层次的依据，其权威性高低不一样。例如，国家的法律法规是衡量经济活动是否合法、合规的依据，它具有很高的权威性，是全国公认的，依据其提出审计意见并做出审计决定一般是正确无误的。而单位内部制定的规章制度、预算、计划、定额、标准等则不具备上述法律法规的权威性，但依然是用来衡量经济活动优劣的重要依据，对于这类依据主要强调其公认性和可接受性，一般由审计人员和被审计单位协商后确定。

4.1.3.3 时效性

各种审计依据都有一定的时效性，不是任何时期和任何条件下都能适用的。作为经济业务行为规范的各种审计依据，属于上层建筑的范畴。上层建筑要根据经济基础的不断发展变化而相应发展变化，各种审计依据不可能是一成不变的，必须随着时间的推移而修订和变更。作为经济业务技术规范的各种审计依据，也会随着科技水平的发展而发生变化。这就要求审计人员在从事业务活动时，要密切关注各审计依据的变化，注意其时效性，切忌用旧的审计依据来否定现行的经济活动，也不能用新的审计依据来否定过去的经济活动。

4.1.3.4 地域性

从空间上看，许多审计依据还要受到地域的限制。各个国家的社会经济制度和生产力发展水平不同，其审计依据的内容当然各不相同。因此，不能不加分析地照搬别国的审计依据。即使在国内，不同地区、不同行业部门的发展水平也不尽相同，各地区、各行业部门都根据自己的实际情况和特点，制定了只适用于本地区、本行业部门的政策和规章。所以，审计人员在进行判断时，应当注意地区和行业的差别，要以对应地区、对应行业的有效法令、规定、技术标准等为根据，得出审计结论，提出审计意见和建议。

4.1.4 大数据与智能审计的审计依据新变化

大数据审计自身的制度体系还不够成熟或完善，制度之间关联和协同效应未充分发挥；相关法规、标准和指南仍呈现碎片化分布，缺乏系统性规划和安排；关于电子数据取证等大数据审计核心规范，其法律适用性问题有待研究。

依据国家颁布的《中华人民共和国国家安全法》《中华人民共和国网络安全法》《中华人民共和国数据安全法》及相关条例中有关规定，梳理网络安全管理层面规定，并针对性地制定可操作性强的审计指引供各审计人员作为审计依据来开展审计：审计各部门是否严格、有效落实法律的相关规定及配套制度文件，是否制定了完整、详细的管理制度来保障部门数据和网络的安全，网络安全项目是否有序实施、能否达到预期效果等。审计指引中审计关注点应科学合理，审计方法要切实可行，能否与审计人员技术水平相匹配，确保经过短期的培训即可参考审计指引上手实施。例如，可关注信息系统中未使用的网络端口号是否关闭、涉密系统所在服务器是否有隔离措施、是否使用 HTTPS 等加密协议进行网络传输、数据库中存储的敏感信息是否经加密后存储、常见的 SQL 注入和跨站访问攻击等有无针对性的防御措施、数据库有无定期备份、日志是否完整，以及是否采取视频监控等手段来防范内部人员导致的数据泄露。

4.2　审计依据的适用原则与引用规范

不同的被审计事项需要不同的评价依据，审计人员应根据不同的审计目标和实际需要确定适当的审计依据，进而进行审计判断，提出审计意见，做出审计决定。如何适用审计依据是审计的重要工作，这关系到审计结果的客观性和公正性，关系到被审计单位的利益，关系到审计项目的成败。

4.2.1　审计依据的适用原则

（1）具体问题具体分析的原则

在社会主义市场经济条件下，企业经济活动日益多样化和复杂化，合法的经济活动不一定是合理的，有些合理的改革措施可能是不合法的。所以，审计人员选用审计依据时，必须从实际出发，具体问题具体分析，做出客观公正的评价。在遇到问题时，应坚持以下三个原则：

第一，有法依法。有法律法规作为审计依据的，应该严格遵守法律。

第二，无法可依则从理。没有法律法规作为审计依据的，要重视一些经济行为的合理性和创造性的依据。判断一个单位的经济行为是否合理，应看其是否符合科学发展的大方向，是否促进了生产的发展和经济效益的提高。

第三，地方性法规与国家法规不一致时要慎重处理。正常情况下，当地方法规与国家法规不一致时，应将国家法规作为最主要的审计依据。

（2）辩证分析问题的原则

企业经济活动是错综复杂的，经济情况也是瞬息万变的，影响经济活动的因素是多方面的、可变的。对某项被审计的经济活动，如果几种审计依据均适用，就要认真仔细地进行研究，辩证地分析问题，分析该经济活动的主要影响因素和主要影响因素的主要方面，并分析该经济活动的结果和影响，要善于抓住主要矛盾，把握问题的实质，然后决定选用哪一种审计依据，并据以提出审计意见和建议，得出审计结论。

（3）利益兼顾原则

在运用审计依据时，要贯彻利益兼顾的原则，全面地分析问题。利益兼顾原则主要包括以下三个方面：

1）国家、企业和个人利益兼顾

在审查、评价被审计单位受托经济责任时，选择审计依据时必须坚持国家、企业和个人利益兼顾的原则，维护各方的合法权益，处理好各方面的经济利益关系。为此，对企业自己制定的审计依据，就应进行适当选择，如果审计依据有弹性，要注意掌握分寸。

2）短期利益与长远利益兼顾

选用审计依据，不能只考虑短期利益，还要考虑长远利益。如在选用成本、费用开支标准和分配利润时，不能只考虑目前的经济利益，还要考虑企业今后的发展。只有处理好短期利益和长远利益之间的关系，才能保证企业的发展和职工的长远利益，才能使企业更好地发展。

3）企业经济效益与社会效益兼顾

在评价企业利润完成情况时，不能只考虑企业销售利润率、资本金利润率和成本费用利润率，还应考虑使企业利润增加的营业项目和生产的产品是否有社会效益。因此，在选用审计依据时，不能机械地照搬，而应遵循企业经济效益与社会效益相结合的原则。

（4）真实可靠原则

审计依据必须真实可靠，数据要准确。凡是引用的数据，审计人员一定要亲自核对，切忌照抄照搬；凡列举的技术标准，必须查证核实，均有文件资料依据，切勿主观推测；对于内部管理控制的各项制度，要深入查对，如无真凭实据，均不能作为审计依据；凡是法律法规，一定要找到原文，认真领会其精神，并抄录文字，切不可断章取义、盲目推论；一般的决议、指示等，如有必要还要复印并列示于审计工作底稿中。

总之，合理地运用审计依据，对于做出客观公正的评价和正确的结论、对于促进审计质量的提高，都有重要的意义。审计依据运用不当，将会造成判断失误、结论错误，影响审计工作质量。

4.2.2　审计依据使用中特别要注意法律法规引用

审计机关作为国家的专门监督机关，依法对被审计单位的财政收支、财务收支进行审计监督是宪法和审计法赋予审计机关的神圣职责。在审计监督中，特别要注意法律法规引用。

（1）注意适用法律法规的层次性

首先，应正确认识法律法规之间的关系，第一层次为法律，就是由全国人大包括人大常委会公布或颁布的，包括宪法，审计法、预算法、会计法、公司法等法律；第二层次为行政法规，如国务院制定的《中华人民共和国审计法实施条例》等；第三层次为部门规章，包括国家审计准则、财政部制定的各项会计制度等；第四层次为依据以上法律法规制定的各类规范性文件，如规定、办法、通知等。

其次，在适用法律法规上应遵循适用层次最高、法律效力等级最高的原则。由于我国现行的法律法规体系尚不健全，或多或少地存在各个法律法规、规章层次之间在相关内容上不一致的地方，甚至有相互抵触的现象，因此要求审计人员在依法定性和依法处理处罚时应注意法律法规的层次，在法律、法规、规章都有明确规定的情况下，引用层次最高的；法律没有明确规定的，引用层次较高的；以此类推。对同一性质问题、两部法律都有明确规定的，在引用时注意把握特别法比一般法优先、新法优于旧法的原则。

在适用法律法规上要遵照"新法优于旧法、下位法服从上位法、特别法优于普通法"的原则。从法的效力范围看，法适用的一般原则是法不溯及既往，即法对它生效以前的事件或行为不可以适用。因此，既不能引用过时的、失效的规定，也不能引用审计事项发生时还没有生效的规定作为审计处理处罚依据。同类事项，普通法和特别法都有规定的，特别法的适用应优先于普通法。在法的效力等级上，上位法与下位法冲突的，应引用上位法；在不冲突的情况下，可以同时引用上位法和下位法。

（2）注意适用法律法规的特殊性

特殊性主要体现在三个方面：一是适用对象，是否包括被审计单位在内；二是适用范围，是否针对被审计单位财政收支、财务收支行为和违反审计法的行为；三是适用内容，对某些违法行为法律法规有无特殊规定。例如，《中华人民共和国审计法》规定，审计机关对于违反国家规定的财政收支行为进行处理。同时，《中华人民共和国行政处罚法》规定，对当事人的同一违法行为，不得给予两次以上的罚款的行政处罚。

（3）注意适用法律法规的时效性

法律法规的生效时间一般包括三种形式：自公布之日起生效，规定具体的生效时间，规定公布后符合一定条件生效。因此，在实际工作中，对于适用法律法规的时效性应注意把握：一是是否有效，有无被废止或被重新修订、补充；二是违规问题的发生时间是否在法律时效期内；三是依据上位法制定的规范性文件中上位法是否具有时效等。

4.2.3 审计依据的引用

对审计过程中发现的偏离真实性、合法性、效益性的问题，在编写审计工作底稿、审计报告以及审计处理处罚决定书时，应列出适用的法规依据。法律法规条文的引用，直接关系到审计工作的复核人、被审计单位等能否准确理解审计工作底稿、审计报告以及审计处理处罚决定书等文书中的相应内容，决定了审计工作是否能顺利完成，对保证审计工作质量、提高审计工作效率、加大审计执法力度尤为重要。

法律语言作为一种具有规约性的语言，有其独特的风格。一个字甚至一个标点符号的改动都有可能完全改变法律主体的权利和义务。因此，审计人员在审计文书中引用审计依据时，一定要准确理解法律概念，在表达时也要符合规范。

（1）审计依据正确的格式

引用国家法律，只写法律名称即可。例如，《中华人民共和国预算法》《中华人民共和国会计法》《中华人民共和国商业银行法》《中华人民共和国证券法》等，引用法律名称时要写全称，不可随意省略。

引用行政法规（国务院所发），应标明国务院，不用引发文号。例如，国务院《财政违法行为处罚处分条例》、国务院《中华人民共和国外汇管理条例》等。

引用规章（国务院部门规章及地方政府规章），则需标明发文单位和发文号。格式如下：中国人民银行《人民币银行结算账户管理办法》（银发〔2003〕第5号），财政部《国家发展改革委教育部关于完善研究生教育投入机制的意见》（财教〔2013〕19号），参照国务院印发的公文，发文字号和标题里的阿拉伯数字一般使用半角。

（2）审计依据正确的引用表达方式

举例一：××××行为（做法）违反了《中华人民共和国会计法》（2017年11月修订）第九条"各单位必须根据实际发生的经济业务事项进行会计核算"的规定。

举例二：××××行为（做法）不符合中国人民银行《人民币银行结算账户管理办法》（银发〔2003〕第5号）第四十五条"存款人不得出租、出借银行结算账户"的规定。

（3）案例分析①

1）案例1：财务基础工作不规范

某市审计局在对行政事业单位年度预算执行情况审计时发现，某部门主管的社会团体2024年3月支付专家讲课费6万元，所附发放明细表将原始的5万元涂改为6

---

① 资料来源：泰州市审计局网站。

万元，涂改痕迹明显。

审计依据：违反了《会计基础工作规范》（2022年4月）第四十九条"原始凭证不得涂改、挖补。发现原始凭证有错误的，应当由开出单位重开或者更正，更正处应当加盖开出单位的公章"的规定。审计责成该单位督促社会团体加强对原始凭证的审核，对不符合规定的原始凭证不予报销。

2）案例2：未经财政部门核准采购进口产品

某市审计局对某单位审计时发现，抽查了该单位2024年采购的医用直线加速器、CT和骨密度仪等8项进口医疗设备，总合同价8000万元，未按规定报财政部门核准。

审计依据：上述行为违反了财政部印发的《政府采购进口产品管理办法》（财库〔2007〕119号）第七条"采购人需要采购的产品在中国境内无法获取或者无法以合理的商业条件获取，以及法律法规另有规定确需采购进口产品的，应当在获得财政部门核准后，依法开展政府采购活动"的规定。根据本办法第二十一条，审计要求该单位加强进口设备采购管理，严格审批程序，未经核准采购进口产品，对相关责任人由其行政主管部门或者有关机关给予处分，并予通报。

3）案例3：预算编制不实

某审计局在对行政事业单位年度预算执行情况进行审计时发现，2023年某单位"公益活动"经费上年结转13.85万元，本年预算17.86万元，追减预算指标3万元，本年支出8.95万元，结余19.76万元，完成预算的31.17%。"水电费"专项上年结转15.12万元，本年预算29万元，本年支出24.56万元，结余19.56万元，完成预算的55.67%。

审计依据：违反了《中华人民共和国预算法》第十二条"各级预算应当遵循统筹兼顾、勤俭节约、量力而行、讲求绩效和收支平衡的原则"的规定。对此，审计责成该单位督促下属单位予以改正，及时向主管部门和财政部门汇报，调减当年预算。

4）案例4：违规发放慰问费

某市审计局对某行政单位审计发现，该单位2023年至2024年列支不合规慰问费累计支出金额9.68万元，其中：超标准列支慰问费1.9万元，系在已发放生日蛋糕卡的基础上，发放退休人员的生日慰问；超范围列支慰问费7.78万元，包括：发放子女结婚慰问费1.1万元，发放亲属生病住院慰问费4.58万元，发放子女上大学慰问费2.1万元。

审计依据：违反了《××省总工会关于贯彻落实全国总工会〈基层工会经费收支管理办法〉的实施细则》（××工发〔2018〕13号）第二章第五条"（四）职工集体福利支出。用于基层工会逢年过节和会员生日、婚丧嫁娶、生病住院、退休离岗的慰问支出等。基层工会逢年过节可以向全体会员发放节日慰问品……发放标准为每位会员每年不超过1800元。发放方式可以为实物或到指定地点限时领取指定物品的提货凭证，不得发放现金、购物卡、代金券等。基层工会应严格界定会员身份，避免非本工会会员重复享受工会集体福利。凡工资未纳入拨缴工会经费工资总额或未缴纳会费的会员，不得享受集体福利"的规定。对此，审计要求该单位，加强慰问费支出管理，严格执行相关规定，严禁超标准超范围支出。

5）案例5：办公大楼未办理竣工财务决算

某市审计局对某行政单位审计发现，该单位基建账户2023年10月在建工程余额合计5800万元，其中：建筑安装工程投资4700万元、设备投资270万元、待摊投资830万元，主要用于核算该单位的办公大楼工程项目。有关机构在2022年对该单位大楼进行了结算审计，审定工程结算价4926.15万元。截至现场审计时，该单位大楼工程未办理竣工决算，在建工程未转入固定资产。

审计依据：上述行为违反了财政部《基本建设项目竣工财务决算管理暂行办法》（财建〔2016〕503号）第二条"基本建设项目完工投入使用或者试运行合格后，应当在3个月内编报竣工财务决算，特殊情况确需延长的，中小型项目不得超过2个月，大型项目不得超过6个月"和《行政事业单位内部控制规范（试行）》（财会〔2012〕21号）第五十三条"建设项目竣工后，单位应当按照规定的时限及时办理竣工决算，组织竣工决算审计，并根据批复的竣工决算和有关规定办理建设项目档案和资产移交等工作。建设项目已实际投入使用但超时限未办理竣工决算的，单位应当根据对建设项目的实际投资暂估入账，转作相关资产管理"的规定。对此，审计要求该单位尽快对大楼办理竣工财务决算，如暂时无法办理的应按实际投资额暂估入账，转增固定资产。

6）案例6：部分保障房保障对象条件发生变化，未及时腾退处理

某市审计局开展某地保障性安居工程资金投入和使用绩效审计时，通过大数据分析比对和核查发现，有4户保障对象家庭财产条件发生重大改善，13户保障对象（家庭成员）死亡，已不符合保障条件，按规定应进行腾退处理，但未能进行及时腾退或按市场价格交纳租金。

审计依据：上述行为违反了国务院办公厅《关于保障性安居工程建设和管理的指导意见》（国办发〔2011〕45号）第五条"（四）健全退出机制。廉租住房、公共租赁住房承租人经济状况改善，或通过购置、继承、受赠等方式取得其他住房，不再符合相应的住房保障条件的，应当在规定期限内腾退；逾期不腾退的，应当按市场价格交纳租金。……对拒不服从退出管理的，可以依照规定或合同约定申请人民法院强制执行"的规定。根据上述规定，审计要求该地有关部门加强保障对象资格动态审查管理，及时清退不符合保障条件的保障对象。

7）案例7：未经股东会决议将公司资金借贷给股东

某市审计局在对甲国有企业审计时发现，2024年10月，市国资委批准甲国企与乙公司、丙公司合资组建丁公司。丁公司组建后，甲国企占股51%，丙公司法定代表人吴某担任丁公司法定代表人及总经理。2024年11月至2025年1月，吴某未经股东

会同意，自行审批 200 万元借款给丙公司。审计发现，借款资金实际用于丙公司还贷、吴某个人借款、支付利息及其他相关费用等。审计发现上述问题后，丙公司归还全部本息。

审计依据：上述行为违反了《中华人民共和国公司法》（2024 年 7 月实施）第二十条"公司股东应当遵守法律、行政法规和公司章程，依法行使股东权利，不得滥用股东权利损害公司或者其他股东的利益；不得滥用公司法人独立地位和股东有限责任损害公司债权人的利益"以及第一百四十八条"董事、高级管理人员不得有下列行为：……（三）违反公司章程的规定，未经股东会、股东大会或者董事会同意，将公司资金借贷给他人或者以公司财产为他人提供担保……"的规定。审计责成甲国企强化对控股子公司的管理，并将该问题移送相关部门查处。

4.2.4　正确地引用审计依据的注意事项

审计依据引用偏差过大，将带来一系列后续的整改难题，同时也直接影响发现问题时的责任追究。正确地引用审计依据，将增加内部审计的权威性和专业性，更有效地服务审计客体的良性发展。

4.2.4.1　精准掌握审计依据

熟悉审计发现所涉及的法律法规、规章、制度等，准确解析审计依据的立法本意，严谨把握审计依据与客体行为的对应逻辑。在引用审计依据时，尽可能引用更权威性、令人信服的依据；尽可能引用更高层次的依据，引用客体本级内部、本地区、本行业依据不得与"上位法"冲突。注意引用适用于被审计事项发生时的最有效依据，以及与被审计事项最契合且有利于作出审计判断、审计意见和审计决定的依据。

4.2.4.2　辩证引用审计依据

审计人员应切实提升问题思辨能力，要能够辩证地看待和引用法规制度和通则惯例。越是成熟的行业或组织，其规章制度越健全越规范，审计人员也越容易找到审计依据。辩证分析审计客体本级的内部依据，对于符合查明事项的依据应与其对应的"上位法"复合引用；对于明显违背"上位法"或政策精神的内部依据，应一并作为审计发现反馈给审计客体并建议立行立改。审计人员在与审计客体沟通时，要淡化权力意识，不能直接搬出法规条款指出问题的存在，而是要把审计依据和审计发现有机结合，指出问题的风险和影响。审计人员引用参照执行的相关条款时，应当首先判断是"参照执行"还是"可以参照执行"，然后准确判断参照执行的条件并结合被审计客体的实际情况进行综合研判，谨慎使用。如果应当参照执行的相关条件不符合，比如对象范围不匹配、时间范围不对应、内容范围不明确或前提条件不符合则不能随意引用。针对违反内部控制原则的经济事项，审计人员要通过合理分析、辩证思考、准确判断，揭示潜在风险，为今后健全和完善法规制度提供立法依据。

4.2.4.3　立足发展看待问题定性

规范经营，并不是阻碍审计客体发展的"刹车器"。审计的目的是通过了解客体业务或财务的真实性、合法性和效益性，以维护秩序、防控风险、保障发展。市场经济环境下，外部因素变化很快，需要不断创新变革以适应外部变化。问题是动态的、依据是静态的。现行审计依据未必全部或完全符合当时市场环境。审计人员在引用审计依据和提出整改建议时，应充分考虑审计客体的实际困难和整改难度。同时，作为内部审计人员还要站在审计客体的整体利益上，为审计客体避免外部监管风险。

4.2.4.4　立足实践揭示问题本质

影响经济活动的因素是多方面的。经济环境瞬息万变，审计客体内部的经济活动也是错综复杂，存在的问题可能多种多样。可能有历史遗留问题、体制改革问题、政策实施问题。有主要矛盾和次要矛盾，有矛盾的主要方面和次要方面。只有抓住主要矛盾和矛盾的主要方面，才能把握问题本质，才能引用适当的审计依据，并据此做出准确判断、提出适当合理的意见和作出令人信服的审计决定。要从是否合法合规合纪、是否侵权、是否损害国家利益等角度辩证分析问题性质。如果在审计中发现了重大问题但确实没有明确的审计依据时，应当请示上级审计部门或咨询权威机构的意见。

本章小结

审计是一项客观公正的工作，要判断被审计事项的真实性、合法性与效益性，不仅要收集充分、适当的审计证据，还要有适当的审计依据来衡量这些审计证据。审计依据是指查明审计客体的行为规范，据以判断审计发现问题，并作出审计结论、提出处理意见和建议的客观尺度。审计依据具有权威性、层次性、相关性、时效性、地域性五个特点。在实际工作中，审计人员由于对审计依据不熟悉或引用原则掌握不透彻，可能出现审计依据引用偏差问题。

关键概念

审计依据：Audit Basis

自测题

一、单项选择题

1. 审计依据是审计人员在审计过程中用来衡量（　　）的准绳。

A. 审计人员　　　B. 被审计事项　　　C. 会计师事务所　　D. 审计要素

2. （ ） 不属于外部制定的审计依据？

A. 法律法规　　　 B. 政策、制度　　 C. 通知、文件　　 C. 战略、预算

二、多项选择题

1. 审计依据按照性质内容分类可分为 （ ）。

A. 法律　　　　　 B. 法规　　　　　 C. 规章　　　　　 D. 制度

2. 审计依据的特点有 （ ）。

A. 权威性　　　　 B. 层次性　　　　 C. 相关性　　　　 D. 可比性

3. 以下属于适用审计依据原则的有 （ ）。

A. 注重权威性　　 B. 注重公平性　　 C. 注重综合性　　 D. 注重理解性

三、判断题

1. 审计依据应当是权威的，能经受住时间和受众的检验。权威性实质上就是审计依据的认可度和接受度。（ ）

2. 企业的经济活动错综复杂，影响因素很多，这就要求审计人员必须从实际出发，综合、辩证、发展地分析研究已经发生的事情，抓住主要矛盾，弄清问题的实质，再决定适用哪些审计依据。（ ）

3. 审计依据是对审计单位而言的。就审计依据的本质来说，它是对审计单位的要求，是审计单位在进行经济活动时必须遵守的规则。（ ）

4. 审计人员所适用的审计依据必须准确可靠，绝不能把道听途说或凭主观臆测得出的信息作为判断是非的依据。（ ）

四、简答题

1. 什么是审计依据？

2. 审计依据有哪些特点？

3. 请简述审计依据的相关性、时效性和地域性。

4. 适用审计依据的原则有哪些？

📖 **相关阅读**

十种“化整为零规避招标”的情形及审计依据①

《政府采购法》第二十八条规定，采购人不得将应当以公开招标方式采购的货物或者服务化整为零或者以其他任何方式规避公开招标采购。如何准确理解“化整为零规避招标”呢？此处整理了10种情形的问答，供参考。

---

① 资料来源：儋州审计。

1. 怎么认定化整为零规避公开招标?

某单位年初部门预算编列采购一批计算机、打印机,预算金额120万元,公开招标数额标准为100万元,实施采购过程中,对计算机和打印机分别实施询价方式采购。这样算不算规避公开招标?

答:如果该项目预算作出了调整,或者经财政部门批准可以采用公开招标以外的方式采购,就不属于化整为零规避公开招标。如果没有上述情形,那么就属于以化整为零方式规避公开招标。

审计依据:《政府采购法实施条例》(2015年1月起施行)第二十八条,在一个财政年度内,采购人将一个预算项目下的同一品目或者类别的货物、服务采用公开招标以外的方式多次采购,累计资金数额超过公开招标数额标准的,属于以化整为零方式规避公开招标,但项目预算调整或者经批准采用公开招标以外方式采购除外。

2. "在一个财政年度内,采购人将一个预算项目下的同一品目或者类别的货物、服务采用公开招标以外的方式多次采购,累计资金数额超过公开招标数额标准的,属于以化整为零方式规避公开招标"中的"同一品目",在《政府采购品目分类目录》(财政部印2022年版)中指的是第几级即编码为多少位?

答:同一品目是原则性规定,可以是一级编码也可以是二级编码,应根据采购项目具体情况进行判断,原则上可以合并的应当合并实施。

3. 请问《政府采购法实施条例》(2015年1月起施行)第二十八条中规定的"同一品目或者类别"中的"同一类别"如何界定?

答:"同一类别"是指项目的需求、特点、属性等相似,可以视为相同种类的项目。

4. 政府采购"同一品目和类别"怎么理解?

财政部出台的《政府采购品目分类目录》(财政部印2022年版)中将床、桌、架等单独作为第三级目录列出,有各自的编号。那么,这些产品就分别是一个单独的采购项目吗?

答:这些项目床、桌、架虽然有各自的三级目录,但属于一个类别,如果在下达的采购计划是包含在一个预算编号下的,且合计预算达到公开招标数额标准以上的,则一般合并在一起通过公开招标方式进行采购,或者即使划分成三个分项预算低于公开招标数额标准的采购项目,也应分别采用公开招标方式进行采购。采用后一种采购方式显然不利于项目管理,也不利于所购床、桌、架的设计风格、外观颜色的协调,因此除非采购的数量很大,或者为了保证在较短时间完成交货才会做出这样的安排。

5. 包含两类不同品目的项目招标失败后可以分开采用非招方式吗?

两个不同品目的东西放到一起采购,总金额达到公开招标数额标准,通过公开招标形式采购,采购失败后,把两个品目分开来走,同时减少采购需求,采用非公开招标方式,是否违规?

答:不违规。采用公开招标采购方式的政府采购项目,应当顺延提交投标文件的截止时间。失败后也可以申请采用非公开招标采购方式。本来就是两个不同品目废标后把两个品目分为两个标段采购，同时减少采购需求，可采用非公开招标采购方式。

审计依据：《中华人民共和国政府采购法》（2003 年 1 月起施行）第三十七条，废标后，除采购任务取消情形外，应当重新组织招标；需要采取其他方式采购的，应当在采购活动开始前获得设区的市、自治州以上人民政府采购监督管理部门或者政府有关部门批准。

《政府采购非招标采购方式管理办法》（2014 年 2 月起施行）第三条，采购人、采购代理机构采购以下货物、工程和服务之一的，可以采用竞争性谈判、单一来源采购方式采购；采购货物的，还可以采用询价采购方式：

（一）依法制定的集中采购目录以内，且未达到公开招标数额标准的货物、服务；

（二）依法制定的集中采购目录以外、采购限额标准以上，且未达到公开招标数额标准的货物、服务；

（三）达到公开招标数额标准、经批准采用非公开招标方式的货物、服务；

（四）按照《中华人民共和国招标投标法》（2018 年 1 月修订）及其实施条例必须进行招标的工程建设项目以外的政府采购工程。

6. 物业项目预算金额一年超过公开招标数额标准，但公开招标合同已于去年年底到期，今年下半年才启动招标工作签订公开招标合同，上半年过渡期产生的费用小于采购限额标准。请问过渡期内自行采购行为是否合法？如不合法，定性为何种违法行为？

答：根据《中华人民共和国政府采购法》第二条、第二十八条的规定，集中采购目录以内的或者采购限额标准以上的政府采购应当按照政府采购法及其相关规定执行。采购人不得化整为零或者规避公开招标。

7. 刚采购装修，又备案采购相应的消防工程，算规避招标吗？

某政府采购货物项目，能否在招标文件明确规定"低于有效投标人平均报价的80%或70%预算"属于不合理报价？刚采购了一个180万元的装修工程后，又财政备案招标对应的50万元消防工程，属不属于规避公开招标？

答：不合理。启动报价合理性评审，不能只看报价单一指标。按平均报价或预算的一定比例启动报价合理性评审，因按平均报价控制，容易诱发串通投标；按预算控制，属于变相设置最低限价，财政部政府采购信息公告第五百三十七号将此情形认定为投诉事项成立。

消防工程属于专业工程，可以包含在装修工程当中，采用专业分包方式采购。装修工程和消防工程预算合计（230 万元）都低于政府采购工程公开招标数额标准（400 万元），可以不公开招标，不属于规避公开招标。

审计依据：《政府采购货物和服务招标投标管理办法》（2017 年 10 月起施行）第六十条，评标委员会认为投标人的报价明显低于其他通过符合性审查的投标人的报价，有可能影响产品质量或者不能诚信履约的，应当要求其在评标现场合理的时间内提供书面说明，必要时提交相关证明材料。

8. 工程项目何为化整为零规避招标？

答：将招标规模标准以上的一个工程项目，分解成招标规模标准以下的多个项目实施采购，就属于化整为零规避公开招标。《中华人民共和国招标投标法》（2018 年 1 月修订）第四条虽然明确规定，任何单位和个人不得将依法必须进行招标的项目化整为零或者以其他任何方式规避招标。但对工程项目何为化整为零规避招标，法律法规、部门规章以及规范性文件都未作明确规定。政府采购货物和服务采购中"化整为零规避公开招标"的定义可以作为参考。在组织工程项目采购时，可以对照《必须招标的工程项目规定》（2018 年 6 月起施行）的规定，该公开招标的项目应当依法组织公开招标。

审计依据：《政府采购法实施条例》（2015 年 1 月起施行）第二十八条，在一个财政年度内，采购人将一个预算项目下的同一品目或者类别的货物、服务采用公开招标以外的方式多次采购，累计资金数额超过公开招标数额标准的，属于以化整为零方式规避公开招标，但项目预算调整或者经批准采用公开招标以外方式采购除外。

《必须招标的工程项目规定》（国家发展和改革委员会令第 16 号，2018 年 6 月起施行）第五条，本规定第二条至第四条规定范围内的项目，其勘察、设计、施工、监理以及与工程建设有关的重要设备、材料等的采购达到下列标准之一的，必须招标：

（一）施工单项合同估算价在 400 万元人民币以上；

（二）重要设备、材料等货物的采购，单项合同估算价在 200 万元人民币以上；

（三）勘察、设计、监理等服务的采购，单项合同估算价在 100 万元人民币以上。同一项目中可以合并进行的勘察、设计、施工、监理以及与工程建设有关的重要设备、材料等的采购，合同估算价合计达到前款规定标准的，必须招标。

9. 需求多样性，分包谈判采购，算不算"化整为零"？

采购人采购一批物资，资金为省级预算下达，如打包采购达到公开招标数额，因物资需求多样性，不属于同一品目分类或者类别的货物，现采购人依法分包采购，分包后没有达到公开招标限额标准，采购人采用竞争性谈判采购方式采购，此种做法是否属于《政府采购法实施条例》中第二十八条规定的"化整为零"的界定？

答：根据《政府采购法实施条例》（2015 年 1 月起施行）第二十八条规定以及《〈政府采购法实施条例〉释义》（2015 年 3 月起施行），采购项目采用的竞争性谈判采购方式，采购人在实施前按照《政府采购法实施条例》（2015 年 1 月起施行）第二十三条规定，经设区的市级以上人民政府财政部门批准，不属于"化整为零方式规避公开招标"。

审计依据：《政府采购法实施条例》（2015 年 1 月起施行）第二十三条，采购人采购公开招标数额标准以上的货物或者服务，符合《中华人民共和国政府采购法》

第二十九条、第三十条、第三十一条、第三十二条规定情形或者有需要执行政府采购政策等特殊情况的，经设区的市级以上人民政府财政部门批准，可以依法采用公开招标以外的采购方式。

10. "在一个财政年度内，采购人将一个预算项目下的同一品目或者类别的货物、服务采用公开招标以外的方式多次采购，累计资金数额超过公开招标数额标准的，属于以化整为零方式规避公开招标，但项目预算调整或者经批准采用公开招标以外方式采购除外"，此处是否规避招标的判断有个前提"在一个财政年度内，将一个预算项目下的同一品目或者类别"。《中央预算单位政府集中采购目录及标准（2022年版)》以及《地方预算单位政府集中采购目录及标准指引（2022年版)》此两文中的单项或批量金额是否也是指"在一个财政年度内，一个预算项目下的同一品目或者类别"的单项或批量金额？

答：根据国务院办公厅关于印发《中央预算单位政府集中采购目录及标准（2022年版）的通知》及《地方预算单位政府集中采购目录及标准指引（2022年版)》"除集中采购机构采购项目外，各单位自行采购单项或批量金额达到分散采购限额标准的项目应按《中华人民共和国政府采购法》（2003年1月起施行）和《中华人民共和国招标投标法》（2018年1月修订）有关规定执行"中的"单项或批量金额"是指在一个财政年度内，一个预算项目下的同一品目或者类别的单项或批量采购金额。"批量"也可以指采购人可以将多个预算项目下的同一品目或者类别产品打包采购，此种情况下如金额达到分散采购限额标准的也应当按《中华人民共和国政府采购法》（2003年1月起施行）和《中华人民共和国招标投标法》（2018年1月修订）有关规定执行。

5

審計程序

1. 学习审计程序，即审计工作从开始到结束的整个程序。
2. 理解审计工作必须遵循一定的审计程序。
3. 掌握审计准备阶段与审计方案。

5.1 审计程序的概述

5.1.1 审计程序的含义

中国的审计是从 20 世纪 80 年代开始发展的，在发展初始阶段，由审计领域的专家学者举办各种知识讲座，对审计进行讲解①。对该领域专家学者的讲座知识进行归纳，大多数专家认为审计程序是以审计工作的性质和要求为主要依据，决定了整个审计程序中各项工作必须遵循的先后顺序。审计程序说明在一段时间审查具体的对象或者项目时必须遵循的步骤，一般包括三个主要的阶段，即准备审计阶段、实施审计阶段和终结审计阶段，每一个主要阶段又包括众多具体的工作内容。

值得注意的是，在理解审计程序时，要着重结合以下三点进行分析：

首先，审计程序是项目审计的工作程序，在进行实际的审计业务时，均是以完成一定的审计项目作为主要步骤。所以，在这一层面上，审计程序就是从审计机构确定项目审计开始到项目审计结束的整个程序所需要进行的工作步骤，这是与整个项目审计程序紧密相连的，不是审计机构所进行的全部工作程序，也不是审计程序中的某一小部分的工作程序。

审计程序中所包括的三个主要阶段，无论是审计主体是国家审计、内部审计还是注册会计师审计，无论审计类型是财政财务审计、经济效益审计②还是经济责任审计，均包括准备审计阶段、实施审计阶段和终结审计阶段。因此，上述三个阶段是审计程序的基本阶段。

其次，审计程序包括的范围大小因审计对象和项目的不同而有所差异。一般情况下，审计组提交审计报告，审计机关出具审计意见并依法作出审计处理决定，就表示

---

① 李成章. 审计学通俗讲话第三讲，现代审计的方法 [J]. 武汉财会，1983（6）：54-57.
　　石人瑾. 制度基础审计第二讲，审计的种类、程序和方法 [J]. 财务与会计，1984（7）：38-41.
　　沈克俭. 审计学基础专题讲座第四讲，审计的程序 [J]. 中央财政金融学院学报，1985（5）：67-73.
② 王文彬，黄履申. 经济效益审计的程序和方法 [J]. 财会通讯，1985（5）：19-22.

审计结束。但是对于重大审计事项，还是要进一步跟进，了解被审计单位对审计意见书以及审计处理决定中需要纠正的问题及相关改进意见是否得到了落实，因此还需要进行后续审计。如果在审计处理决定下达一段时间后，进行后续审计时发现被审计单位不认真执行处理决定，就要责成被审计单位采取强制措施执行。如果不服审计处理决定，则应该向做出审计处理决定的审计机关的上一级审计机关申请行政复议。

最后，审计程序因所处环境不同，其代表的含义也不同，这需要从实际、理论以及规范三个角度去理解。实际审计程序指的是，在实际活动中，完成某一项审计项目必须经历的工作步骤。理论审计程序指的是，对从事一般审计活动所经历的工作步骤的一种理论上的概括和总结，抽象而概括地反映了审计工作步骤来源于各种审计实践活动。规范审计程序则是由权威机构收集大量的审计活动进行规定的审计程序，要求在审计活动中必须严格遵守并执行的工作步骤。规范审计程序反映了审计工作步骤的科学性，因此，实际审计程序应该尽量符合规范审计程序，这样可以最大限度保障审计工作的效率及审计质量。

不同的审计主体，其审计程序的具体内容也不同。国家审计的审计程序由《中华人民共和国审计法》规定；注册会计师审计则是由中国注册会计师协会发布的《独立审计准则》规定；内部审计工作则是由各单位内部管理层根据需要作出具体的规定。

5.1.2 审计程序的作用

执行如此复杂的审计程序的意义何在？《中华人民共和国审计法》与审计准则对审计程序作出详细的规定。根据审计准则制定的规范审计程序，不仅可以作为分配审计工作的具体依据，也可以作为控制审计工作质量的工具。具体的作用如下：

第一，可以保证审计质量。审计程序规定了为达成审计目标必须进行的项目步骤，这样不仅可以使审计负责人实时掌控审计工作进度，还可以保证审计人员在整个审计程序中不易忽略审计步骤和相关事项，从而保证审计质量。

第二，有利于提高审计效率。严格执行审计程序，可以保证审计人员在短时间内获取充分且有效的审计证据，从而出具审计意见，得出恰当的结论，避免可能出现的差错。

第三，提升审计人员的工作熟练程度。规范的审计程序保证审计工作有序进行，确保审计工作人员更好地把握审计工作的各个环节，提升审计人员的工作熟练程度，确保审计工作质量。

第四，保证审计工作的规范程度。规范的审计程序可以保证审计法律主体正确行使自身权力并承担义务，可以贯彻行使法定审计原则，这样可以确保形成审计人员和被审计单位严格执行该规范性审计程序，进而形成自律性的行业规范，保证审计业务质量、提高审计工作信誉，保证审计工作者依法规范地执业。

5.1.3 大数据环境下的审计程序

数字经济背景下，结合大数据审计特点与技术优势，构建新型审计数据程序，主要包括数据采集、筛选、分类、分析、利用等程序。

5.1.3.1 审计数据采集

数据采集程序就是将方方面面的数据汇集在电子数据池中的程序，以电子数据的形式进行储存，为进一步的数据处理与使用做准备。电子数据池，是指用来存储经过数据采集工作得到的原始数据和经过初步处理的电子数据集合。

产生于信息化平台的结构性电子审计数据，如会计数字化日记账、人事部门信息化平台统计数据等，通过兼容协议实现其与审计大数据平台的对接与传递，可由计算机自动完成。另外，还有一些非结构性数据，如文字、图像、音频、视频等，需要结合审计职业判断与计算机公式操作，完成挑选、收集与数字化等初步处理，将其分门别类地采集到电子数据池中。大数据审计策略下，相较于传统纸质证据，电子数据具有易篡改、不易保存等特点，应当有针对性地设定程序以保证审计证据的可靠性。不仅要取得电子数据本身作为证据，还要把数据库结构文本以及审计人员分析数据的思路、方法和编写的程序作为审计证据的一部分。大数据审计是基于历次审计中收集数据形成的数据中心实施的，其数据来源不局限于单个项目，应规范关联的证据链，提高审计证据的证明力。此外，大数据审计需进一步明确数据采集、分析、查询等权限和程序，确保审计证据取得方式的合法性。

5.1.3.2 审计数据筛选

针对数据特点设定计算机标准化公式对所有需要筛选的数据进行初步计算，并将滤去"噪声"数据后的数据集合转存至数据仓库中，成为审计有用的原始数据集合。借助计算机高速计算能力实现数据边采集边筛选的程序。电子数据仓库中的数据信息，不只服务于特定审计项目，同时作为原始数据集合储存，以便日后在相关工作中调取使用。

5.1.3.3 审计数据分类

按照所描述事项的内容可以将审计数据分为财务数据、人事数据、工程数据等。具体分类方法由具体审计目标决定，不同数据集合间存在交集，通过计算机软件运算，能够避免重叠数据造成的逻辑混乱以及重复计算等问题。数据分类的程序由审计子目标不同着眼点用计算机语言进行定义，形成标准化或半标准化公式，对数据库中的数据进行运算，结合审计人员职业判断将数据进行逻辑分类的程序，数据由堆放状态整合分布至审计逻辑树具体结点位置上，为进一步数据分析做准备。

5.1.3.4　审计数据分析

数据的采集、筛选、分类工作都是为了数据计算分析应用进行的准备工作。利用计算机数据挖掘软件、数据统计软件、数据库软件等，构建数据模型，利用计算公式对电子数据进行深度计算整理，将计算结果与预先设定的风险管理标准指数进行对比、分析，特别关注异常表现及期间变动。具体审计项目涉及的时期性或时点性数据，结合数据分析结果与审计目标，提炼审计线索、形成审计证据，根据需要进一步开展审计程序。

5.1.3.5　审计数据利用

审计数据利用包括三方面内容：一是针对具体审计项目，提取相关信息内容，结合其他审计发现，经过审计成员专业判断与审计小组的共同讨论，形成逻辑清晰、简明扼要、易于理解的审计结果报告，对组织运营、内部控制、风险管理等方面存在的主要问题或缺陷提出意见与建议。二是将全部有用数据分门别类地充实到审计信息库中，与已有数据进行对比分析，修正数据历史趋势和数据计算模型，为后期数据的对比分析奠定基础，审计工作的价值不仅体现在个别项目或现有状态中，更体现在未来长期的价值中。三是在审计结果反馈程序中，将重要的审计发现转换成计算机语言嵌入相关子系统中，伴随子系统的运行，实现审计对重大问题的纠正情况与审计建议的实施效果的实时监控。

总之，随着时间的推移，中国的审计程序越发完善。本章接下来从准备审计阶段、实施审计阶段和终结审计阶段三个阶段，对审计程序进行叙述。

5.2　不同审计主体的审计准备工作

虽然国家审计、注册会计师审计、内部审计的审计程序有所不同，但是大体都是三种基本阶段，本节首先从国家审计程序的准备阶段及审计方案开始阐述。

5.2.1　国家审计程序准备阶段

审计的准备阶段指的是审计机关从审计项目的开始到发出审计通知书为止的所有工作事项。审计程序的准备阶段是整个审计程序的起点和基础，这一阶段的工作效果影响着整个审计工作。准备阶段一般可以分为审计机关的准备工作和审计组的准备工作两部分。

注册会计师审计的准备阶段详见中国注册会计师协会印发 2023 年 7 月 1 日起施行的《中国注册会计师审计准则第 1111 号——就审计业务约定条款达成一致意见》应用指南。

5.2.1.1 审计机关的准备工作

（1）编制审计项目计划，确定审计事项

审计机关应当根据法律法规和国家其他相关规定，按照本级人民政府和上级审计机关要求，确定本年度审计工作的重点，对审计对象进行预测和分类，科学地编制审计项目计划，并确定审计事项。审计项目计划一般是年度计划，就是审计机关本年度对辖区内不同部门和单位进行审计监督的、统筹安排的计划。这里的审计事项就是审计项目计划中要确定的具体审计事项。

（2）委派审计人员组成审计组

审计组是审计机关特派进行审计活动的基本单位。审计事项确定以后，审计机关就可以根据审计事项的要求和特点，组织一定数量高质量审计人员组成审计组，审计组实行组长负责制，其他组员在组长的领导和协调下开展工作，并负责对应的工作内容。审计组长对审计组工作负全部责任，其中包括制定审计方案和具体实施审计检查、组织撰写审计报告等。

（3）签发审计通知书

审计机关签发的审计通知书是审计指令，该指令不仅是给被审计单位的书面通知，也是审计组进驻被审计单位执行审计任务、行使国家审计监督的凭证和证件。根据《中华人民共和国审计法》《中华人民共和国审计法实施条例》的规定，审计机关在实施审计3日前，须向被审计单位送达审计通知书，在特殊情况下，可以经本级人民政府批准，审计机关直接持有审计通知书进行审计活动。审计机关发送审计通知书时，应附审计文书送达回执，被审计单位在回执上注明的签收日期应该是送达日期；邮寄送达的应该以回执上注明的收件日期作为送达日期。

审计通知书的内容，应该包括以下几点：被审计单位名称；审计的依据；审计范围、内容、方式和时间；审计组长和其他成员的名单；被审计单位配合审计工作的要求；审计机关公章及签发日期。审计机关认为需要被审计单位自查的，应当在审计通知书中写明自查内容、要求和期限，如表5-1和表5-2所示。

表5-1　审计通知书格式

××（审计机关全称）
审计通知书
审通×［××］×号
关于对×××进行审计的通知
根据×××，决定派出审计组，自××年××月××日起，对你单位××进行审计，请予积极配合，提供有关资料和必要的工作条件。

现将审计事项通知如下：

一、审计范围

××年×月××日至××年×月××日货币资金审计；成本费用审计；销售收入及应收款审计；费用及其他收支审计；采购、销售及合同流程审计；各项管理制度及业务流程审计。公司各经营指标执行效果审计等。

二、审计时间预计

××年×月×日至××年×月×日

三、需提供的资料清单和其他必要的协助

1. 审计小组自发出通知书之日至审计组进行审计外勤工作前，请提供必要的工作条件，如办公地点、电源、网络等必要办公所需环境。

2. 请安排一个审计工作启动会，在审计组到达后进行审计启动沟通，参加人为××总、××总、审计小组成员、你公司领导、财务经理、各业务部门负责人。(初步安排×月×日上午×：30)

3. 请做好有关资料的准备工作，在收到此通知书之日至审计组进行审计外勤工作前按照附件《需准备资料清单》，并签署《声明书》于审计组进场后交于审计组。

4. 审计期间，审计涉及的部门及有关人员原则上不安排出差。如需加班时，请安排相关人员配合。

5. ERP系统所有数据的查询权。

审计组长：

审计组员：

××（审计机关全称印章）
××年××月××日

抄送：××

表5-2　专项通知书格式

××（审计机关全称）

审计通知书

审通×［××］×号

关于对×××进行审计的通知

根据×××，决定派出专项审计调查组，自××年××月××日起，对你单位××情况进行审计，请予积极配合，并提供必要的工作条件。

具体专项审计内容通知如下：

1. 请你单位按审计机关的要求提供本次专项审计全部会计资料和其他有关项目资料（在××年××月××日之前提供审计所需的全部资料），并保证所提供资料的真实性和完整性。

2. 确保审计人员不受限制地接触任何与本次专项审计有关的记录、文件和所需的其他信息。

3. 为审计人员提供必要的工作条件和协助，如若你单位拒不配合审计工作或拒绝提供相关材料的，由此产生的一切后果均由你单位承担。

调查组组长：

调查组成员：

××（审计机关全称印章）
××年××月××日

主题词：××

抄　送：××

审计通知书在送发被审计单位的同时，还应抄送被审计单位的上级主管部门和有关部门。审计机关发送审计通知书所附的审计文书送达回证是为了符合《中华人民共和国审计法》关于审计程序中有关时限的规定，以及行政复议的要求而设定的。主要是适用于审计机关发送审计通知书、审计报告征求意见和复议决定等审计文书时使用。审计文书送达回证应写明受送达人、送达文书名称、送达时间、方式，如表5-3所示。被审计单位接到审计通知书以后，应该积极配合审计机关工作，并提供必要的工作条件；审计机关本身也应该提高审计工作效率。

表5-3　送达回证格式

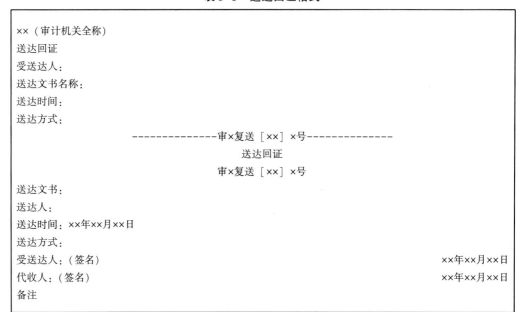

审计机关向被审计单位送达审计通知书时，应当书面要求被审计单位法定代表人和财务主管人员就与审计事项有关的会计资料的真实性、合法性作出承诺，如表5-4所示。在审计程序中，审计组还可以根据情况向被审计单位陆续提出书面承诺要求。审计组应将承诺书列入取证清单，作为证据编入工作底稿。

表5-4　被审计单位承诺书

索引号：

被审计单位名称		法定代表	
根据《中华人民共和国审计法》第31条，《中华人民共和国审计法实施条例》第28条，《中华人民共和国会计法》第4条、第20条，《国家审计基本准则》第8条之规定，在审计期间，我单位愿予积极配合，并提供下列资料和情况：			

项目	单位	数量	内容	备注
账簿				
报表				
凭证				
承诺	以上资料为我单位××年××月××日至××年××月××日财政、财务收支的全部资料，并保证其真实性和合法性，如发现虚假、隐匿的会计资料，愿承担由此引起的全部法律责任。			
主管领导签字及签字日期：		财务负责人签字及签字日期：		
备注		（被审计单位盖章）××年××月××日		
审计组长签字：				

5.2.1.2　审计组的准备工作

（1）明确审计任务，学习法规，熟悉标准

审计负责人在接到任务以后，应召集全组审计人员，说明这次审计的主要任务、目的以及要求，提出自己的认识和打算，引导成员思考，集思广益。同时，审计组成员要学习审计任务中可能涉及的财经法纪、审计法规以及审计工作纪律，准确掌握审计法规标准，从而准确评价被审计单位的经济活动。

（2）进行初步调查，了解被审计单位的基本情况

审计组成员在其负责人的组织下，根据审计任务的要求，通过收集查阅被审计单位平时上报的资料，走访有关部门，如主管部门、财税部门、工商部门、银行以及物价等部门，听取各方面的情况介绍，初步了解被审计单位的业务性质、生产经营特点、组织机构设置等。倘若是再次审计，就可以通过查阅原先的审计工作底稿、审计报告以及审计决定等档案资料，了解被审计单位过去的经济情况、出现的问题及解决方法。

（3）拟订审计工作方案

审计工作方案是实施审计的总体安排，是保证审计工作取得预期效果的有效措施，其对于国家审计来说是审计机关据以检查、控制审计工作质量和进度的依据。审计工作方案是在综合已经取得的资料和掌握的情况以及明确审计的重要问题的基础上形成的。对于国家审计来说，审计工作方案包括审计项目名称、被审计单位名称、审计目标、审计方式、编制依据、审计的范围和内容、审计重点、步骤和方法、时间进

度和人员分工等。审计方案格式如表5-5所示。

表5-5　审计方案格式

被审计单位名称		审计方式	
审计项目名称		编制人员	
编制依据		编制日期	
被审计单位基本情况：			
审计目标、范围、内容及重点：			
审计方法及审计程度实施步骤：			
预定时间：			
审计组组长及成员：			
人员分工：			
部门负责人审批：			
主管领导审批：			

编制审计方案应当按照重要性原则，围绕审计目标，确定审计的范围、重点。审计工作方案在制定时还应留有适当的余地，以便在实际情况下可以做出相应的调整。审计工作方案需要经过审计组所在的部门负责人和主管领导或者审计机关的主要领导审批以后，由审计组负责实施。

国家审计程序中的审计准备需要准备的物品包括审计通知书、审计工作记录、审计软件或工具等。

5.2.2　注册会计师审计程序准备阶段

注册会计师审计的程序与国家审计的程序存在很多相似之处，但也有自身的特点。

5.2.2.1 接受业务委托

会计师事务所应当按照执业道德守则和执业准则的规定，谨慎决策是否接受或保持某一客户关系和具体审计业务。在接受委托前，注册会计师应当初步了解审计业务环境，包括业务约定事项、审计对象特征、使用的标准、预期使用者的需求、责任方及其环境的相关特征，以及可能对审计业务产生重大影响的事项、交易、条件和惯例等其他事项。

只有在了解后认为符合专业胜任能力、独立性和应有的关注等职业道德要求，并且拟承接的业务具备审计业务特征时，注册会计师才能将其作为审计业务予以承接。如果审计业务的工作范围受到重大限制，或者委托人试图将注册会计师的名字和审计对象不适当地联系在一起，则该项业务可能不具有合理的目的。接受业务委托阶段的主要工作包括了解和评价审计对象的可审性、决策是否考虑接受委托、商定业务约定条款、签订审计业务约定书等。

审计业务约定书应当包括签约双方的名称、委托目的、审计范围、会计责任与审计责任、签约双方的义务、出具审计报告的时间要求、审计报告的使用责任及编制基础、审计费用、审计业务约定书的有效时间、违约责任、签约时间，以及签约双方认为应当约定的其他事项等内容。

5.2.2.2 计划审计工作

计划审计工作十分重要，计划不周不仅会导致盲目实施审计程序，无法获得充分、适当的审计证据以将审计风险降至可接受的低水平，影响审计目标的实现，而且还会浪费有限的审计资源，增加不必要的审计成本，影响审计工作的效率。因此，对任何一项审计业务，注册会计师在执行具体审计程序之前，都必须根据具体情况制订科学、合理的计划，使审计业务以有效的方式得到执行。一般来说，计划审计工作主要包括在本期审计业务开始时开展的初步业务活动、制定总体审计策略、制订具体审计计划等。计划审计工作不是审计业务的一个孤立阶段，而是一个持续的、不断修正的程序，贯穿于整个审计业务的始终。

5.2.3 内部审计程序准备阶段

内部审计工作程序的几个基本阶段同国家审计程序大体相同，但其工作程序的具体繁简程度，则主要取决于单位内部管理层根据需要作出的具体规定。

因为国际内部审计程序与中国内部审计程序不同，因此接下来分别从这两方面进行阐述。

5.2.3.1　国际内部审计程序准备阶段

根据国际内部审计师协会在其《内部审计实务标准》中的规定，内部审计工作应包括制订计划、审查和评价证据资料、报告审计结果和进行后续审计等。

其中制订计划是根据管理层的审查和批准，内部审计机构应负责计划和执行委托的审计任务。内部审计机构应对每一个审计项目做出计划，并编写成文。主要分为以下八步：

第一，拟订审计目标和审计范围。审计目标是内部审计人员所拟订的总结说明和确定应完成的审计目标，审计程序是实现审计目标的方法。审计目标和审计程序应结合在一起明确内部审计人员的工作范围，说明被审计的活动的有关风险，内部审计人员对每个委托的审计进行风险评价，以确定被审计的活动中的主要领域。

第二，取得有关进行审计活动的背景资料，以确定其对审计工作的影响。例如，审查任务说明、目标和计划；审查组织机构及有关人员资料；审查与审计活动相关的预算资料，经营成果以及财务数据；审查以前的审计工作底稿和审计结果；审查有关的档案资料及适用于该活动的权威性和技术性有关文件应确定的其他审计要求，如委托的审计期限、预计的完成日期，以及最终审计报告的格式等。

第三，确定进行审计工作所需要的资料来源。每次审计活动所需的人员数量和经验水平应取决于审计工作任务的性质、复杂程度以及时间限制和可能的资料来源。例如，根据审计委托的任务，确定审计人员应需的专业知识、专业技能和专业训练；如需从外部获取资料，还必须具有另外的知识、技能和专业训练。

第四，与了解有关审计工作的人员进行交流。例如，与负责被审计活动的管理层举行会议，讨论交流审计目标和范围、审计工作时间安排、审计程序中的交流程序和方法、被审计的经营活动和营业条件、审计报告程序和后续审计等，讨论后达成共识的结论应编写成纪要，分送有关人员并存档于审计工作底稿。

第五，进行现场调查，确定审计重点并征求被审计者意见和建议。为了解审计活动，明确主要领域的审计重点，应通过调查获取充分的信息资料。调查应确定调查的重点、工作范围和时间、调查程序以及编写调查总结。

第六，编写审计方案。审计方案应当说明审计目标，每个阶段需要检查的范围和深度，确定应审查的技术性方面的问题、风险、程序和交易事项，说明所需检查对象的性质和范围，审计方案可在审计工作中进行修订。

第七，确定审计方式、时间及向相关负责人通报审计结果。内部审计负责人应决定如何、何时、向何人通报审计结果，并向管理层进行报告。

第八，取得对审计工作计划的批准。审计工作计划必须在审计实施之前取得内部审计负责人或指定者的书面批准，调整的计划也必须及时得到批准。

5.2.3.2 中国内部审计程序准备阶段

中国内部审计程序要求内部审计人员在审计程序中应充分考虑重要性与审计风险的问题。内部审计人员应当保持应有的职业谨慎，合理运用专业判断，确定重要性，评估审计风险，在编制项目审计计划、实施审计程序及评价审计结果时，应当合理考虑运用重要性标准。

内部审计人员应在考虑组织风险、管理需要及审计资源的基础上制订审计计划，对审计工作作出合理安排。审计计划一般分为年度审计计划、项目审计计划和审计方案三个层次。年度审计计划是对年度审计任务的事先规划；项目审计计划是对具体审计项目实施的全程序所作的综合安排；审计方案是对具体审计项目的审计程序及其时间等所作的详细安排。

审计项目计划的内容包括审计目标和审计范围、重要性和审计风险的评估、审计小组构成和审计时间分配、对专家和外部审计工作结果的利用和其他有关内容。审计方案内容包括具体审计目标、具体审计方法和程序、预定的执行人和执行日期及其他有关内容。不同层次的审计计划应得到不同层次的批准，方可实施。

内部审计机构应根据经过批准后的审计计划编制审计通知书。审计通知书内容包括被审计单位及审计项目名称、审计目标及审计范围、审计时间、被审计单位应提供的资料和应协助的工作、审计小组名单、负责人签章和签发日期。审计通知书可在实施审计前送达被审计单位，特殊审计业务可在审计时送达。

虽然不同审计主体的审计程序不同，但是其审计方案相似，均包括审计目标、审计方法、预定日期、执行人等，应该根据不同情况制定符合其实际的审计方案。

5.2.4 审计方案

审计方案是审计部门对整个审计过程的具体内容和实施步骤预先安排的一种工作计划。它包括审计对象、审计目的、审计范围和重点、审计依据、审计步骤、审计形式、审计组织分工与配合和时间进度，及其他应注意的审计事项。

详见中国注册会计师协会印发 2023 年 7 月 1 日起施行的《中国注册会计师审计准则第 1201 号——计划审计工作》应用指南。

审计方案的 5W+1H 就是对选定的项目、工序或操作，都要从原因（何因 Why）、对象（何事 What）、场所和范围（何地 Where）、时间和程序（何时 When）、人员（何人 Who）、方法（何法 How）六个方面提出问题进行思考。

（1）原因（Why）

为什么审计，也就是具体的审计目的是什么？做任何事情都要有明确的目的，才能在实施审计过程中不偏离方向。比如采购审计，目的是什么？主要是为了规范采购业务行为，对采购部门的各流程和控制环节合规性、合理性与有效性进行监督、检查，预防和堵塞管理漏洞，减少采购成本，提高采购质量。

（2）对象（What）

确定审计目标与审计重点。如何精准地找准审计目标、找到审计重点。

（3）场所和范围（Where）

审计的主要场所、审计的范围是什么？在哪里审，审核的主要范围是什么？

（4）时间和程序（When）

解决什么时间做的问题，即起点问题。这里要保证整个审计项目的总体时间安排及分项审计的时间安排等。整个时间的安排要结合审计目的、审前调查对被审单位的了解程度、审计资源等情况来综合评定。

（5）人员（Who）

解决审计资源分配的问题。审计资源应该包括两个方面：时间资源与人力资源。时间资源在前面提到过，这里主要是解决人的问题。人力资源又包括两个方面：数量与质量。很多企业尤其是一些小型企业审计部人员只有1~2名，人员非常有限，如何利用有限的人员做精准的审计，是管理者需要思考的问题，很多情况下需要借助外脑、外部资源、业务专家。对大型企业、企业集团来讲在人员数量相对丰富的前提下，在分配审计资源时要充分考虑审计项目的特点、难易程度、人员经验及能力等各种因素使之与项目匹配，达到资源效益最大化。当然还要考虑男女搭配、新老搭配等。

（6）方法（How）

How要解决的是审计程序的问题，解决怎样审的问题，这一步也是非常关键的，就是确定了明确的审计目标、审计重点、风险点，通过何种路径达到上述目的，审计人员在这一部分就要说明如何收集证据、评价证据、检查测试方法等。

大数据与智能审计条件下审计方案示例：

××电影真假票房与反舞弊审计方案

一是组建审计团队。选择具有专业知识和经验的审计人员组成审计团队，确保团队成员具备电影行业、财务、统计等方面的知识。团队成员可能包括审计师、会计师、数据分析师、行业专家等。

二是制订审计计划。根据××电影的票房情况和市场表现，制订详细的审计计划。审计计划应包括审计的目标、范围、方法、时间安排和资源配置等内容。审计目标是为了确认电影票房的真实性，是否存在舞弊行为。

三是收集数据。通过大数据、RPA技术收集××电影的票房数据、观影人次、排片情况等关键信息。此外，还需要获取同类电影的票房数据作为对比分析。数据来源包括电影院、票房统计机构、电影发行公司等。

四是数据分析。对利用大数据技术、RPA 商业数据分析技术对收集到的数据进行详细的分析，包括对比分析、趋势分析等。分析的重点在于寻找可能存在的异常情况和舞弊线索。例如，观影人次与票房收入的比例、排片数量与观影人次的匹配程度等。

五是现场调查。针对分析中发现的异常情况，进行现场调查。现场调查可能包括访问电影院、访谈影院工作人员、查看票房收入等。目的是核实数据的准确性和真实性，了解影院的运营情况和电影销售过程。

六是访谈相关方。与××电影的制作方、发行方、放映方等相关方进行访谈。了解电影的制作、发行和销售过程中的关键环节和可能存在的问题。访谈可以采用一对一的方式进行，以确保获取到真实、准确的信息。

七是评估风险。根据审计团队的调查和分析结果，评估××电影票房是否存在舞弊行为，以及可能对电影行业和市场带来的影响。评估风险时，需要考虑舞弊行为的性质、范围和可能的影响因素。

八是撰写审计报告。整理审计过程中的发现和相关证据，撰写审计报告。审计报告应明确审计结论和相关建议。报告内容应包括审计目标、范围、方法、数据分析、现场调查、访谈结果、风险评估和结论等内容。

九是提交报告。将审计报告提交给电影行业管理部门、证券交易所等相关部门。根据其要求进行公示或采取其他措施。提交的报告中应包含充分的证据和详细的分析，以便相关部门进行后续调查和处理。

十是跟踪整改。根据审计报告中提出的问题和建议，对××电影的制作方、发行方等进行整改。整改措施可能包括加强内部控制、规范票房统计和报告等。审计团队应跟踪整改进展，确保问题得到有效解决。

5.3　不同审计主体的审计实施步骤

不同审计主体的审计实施阶段也有所不同，本节继续从国家审计、注册会计师审计以及内部审计三个审计主体的审计实施阶段进行分析。

5.3.1　国家审计程序实施阶段

审计实施阶段是指审计组进驻被审计单位后，就地审查会计凭证、会计账簿、财务会计报告，查阅与审计事项有关的文件、资料，检查现金、实物、有价证券，并向有关单位和个人调查，以取得证明材料的程序。它是将审计工作方案付诸实施、转化为实际行动的阶段，是审计全程序的最主要阶段。审计实施阶段主要应做好以下四项工作：

5.3.1.1 深入调查研究，调整审计方案

审计组实施审计时，首先应深入了解被审计单位的管理体制、机构设置、职责及经营范围、业务规模、资产状况等；其次是对内部控制制度进行评估，根据评估结果，确定审计范围和采用的方法，必要时，修改原来制定的审计方案。其主要步骤如下：

（1）听取被审计单位情况介绍

审计组进驻被审计单位后，应与被审计单位领导取得联系，说明本次审计的范围、内容与目的要求，争取他们的支持；邀请被审计单位领导和有关部门负责人共同确定工作部署，确定与审计组的联系人以及提供必要的资料等问题；听取被审计单位负责人及有关职能部门对单位情况的介绍，并采用适当方式，使单位职工了解审计的目的和内容，以取得支持和协助。

（2）索取、收集必要的资料

审计组应当根据情况介绍和审计工作需要，向被审计单位索取有关资料，进行必要的资料收集工作。常规审计一般需要索取、收集的资料主要是：被审计单位有关的规章、制度、文件、计划、合同文本；被查期间的各种审计资料、分析资料，上年度财务报表、分析资料以及以往接受各种检查、审计的资料；各种自制原始凭证的存根，未粘附在记账凭证上的各种支票、发票、收据等存根，以及银行账户、银行对账单、备查簿等相关的经济信息资料。

在索取、收集资料时，一定要做好登记、清点和移交工作。收集的资料要当面清点，注意残缺页码，并列表登记，注明资料来源，移交与接收双方都要在移交表或调阅单上签名。

（3）深入调查研究，全面了解内部控制状况

为了全面深入地了解被审计单位业务活动的一些具体规定、手续，以及内控制度的执行情况，审计组在收集资料以后，应当通过查阅资料、观察、咨询等方式了解被审计单位的有关情况。特别是了解被审计单位的各项业务处理手续、有关财务会计业务处理和现金、物资管理方面的内控制度建立完善情况和实际贯彻执行情况。审计人员向有关单位和个人进行调查时，应当出示审计人员的工作证件和审计通知副本。

（4）必要时，调整原审计方案

在深入调查确定初步评价被审计单位内控制度的基础上，审计组应当重新审查原拟订的审计方案，如发现原方案确定的审计范围、重点具体实施步骤和方法等与实际情况相差太远，必须修改审计方案时，应按规定的程序进行修改，经派出审计组的审

计机关主管领导同意后组织实施。

5.3.1.2 进行符合性测试

现代审计的最大特征是以评价内部控制制度为基础的抽样审计，实行的是制度基础审计。因此，在审计实施阶段，必须全面了解被审计单位的内控制度，并进行评价。其目的是进一步确定审计的范围、内容重点以及有效的方法。

评价内控制度，一是进行内控制度健全性调查；二是进行内控制度符合性测试，三是对内控制度的有效性进行综合评价，从中发现内控制度的强点和弱点，并分析原因。根据内部控制的强弱点对审计方案进行适当调整。将审查重点放在内部控制制度的弱点上，对强点进行一般审查，以尽可能高效、高质量地取得审计证明材料，提高审计工作效率。

如果采取的是风险基础审计策略，该步骤主要是进行风险评估，以确定进一步审计程序的性质、时间和范围。

5.3.1.3 实施实质性测试

(1) 分析经济业务的特点

为了把有限的审计力量花在更有价值的审计内容上，审计人员先要对经济业务进行一般分析。

第一，经济业务的重要性分析。通过对被审计单位经济活动全程序的了解，审计人员可以确定各类业务的重要程度，以便在审计中加强对重要业务的关注。

第二，业务处理复杂程度分析。在一般情况下，业务处理比较复杂的环节更容易发生错误，审计人员应该更注意对业务处理比较复杂的环节的审查。

第三，业务发生频率分析。业务发生越频繁，发生错误的可能性就越大，审计人员越应该加倍注意。

第四，业务处理人员素质分析。业务素质不高的人员所经手的业务较易发生问题，这也应是审计人员审查的重点。

(2) 审查有关的会计资料和经济活动，收集、鉴定审计证据

《中华人民共和国审计法》第38条规定："审计人员通过审查会计凭证、会计账簿、会计报表，查阅与审计事项有关的文件、资料，检查现金、实物、有价证券，向有关单位和个人调查等方式进行审计并取得证明材料。"根据以上规定，审计人员应做以下各项工作：

1) 审查分析会计资料

对会计资料的审查分析包括对会计凭证、账簿和报告的分析，主要包含以下内容：

第一，审查分析财务会计报告。一是要对其外观形式进行审查，看被审计单位所

编制的各种财务报告是否符合规定和要求，表页、表内项目、指标是否齐全；二是要审阅各报表之间勾稽关系；三是要审查各报表内相关数字间的勾稽关系；四是要审查报告说明、附注等。

第二，审查分析各类账户。一是判断容易发生差错或易于弄虚作假的账户；二是审查分析各类账户记录的增减变动情况，判断业务的真实性和数据的真实性，如果材料账户的记录长期无变动，则应考查材料是否确实存在或能否利用；三是核实账户余额，包括总账和明细账，特别是结算类账户和跨期摊配账户。

第三，抽查有关凭证。确定账簿记录的真实性以及数据所反映的经济业务是否合理、合法。

第四，复算。审计人员要对被审计单位所计算的结果进行复算，以确定是否有故意歪曲计算结果的弊端或无意造成的计算差错。

第五，询证。审计人员在审查中，发现有疑点时，可向有关单位和个人以函询或面询的方式进行调查。询证时，审计人员不少于两人。

2）实物盘点与资产清查

审计人员在审查分析有关书面资料后，还应对有关盘存的账户所记录的内容进行实物盘点，以取得实物证据，如库存现金盘点、库存材料盘点、低值易耗品盘点、在产品盘点、产成品盘点、固定资产盘点等。如果实物较多，审计人员应按可能性、必要性、重要性的原则，有选择地进行重点盘点。

审计人员实施实质性测试时，应当按照下列规定办理：①收集取证能够证明审计事项的原始资料、有关文件和实物等；不能取得原始资料、有关文件和实物的，可以采取复制拍照等方法取得证明材料。②对与审计事项有关的会议和谈话内容要做出记录，或者根据审计工作需要，要求提供会议记录。③审计人员向有关单位和个人调查取得的证明材料，应当有提供者的签名或者盖章。未取得提供者签名或者盖章的，审计人员应当注明原因。

5.3.1.4　编制审计工作底稿

对审计中发现的问题，应做出详细、准确的记录，并注明资料来源。国家审计工作底稿主要包括：①审计项目名称；②审计事项名称；③审计程序记录；④审计结论；⑤审计人员和审核人员姓名、审核意见、审核日期及签名；⑥索引号及页码；⑦附件数量。

在审计程序中，审计人员必须有详细的工作记录，以便反映出审计工作的全部程序。有些记录可以直接作为正式的审计工作底稿，有些则要重新编写。审计工作底稿是审计证明材料的汇集，在汇集证明材料时，应注明证明材料的来源。审计工作底稿是撰写审计报告的基础，是检查审计工作质量的依据，也是行使复议乃至再度审计时需要审阅的重要资料。

审计组及其审计人员实施审计时，可以利用经检查后的内部审计机构或者社会注册会计师审计组织的审计成果。审计组织在利用社会注册会计师审计组织审计成果前，应当依照有关法律法规和准则的规定，对社会注册会计师审计组织的审计业务质量进行监督检查。

5.3.2 注册会计师审计程序实施阶段

5.3.2.1 实施风险评估程序

注册会计师审计程序的实施阶段是从实施风险评估程序开始，到编制审计工作底稿结束。

审计准则规定，注册会计师必须实施风险评估程序，以此作为评估财务报表层次和认定层次重大错报风险的基础。所谓风险评估程序，是指注册会计师了解被审计单位及其环境，以识别和评估财务报表层次和认定层次的重大错报风险（无论错报由于舞弊或错误导致）而实施的程序。风险评估程序是必要程序，了解被审计单位及其环境为注册会计师在许多关键环节做出职业判断提供了重要基础，也是一个连续和动态地收集、更新与分析信息的程序，贯穿于整个审计程序的始终。一般来说，实施风险评估程序的主要工作包括：了解被审计单位及其环境；识别和评估财务报表层次以及各类交易、账户余额、列报认定层次的重大错报风险，包括确定需要特别考虑的重大错报风险（特别风险），以及仅通过实质性程序无法应对的重大错报风险等。

5.3.2.2 实施控制测试和实质性程序

注册会计师实施风险评估程序本身并不足以为发表审计意见提供充分、适当的审计证据，还应当实施进一步审计程序，包括实施控制测试（必要时或决定测试时）和实质性程序。因此，注册会计师评估财务报表重大错报风险后，应当运用职业判断，针对评估的财务报表层次重大错报风险确定总体应对措施，并针对评估的认定层次重大错报风险设计和实施进一步审计程序，以将审计风险降至可接受的低水平。

5.3.2.3 编制审计工作底稿

审计工作底稿是指注册会计师在审计程序中形成的审计工作记录和获取的资料。审计工作底稿应如实反映审计计划的制订及其实施情况，包括与形成和发表审计意见有关的所有重要事项以及注册会计师的专业判断。

（1）编制与复核

注册会计师编制审计工作底稿，应当包括被审计单位名称、审计项目名称、审计项目时间、审计程序记录、审计标识及其说明、审计结论、索引号及页次、编制者姓名以及编制日期、复核者姓名及复核日期以及其他应说明事项。审计工作底稿中由被审计单位、其他第三者提供或代为编制的资料，注册会计师除应注明资料来源外，还要在实施必要的审计程序中形成相应的审计记录。

会计师事务所应当建立审计工作底稿复核制度。各复核人在复核审计工作底稿时，应做出必要的复核记录，书面表示复核意见并签名。在复核中，各复核人员如发现已执行的审计程序和做出的审计记录存在问题，应指示有关人员予以答复、处理，并形成相应的审计记录。

（2）所有权和保管

审计工作底稿的所有权属于接受委托进行审计的会计师事务所。

审计工作底稿一般分为综合类工作底稿、业务类工作底稿和备查类工作底稿。注册会计师应对审计工作底稿进行分类整理，形成审计档案。审计档案分为永久性档案和当期档案。会计师事务所应当建立审计档案保管制度，以确保审计档案的安全和完整。

（3）保密与查阅

会计师事务所应当建立审计工作底稿保密制度，对审计工作底稿中涉及的商业秘密保密。法院、检察院以及其他部门依法查阅并按规定办理了必要手续的，不属于泄密。注册会计师协会对执行情况进行检查时，查阅审计工作底稿也不属于泄密。因审计工作需要，并经委托人同意，不同会计师事务所的注册会计师可以按照规定要求查阅审计工作底稿。拥有审计工作底稿的会计师事务所应当对要求查阅者提供适当的协助，并根据审计工作底稿的内容及性质决定是否允许查阅者阅览其审计工作底稿及复印或摘录有关内容。

5.3.3 内部审计程序实施阶段

在进行内部审计程序的实施阶段时，依旧分为国际内部审计程序实施阶段和中国内部审计程序实施阶段两种情况。

5.3.3.1 国际内部审计程序的实施阶段

内部审计人员应收集、分析和解释所审计的证据资料，并将审计意见编写成文，以说明审计结果。

第一，应收集与审计目标和审计范围有关的所有资料。内部审计人员应使用分析性审计程序审查和评价证据资料，尚未得到充分解释的结果或联系时，应向有关管理层报告，并根据具体情况建议采取适当的措施。

第二，证据资料应是足够的、有法律效力的、相关的和有用的，能为审计结果和建议提供一个可靠的基础。足够性是指证据资料是真实的、恰当的和有说服力的，而且通过使用适当的审计技术就能得到；法律效力是指证据资料是可靠的，可以使他人得出与审计人员相同的结论；相关性是指证据资料符合审计目标需要，能为审计发现问题和提出建议提供依据；有用性是指证据资料有助于组织去完成其目标。

第三，事先选定检查和抽样技术，在审计程序中，根据需要进行扩展和变更。

第四，监控证据资料收集、分析、解释和把审计意见编写成文的程序，以保证审计人员保持客观性和完成审计目标。

第五，编写与审查审计工作底稿。

5.3.3.2 中国内部审计程序的实施阶段

第一，调查与测试。内部审计人员应深入调查、了解被审计单位的情况，采用抽样审计等方法对经营活动及内部控制的适当性、合法性和有效性进行测试。更为重要的是进行风险管理的审查和评价。

第二，实质性检查。内部审计人员在内部控制测试及风险评估的基础上运用审核、观察询问、函证和分析复核等方法进行实质性检查，以获取充分、相关、可靠的审计证据，为形成审计结论和建议提供依据。

第三，记录审计工作底稿。内部审计人员应将审计程序的执行程序及收集和评价的审计证据记录于审计工作底稿。

5.3.4 审计记录

审计工作底稿（下章详细讲述）是对审计程序的真实记录，审计记录在审计实施阶段非常重要。详见中国注册会计师协会印发 2023 年 7 月 1 日起施行的《中国注册会计师审计准则第 1131 号——审计工作底稿》应用指南。

在审计实施程序中，审计人员应当真实完整地记录实施审计的程序、得出的结论和与审计项目有关的重要管理事项，以实现下列审计目标：①支持审计人员编制审计实施方案和审计报告；②证明审计人员遵循相关法律法规和审计准则；③便于对审计人员的工作实施指导、监督和检查。审计人员所做的记录应当能使未参与该项业务的其他有经验的审计人员了解其执行的审计措施、获取的审计证据、做出的职业判断和得出的审计结论。审计记录包括调查了解记录审计工作底稿和重要管理事项记录等。

审计工作底稿主要记录审计人员依据审计实施方案执行审计措施的活动，是审计人员用以支持审计意见而收集和评价审计证据的最主要记录，是支持审计报告的一种专业记录。审计人员对审计实施方案确定的每个审计事项，均应当编制审计工作底稿，真实完整地记录实施审计的主要步骤和方法、获取的相关证据以及得出的审计结论等。根据需要，一个审计事项可以有多份审计工作底稿，审计证据材料应当作为调查了解记录和审计工作底稿的附件予以保存。国家审计、内部审计和注册会计师审计的审计工作底稿的格式和内容并不完全相同。

5.4　不同审计主体的审计终结阶段

审计终结阶段对于确保审计质量非常关键。审计终结阶段的工作主要包括：整理和分析审计工作底稿、形成审计结论、复核与审理相关材料、与管理层沟通出具审计报告等。审计报告是审计结论的载体，出具审计报告是审计终结阶段主要工作之一。本节同样从国家审计程序、注册会计师审计程序以及内部审计程序三个方面对终结阶段进行阐释。

5.4.1　国家审计程序终结阶段

5.4.1.1　整理和分析审计工作底稿

审计组长应当对审计人员的审计工作底稿进行必要的检查和复核，对审计组成员的工作质量和审计工作目标完成情况进行监督。审计工作就是不断收集审计证据、整理分析证据和运用审计证据的程序。通过检查、复核和整理审计工作底稿，对汇集的审计证据要进行认真审查，鉴定证明材料的客观性、相关性和合法性，检查审计组是否已经收集到足以证明审计事实真相的证明材料，以便及时采取补救措施，保证审计组收集的证明材料的充分性。

5.4.1.2　审计组编写审计报告

按照《中华人民共和国审计法》规定，审计组对审计事项实施审计后，应当向审计机关提出审计组的审计报告。审计组编写的审计报告应当征求被审计单位的意见，被审计单位应当自接到审计组的审计报告起10日内，将其书面意见送交审计组或者审计机关，由审计组长签字后，连同被审计单位的书面意见等一同报送审计机关。

5.4.1.3　审计机关审议、出具审计报告

按照《中华人民共和国审计法》《中华人民共和国审计法实施条例》的规定，审计机关有关业务机构和专门机构或者人员对审计组的审计报告以及相关审计事项进行复核、审理后，由审计机关办理下列三项事项。一是提出审计机关的审计报告，内容包括：对审计事项的审计评价；对违反国家规定的财政收支、财务收支行为提出的处理、处罚意见；移送有关主管机关、单位的意见；改进财政收支、财务收支管理工作的意见。二是对违反国家规定的财政收支、财务收支行为依法应当给予处理、处罚的，在法定职权范围内作出处理、处罚的审计决定，审计决定书格式如表5-6所示，

审计处罚决定书格式如表 5-7 所示。三是对依法应当追究有关人员责任的,有关主管机关、单位提出给予处分的建议;对依法应当由有关主管机关处理、处罚的,移送有关主管机关;涉嫌犯罪的,移送司法机关,移送处理书格式如表 5-8 所示。

表 5-6　审计决定书格式

<center>××（审计机关全称） 审计决定书 审×决［××］×号</center>
<center>××关于××的审计决定</center>
自××年××月××日至××年××月××日,我××(署、厅、局、办)对你单位×××进行了审计,现根据《中华人民共和国审计法》第四十条和其他有关法律法规,作出以下审计决定:
本决定自送达之日起生效,如果对本决定不服,可以在收到本决定之日起 50 日内,向×××申请复议。复议期间本决定照常执行。 　本决定在××年××月××日前执行完毕。 <div align="right">××(审计机关全称印章) ××年××月××日</div>
主题词:×× 抄　送:××

表 5-7　审计处罚决定书格式

<center>××（审计机关全称） 审计处罚决定书 审×罚［××］×号</center>
<center>××关于××的审计处罚决定</center>
你单位的××行为,违反了××第××条的规定,根据××条的规定,决定给予你单位××的处罚。 　本决定自送达之日起生效,如果对本决定不服,可以在收到本决定之日起 50 日内,向××申请复议,复议期间本决定照常执行。 　本决定在××年××月××日前执行完毕。 <div align="right">××(审计机关全称印章) ××年××月××日</div>
主题词:×× 抄　送:××

　　审计机关应当将审计报告、审计决定书送达被审计单位和有关单位,审计决定书自送达之日起生效。

表 5-8　移送处理书格式

××（审计机关全称）

移送处理书

审×移［××］×号

──────────────────────────

××关于××的移送处理书

──────────────────────────

在对××的审计程序中，发现××有下列行为：

──────────────────────────

认为××的行为涉嫌犯罪，依法应追究刑事责任，现移送你××（院、厅、局）依法处理，请将结果及时书面告知我××（署、厅、局、办）。

附件：证明材料××份

××（审计机关全称印章）

××年××月××日

主题词：××

抄　送：××

在完成审计报告审定工作后，就要进行资料处理和审计小结工作。例如，全部归还借阅的资料，整理审计程序中形成的资料，将需要永久保存的资料、需要长期保存的资料和需要短期保存的资料立卷归档，移交档案部门管理；将无保存价值的资料造册登记台销毁。

所有工作结束后，审计组应及时进行总结，以利于工作水平不断地提高。

5.4.2　注册会计师审计程序终结阶段

注册会计师审计程序的终结阶段是从完成审计外勤工作开始的，以出具审计报告结束。

5.4.2.1　完成审计外勤工作

在审计报告编制之前，注册会计师应当向被审计单位介绍审计情况，如有必要，应以书面形式向其提出调整会计报表等建议。最后，注册会计师应当根据审计外勤工作获取的审计证据撰写审计总结，概括地说明审计计划的执行情况以及审计目标是否实现。

5.4.2.2　出具审计报告

注册会计师应当在实施必要的审计程序后，以经过核实的审计证据为依据，形成审计意见，出具审计报告。审计报告应说明审计范围、会计责任与审计责任、审计依据和已实施的主要审计程序等事项。审计报告应当说明被审计单位会计报表的编制是否符合国家有关财务会计法规的规定、在所有重大方面是否公允地反映了其财务状况、经营成果和资金变动情况以及所采用的会计处理方法是否遵循了一贯性原则。注册会计师根据情况，出具无保留意见、保留意见、否定意见和无法表示意见的审计报告时，应当明确说明理由，并在可能情况下，指出其对会计报表的影响程度。

近年来，国内外一些公司相继出现了会计舞弊事件，提供审计服务的会计师事务所，有的陷入旷日持久的法律诉讼，有的被迫关闭。注册会计师如何最大限度地降低审计风险已成为注册会计师及其会计师事务所面临的最大课题。

中国注册会计师行业借鉴国际审计风险导向审计的经验，对部分准则进行了修订和重新起草。其基本思路是：通过修订审计风险模型，积极推进风险导向审计方法，强调从宏观上了解被审计单位及其环境（包括内部控制），以充分识别和评估会计报表重大错报的风险。针对评估的重大错报风险设计和实施控制测试和实质性程度，《中国注册会计师审计准则第 1211 号——通过了解被审计单位及其环境识别和评估重大错报风险》，进一步明确了注册会计师了解被审计单位及其环境并评估重大错报风险的程序，明确风险评估程序与信息来源；组织讨论会计报表存在重大错报的可能性。应当从行业状况、监管环境、被审计单位性质、目标、战略和经营风险、内部控制等方面了解被审计单位及其环境；应当识别和评估会计报表层次以及各类交易、账户余额、列报与披露认定层次的重大错报风险；应当将实施识别和评估程序的重要环节形成审计工作记录。《中国注册会计师审计准则第 1231 号》——针对评估的重大错报风险实施的程序，进一步明确了针对评估的重大错报风险实施的程序：针对会计报表层次的重大错报风险制定总体应对措施；针对认定层次的重大错报风险设计和实施进一步审计程序，应当评价风险评估的结果是否适当，并确定已获取的审计证据是否充分与适当，将实施的关键程序形成工作记录。上述内容的规定，无疑会促进中国现行的注册会计师审计程序和方法的改进。

5.4.3　内部审计程序终结阶段

在内部审计程序终结阶段，国际内部审计程序终结阶段与中国内部审计程序终结阶段依旧存在差别。

5.4.3.1　国际内部审计终结阶段

国际内部审计终结阶段包含两个部分：通报审计结果和进行后续审计。

（1）通报审计结果阶段

1）审计检查工作完成之后，应提交签认的书面报告。如果审计持续时间较长，可提供书面的或口头的中期报告，中期报告可用来通报需要立即引起注意的情况或审计范围的变动情况。总结报告需主要突出审计结果，以适合被审计者上级管理层的需要。总结报告可以单独发出，也可以与最终报告一起发出。

被授权的内部审计人员既可以在报告中用手签写自己的姓名，也可以在封面的书信上签写，假如审计报告用电子手段发送，内部审计档案中应保留一份签名的报告原文本。

2）最终书面报告发出前，应在适当的管理层中征求对结论和建议的意见。

3）报告必须客观、清楚、简明、富有建设性而且要及时。

4）报告应说明审计的目的、范围和结论，而且报告中应适当地表明审计人员的意见。

5）报告中可以包括可能采取的改进措施的建议和令人满意的执行情况和纠正行动。

6）报告中还包括被审计者对审计结论或建议的意见。

7）内部审计负责人或指定者在最终报告发出前进行审批，并决定发送的对象。

（2）进行后续审计阶段

内部审计必须进行后续审计，以确保对报告报出的审计结果采取适当的行动。

内部审计人员所进行的后续审计是指他们用以确认管理人员针对报告的审计结果而采取的行动是否合适有效和及时的一个工作程序。

后续审计的责任应在内部审计的书面章程中明确。后续审计应评价管理层为解决审计发现而采取的行动，应通报高层管理层不采取行动的情况。内部审计负责人应负责确定后续审计的性质、时间和范围，应制定后续审计的程序。

5.4.3.2 中国内部审计终结阶段

中国内部审计终结阶段也包括两个阶段：出具审计报告和后续审计。

（1）出具审计报告

内部审计人员在实施必要的审计程序后，出具审计报告。审计报告的编制应当以经过核实的审计证据和审计工作底稿为依据，做到客观、完整、清晰、及时，具有建设性，并体现重要性原则。

审计报告应说明审计目标、范围，提出结论和建议，并包括被审计单位的反馈意见。审计报告应经过复核，方能报送。

（2）后续审计

内部审计人员应进行后续审计。后续审计是指内部审计机构为检查被审计单位对审计发现的问题所采取的纠正措施是否及时、合理和有效。

内部审计机构应在规定或约定的期限内执行后续审计。如被审计单位基于成本或其他考虑，决定对审计发现的问题不采取纠正措施并作出书面的承诺时，内部审计负责人应向组织的适当管理层报告。

内部审计负责人应根据被审计单位的反馈意见，确定后续审计的时间和人员安排，编制后续审计方案。在编制后续审计方案时应考虑原审计决定和建议的重要性、纠正措施的复杂性、落实纠正措施所需要的期限和成本、纠正措施失败可能产生的影响、被审计单位的业务安排和时间要求等。同时，应分析原审计决定和建议是否仍然可行，如果被审计单位内控及其他因素发生了变化，应对原决定和建议进行修订。

内部审计人员应根据后续审计的执行程序和结果，向被审计单位及组织的适当管理层提交后续审计报告。

5.4.4 审计报告

审计终结阶段所讲的审计报告是审计结论的载体，它将审计结论以书面形式向委托人报告。审计报告的种类很多，根据不同主体分为国家审计报告、内部审计报告及注册会计师审计报告。根据审计委托人的不同要求分为详式审计报告和简式审计报告两种，详式审计报告对审计程序及其发现有详细的表述，简式审计报告对审计程序及其发现只有简洁的表述，重点是发表审计意见。从审计项目看，既有审计报告也有专项审计调查报告。从审计内容看，有财务审计报告也有经济责任审计报告。从报告形式看，有审计报告，也有专题报告、要情报告、信息简报、审计结果公告等。概括来说，这些都可称为广义的审计报告。

当然，审计报告中除了审计结论外，还需要表述审计人员实施审计的情况。

本章小结

审计程序在保证审计工作的质量、提高工作效率、提高工作熟练程度、实现审计工作规范化等方面有重要作用。尽管国家审计程序、注册会计师审计程序、内部审计程序有各自不同的特点及具体步骤，但总体来讲均包括审计准备阶段、审计实施阶段和审计终结阶段。

注册会计师审计中，审计程序是指审计师在审计工作中可能采用的，用以获取充分、适当的审计证据以发表恰当的审计意见的审计方法。

国家审计和内部审计活动中，审计程序是指审计机构和审计人员对审计项目从开始到结束的整个程序采取的系统性工作步骤，即审计工作应遵循的顺序，审计人员应履行的职责、权限和审计工作期限等。

关键概念

审计程序：Auditing Procedure

注册会计师审计：Social Auditing

国家审计：State Auditing

内部审计：Internal Auditing

审计准备阶段：Audit Preparation Stage

审计实施阶段：Audit Implementation Stage

审计终结阶段：Audit Termination Phase

审计方案：Plan of Audit

审计报告：Audit Report

审计工作底稿：Audit Working Paper

审计记录：Audit Records

自测题

一、单项选择题

1. 以下哪一项不属于审计程序的作用？（　　）

A. 可以保证审计质量　　　　　　　　B. 有利于提高审计效率

C. 保证审计工作规范程度　　　　　　D. 提升被审计单位人员工作熟练程度

2. 对于国家审计来说，审计工作方案可以不包括（　　）。

A. 审计项目名称　　　　　　　　　　B. 被审计单位负责人姓名

C. 被审计单位名称　　　　　　　　　D. 审计目标

3. 审计工作底稿的所有权属于（　　）。

A. 被审计单位　　　　　　　　　　　B. 审计报告起草者

C. 老板　　　　　　　　　　　　　　D. 接受委托进行审计的会计师事务所

4. 下列关于审计程序的说法中，不正确的是（　　）。

A. 在评估认定层次重大错报风险时，如果预期控制的运行是有效的，注册会计师应当实施控制测试以支持评估结果

B. 仅实施实质性程序不足以提供认定层次充分、适当的审计证据，注册会计师应当实施控制测试，以获取内部控制运行有效性的审计证据

C. 注册会计师可以通过实施风险评估程序获取充分、适当的审计证据，作为发表审计意见的基础

D. 无论评估的重大错报风险结果如何，注册会计师均应当针对所有重大的各类交易、账户余额、列报实施实质性程序，以获取充分、适当的审计证据

5. 审计报告应说明审计目标、范围，提出结论和建议，并应当包括（　　）。

A. 被审计单位的反馈意见　　　　　　B. 收集和评价的审计证据

C. 审计依据　　　　　　　　　　　　D. 被审计单位所有要求

6. 下列选项中关于后续审计说法不正确的是（　　）。

A. 内审机构负责人应适时安排后续审计工作，并把它作为年度审计计划的一部分

B. 编制后续审计方案时不用考虑落实纠正措施所需要的期限和成本

C. 内部审计机构负责人如果初步认定被审计单位管理层对审计发现的问题已采取了有效的纠正措施，后续审计可以作为下次审计工作的一部分

D. 内部审计机构应在规定的期限内，或与被审计单位约定的期限内执行后续审计

7. 在审计结束或临近结束时，注册会计师运用分析程序的目的是（　　）。

A. 确定更加合理的重要性水平

B. 确定审计调整后的财务报表整体是否与其对被审计单位的了解一致

C. 确定可接受的检查风险水平

D. 确定是否将重大错报风险降低到可接受的低水平

二、多项选择题

1. 内部审计部门应在实施必要的审计程序后，及时出具审计报告。下列哪些表述符合要求？（　　）

A. 客观、完整、清晰、简洁，具有建设性并体现重要性原则

B. 包括审计概况、审计范围、审计内容、审计方法、审计依据、审计发现、审计结论、审计意见或审计建议

C. 不得有虚假记载、误导性陈述和重大遗漏

D. 被审计对象的反馈意见作为附件

2. 数字经济背景下，结合大数据审计特点与技术优势，构建新型审计数据程序，主要包括（　　）等程序。

A. 数据采集　　　　B. 筛选　　　　C. 分类　　　　D. 处理

3. 在接受业务委托前，注册会计师应当初步了解审计业务环境，包括（　　）。

A. 业务约定事项　　　　　　　B. 审计对象特征、适用的标准

C. 预期使用者的需求　　　　　D. 责任方及其环境的相关特征

4. 下列关于国家审计工作方案和审计实施方案的表述，正确的有（　　）。

A. 审计工作方案由审计机关业务部门负责编制

B. 审计实施方案应在审计前下达到审计项目实施单位

C. 根据审计实施过程中情况的变化，可以对审计实施方案内容进行调整

D. 审计组人员及其分工发生重大变化时需调整审计实施方案

5. 审计过程中，会计师事务所下列哪种情况不属于泄密？（　　）

A. 遵守审计工作底稿保密制度

B. 法院、检察院等依法查阅并办理相关手续

C. 征得被审计单位负责人口头同意使用

D. 征得被审计单位资料保管员同意使用

6. 下列哪些审计阶段属于注册会计师审计程序、内部审计程序的基础阶段（　　）。

A. 审计准备阶段　　B. 审计实践阶段　　C. 审计终结阶段　　D. 审计后续阶段

三、判断题

1. 编制审计方案应当按照重要性原则，围绕审计目标，确定审计的范围、重点。（　　）

2. 审计通知书在送发被审计单位的同时，还应抄送被审计单位的上级主管部门

和有关部门。（　　）

3. 一般情况下，审计组提交审计报告，审计机关出具审计意见并依法作出审计处理决定，就表示审计结束。（　　）

4. 审计项目组汇总整理参加审计业务的各注册会计师编制的审计工作底稿后，不需要与被审计单位沟通，也无须提交会计师事务所有关机构或者会议集体讨论，按照审计报告准则，经有关负责人审核，即可最终确定审计意见类型。（　　）

5. 注册会计师在所在事务所负责人允许情况下，可以个人接受业务委托，执行审计业务。（　　）

6. 审计机关签发的《审计通知书》是审计指令，该指令不仅是给被审计单位的书面通知，也是审计组进驻被审计单位执行审计任务、行使国家审计监督的凭证和证件。（　　）

7. 审计机关发送审计通知书时，应附审计文书送达回执，被审计单位在回执上注明的签收日期应该是送达日期。（　　）

8. 国家审计、内部审计和注册会计师审计的审计工作底稿的格式和内容并不完全相同。（　　）

9. 注册会计师应当在实施必要的审计程序后，以经过核实的审计证据为依据，形成审计意见，出具审计报告。（　　）

四、简答题

1. 请说明审计程序的含义及作用。

2. 审计机关和审计组应做哪些准备工作？如何拟订审计工作方案？

3. 审计实施阶段主要包括哪些工作？

4. 具体审计计划一般包括哪些内容？

五、论述题

1. 论述大数据环境下的审计程序。

 相关阅读

中国内部审计协会第 3205 号《内部审计实务指南——信息系统审计》（节选第一章第四节）

第四节　信息系统审计程序

信息系统审计程序一般包括审计准备、审计实施、审计报告和后续审计四个阶段。

一、审计准备

（一）审前准备

内部审计人员在实施信息系统审计前，需要根据信息系统审计目标，开展审前调查，收集法规、制度依据以及其他有关资料。审前调查主要了解组织信息系统的治理

管理体制、总体架构、规划和建设、应用管理情况等。具体如下：

1. 治理、管理体制。主要了解信息系统管理机构设置、管理职责、工作流程等。

2. 系统总体架构

（1）系统分布。包括系统数量、规模和分布，绘制信息系统分布图。

（2）信息系统主要类型。

（3）各信息系统的基本情况和系统之间的关联关系。

（4）信息系统应用覆盖面及应用程度。

3. 规划和建设情况

（1）规划：信息系统发展规划以及规划、年度计划落实情况。

（2）建设：信息系统建设程序、投入、管理，了解已完成系统和在建系统。

（3）使用：信息系统应用管理制度、使用率、应用中存在的主要问题、困难和矛盾。

（二）编制审计工作方案

根据审前准备情况，编制信息系统审计工作方案，方案内容包括但不限于被审计组织信息系统的基本情况。包括信息系统项目建设及应用情况、审计目标、审计依据、审计对象与范围、审计内容重点及方法、审计步骤与时间安排、审计组与人员分工等。在审计组组成环节，审计部门可以借助外部专家的力量，在审计组中应当有具备信息技术经验和知识的专兼职审计专家，便于补充提高审计组的胜任能力。

二、审计实施

审计实施是内部审计人员依据审计计划实施现场审计的程序。内部审计人员应结合审前准备了解的内容，按照被审计组织的信息化环境、业务流程、内控制度等方面的风险，明确具体项目审计目标、细化审计内容，突出审计重点。实施阶段主要应完成以下工作：

（一）了解评估被审计组织的信息系统内部控制

1. 收集被审计组织信息系统的内部控制管理制度及流程，对被审计组织相关人员进行访谈，了解组织的信息系统决策及管理政策、方法、控制活动主要内容包括但不限于：

（1）信息系统内部控制环境。

（2）风险管理。

（3）控制活动。

（4）信息与沟通。

（5）内部监督。

2. 开展控制测试

内部审计人员开展控制测试评价信息系统的内部控制要素，以确定组织能接受的控制风险。验证控制措施的执行是否符合管理政策和程序，为审计提供合理的保证。信息系统控制测试主要包括控制环境测试和功能测试：

（1）组织管理的控制测试。

（2）系统建设管理的控制测试。

（3）系统资源管理的控制测试。

（4）系统环境管理的控制测试。

（5）系统运行管理的控制测试。

（6）系统网络和通信管理的控制测试。

（7）系统数据库管理的控制测试。

（8）系统输入、处理、输出的控制测试。

（9）其他。

3. 初步评估信息系统内部控制

根据对组织信息系统的控制测试情况，选择组织信息系统的重点业务流程，对固有风险和控制风险进行初步评估，对信息系统控制有效性作出评价。

（二）开展实质性测试

内部审计人员应根据控制测试结果确定实质性测试的性质、时间和范围。组织层面评价内容包括组织架构、权责分配、发展战略、人力资源、培训与考核等。

对组织信息系统开展风险评估时，结合相关规范中有关风险评估的要求，重点关注内部和外部风险信息的收集、利用风险识别机制按照风险评估的程序、方法，评估风险等级并检查应对策略的有效性。

对信息与沟通审计时，应结合组织信息与沟通的相关管理制度，对信息收集、处理和传递的及时性，反舞弊机制的健全性，财务报告的真实性，信息系统的安全性，以及利用信息系统实施内部控制的有效性等进行审查和评价。

对内部监督审计时应结合组织内部监督制度，对内部监督机制的有效性进行认定和评价。重点关注内部审计机构等监督机构是否在内部控制设计和运行中有效发挥监督作用，内部控制缺陷认定是否客观，整改方案措施是否得当，并有效整改。

内部控制检查评价方法主要包括：个别访谈法、调查问卷法、比较分析法、标杆法、穿行测试法、抽样法、实地查验法、重新执行法、专题讨论会法等。内部控制检查评价应综合运用上述方法，充分利用信息系统，实施在线检查、监控。

三、审计报告

信息系统审计报告阶段包括整理加工审计工作底稿、编写审计报告、做出审计结论。内部审计人员应运用专业判断，综合分析所收集到的相关证据，以经过核实的审计证据为依据，形成审计意见和结论、编制审计工作底稿、出具审计报告。

四、后续审计

后续审计主要通过监督组织整改的情况，督促被审计组织改进信息系统治理，完善相关的规章制度、流程等，以持续提高信息系统治理、管理水平。对审计中发现的重大问题和控制缺陷，整改效果不明显的信息系统项目开展后续审计。

6

审计证据与审计工作底稿

本章学习目标

1. 掌握审计证据的含义以及审计证据具备的特征。
2. 熟悉审计证据的种类。
3. 了解审计工作底稿的含义及作用。
4. 掌握编制规范的审计工作底稿的方法和技巧。

6.1 审计证据的收集与分类

6.1.1 审计证据的含义与作用

6.1.1.1 审计证据的含义

《中华人民共和国国家审计准则》第八十二条规定，审计证据是指审计人员获取的能够为审计结论提供合理基础的全部事实，包括审计人员调查了解被审计单位及其相关情况和对确定的审计事项进行审查所获取的证据。注册会计师得出审计结论，形成审计意见使用的材料信息，包括编制财务报表依据的会计信息和其他信息等证明材料。

《第 2103 号内部审计具体准则——审计证据》第二条规定，本准则所称审计证据，是指内部审计人员在实施内部审计业务中，通过实施审计程序所获取的，用以证实审计事项，支持审计结论、意见和建议的各种事实依据。

《中国注册会计师审计准则第 1301 号——审计证据》第四条规定，审计证据是指注册会计师为了得出审计结论和形成审计意见而使用的信息。审计证据包括构成财务报表基础的会计记录所含有的信息和从其他来源获取的信息。

因此，从不同审计主体来讲，审计证据也有不同含义。对于国家审计来讲，审计证据必须是客观事实，将审计证据限定在事实范围内。对于内部审计来讲，审计证据是证明事实的依据，即用以证实审计事项、做出审计结论和建议的依据。对于注册会计师审计来讲，审计证据是注册会计师为了得出审计结论和形成审计意见而使用的信息。针对上述所讲，将审计证据概括为审计人员在审计程序中围绕审计目标，依照法定程序和方法获得并经过核实，用以证明审计事项真相，保证审计意见和审计决定正确所依据的一切信息，包括事实和依据。

根据 lSA 500："审计师必须获取足够和适当的审计证据，为其审计观点提供合理的结论。"审计证据的作用包括：审计证据是形成审计结论、出具审计报告的基础；审计证据是国家审计和内部审计提出审计意见或者作出处罚的基础；审计证据是判断审计人员审计责任履行情况的重要依据；审计证据是审计质量管理的重要方面。

6.1.1.2　审计证据能力是审计人员勤勉尽责的核心能力

对近十年资本市场上审计失败的案例进行证据原因分析，发现证监会对会计师事务所作出处罚的33起案例的直接理由就是注册会计师没有尽到勤勉尽责义务，但是进一步研究发现，深层次的原因是注册会计师对审计证据的错误反应与处理不当，说明注册会计师对审计证据的认知与理解还比较薄弱，其在审计证据收集、辨识与评价上的专业能力还需要提升。

"勤勉尽责、恪尽职守"已被写进《中华人民共和国证券法》第一百六十条："会计师事务所、律师事务所以及从事证券投资咨询、资产评估、资信评级、财务顾问、信息技术系统服务的证券服务机构，应当勤勉尽责、恪尽职守，按照相关业务规则为证券的交易及相关活动提供服务。"何谓勤勉尽责？核心就是保持应有的职业关注，具体包含三个方面：一是是否遵循《中国注册会计师审计准则》的规定，实施了必要的审计程序；二是如何辨识审计所获取证据的真伪和瑕疵；三是发表审计意见时，是否获得了恰当的、足够的证据支撑。显然，这三个方面都是以证据为核心的整体，体现了证据的来龙去脉。审计程序是获取审计证据的途径和方法，得到的审计证据需要进行整理分析和筛查辨识，发表审计意见是适当证据的运用，也就是审计结果的证明问题。概括起来，勤勉尽责就是分析注册会计师在审计证据获取、辨识与证明上的专业能力是否具备、职责是否到位。

这也说明，审计人员的取证能力、证据辨识能力以及证明能力是审计能力的重中之重，应当引起各方面的足够重视，需要总结现实中审计证据理论与实践的不足，尽快补充证据短板。

6.1.2　审计证据的分类

6.1.2.1　按审计证据的存在形态和表现形式分类

审计证据按存在形态和表现形式，可以分为实物证据、书面证据、视听或电子数据证据、口头证据、鉴定和勘验证据，以及环境证据。

第一，实物证据。是以实物形态存在并以其外部特征和内在本质证明审计事项的证据，通常以固定资产、存货、有价证券和现金等形式出现。这类证据通常通过实地观察或者对资产的清点等方法来获得，可以证实实物资产是否真实存在。但是，如果要证实资产的所有权归属、资产的质量和分类等，仅凭实物证据还不充分，审计人员还需要获取其他审计证据。

第二，书面证据。是以书面形态存在并以其记载内容证明审计事项的证据，通常包括从被审计单位获取的原始凭证、记账凭证、报表、制度手册、合同协议、会议纪要等，也包括审计人员进行函询等的往来信件、相关人员出具的书面证明等。书面证据来源较广、内容直观，是审计证据中的主要部分。但是源自被审计单位内部的书面证据容易被篡改或伪造，证明力相对较弱。审计人员应当结合书面证据的来源确定书面证据的证明力。

第三，视听或电子数据证据。是基于电子技术生成、以数字化形式存在、用以证明审计事项的证据，通常包括存储于磁盘、光盘、存储卡等电子载体中的数据、录音、录像等。审计人员获取的电子证据主要包括与信息系统控制相关的配置参数、反映交易记录的电子数据等，其中与信息系统控制相关的配置参数，主要是在检查信息系统有效性和安全性时所获取的资料信息，通常可以直接作为审计证据。电子数据既可能是从被审计单位信息系统直接采集得到的电子数据，也可能是在上述数据基础上按照一定规则进行格式转换或经过其他处理而得到的电子数据。审计人员应当综合考虑这些电子数据生成、存储、取得等环节是否合法，判断其证明力大小，并根据其可靠程度、与审计事项的关联程度，判断在多大程度上采用这些电子数据作为审计证据。此外，审计人员对电子数据进行比对分析的结果，可以形成核查问题的线索，但通常情况下不能直接或单独作为审计证据，而是需要由现场审计人员根据线索开展核查，获取进一步的审计证据。

第四，口头证据。是与审计事项有关的人员提供的言辞材料，通常包括应审计人员的要求，审计事项知情人的陈述、被调查人的口头答复等。口头证据可以帮助审计人员发现重要审计线索，有利于对某些需要核实的情况做进一步调查，以获取更为可靠的审计证据。但是由于往往夹杂着个人观点和意见，口头证据的证明力较弱，还需要得到其他相应证据的支持，审计人员一般不能单凭口头证据得出审计结论。为了提高口头证据的证明力，审计人员应当要求提供口头证据的相关人员在书面记录上签字盖章，同时尽可能地从不同的渠道取得同一审计事项的口头证据，以便相互印证。

第五，鉴定和勘验证据。是指因特殊需要，由审计机关指派或聘请专门人员对某些审计事项进行鉴定而生成的证据。其生成的过程需要经过专业鉴定或者勘验。例如，对某些书面资料字迹的鉴定、票据真伪的鉴定、产品或工程质量的鉴定证明等。这种证据的可靠性取决于出具相关鉴定证据的专门人员的独立性和专业胜任能力。

第六，环境证据。是指对被审计单位产生影响的各种环境事实，如被审计单位内部控制状况、管理人员素质、管理条件和管理水平。环境证据可能带有审计人员的主观感受，其证明力不一定很高，但环境证据的收集往往能为审计人员发掘重要的审计线索提供帮助。

6.1.2.2 按审计证据来源分类

第一，内部证据。是指在被审计单位内部形成、使用和保存的证据。例如，被审计单位内部生成的会计信息资料、管理制度、董事会决议等，被审计单位提供的与其他单位共同生成的采购合同、销售订单、租赁合同等，其他单位生成但由被审计单位提供的主管部门审批文件、银行对账单、销售发票等。内部证据占审计证据的比重较大，审计人员往往需要大量的内部证据支持审计结论。但与外部证据相比，内部证据的证明力较弱，特别是当被审计单位内部控制不太健全、可能存在重要问题时，审计人员不能单纯依赖内部证据。

第二，外部证据。是指由被审计单位以外的第三方提供的证据。例如，来自被审计单位债权债务单位的关于其债权债务情况的说明，直接来自被审计单位开户银行的对账单，被审计单位以外单位提供的能够证明审计事项的凭证、合同、文件等。由于外部证据不经过被审计单位而直接由第三方提供，因此其证明力一般比内部证据强。

第三，亲历证据。是指审计人员在实施审计过程中，通过自身感官或者行为而取得的证据。例如，审计人员通过监督盘点现金取得的审计证据，通过现场观察被审计单位业务执行情况取得的审计证据，通过计算和分析等取得的审计证据等。亲历证据的证明力取决于审计人员自身能力素质、据以进行计算分析的基础资料的可靠性等因素。

6.1.3 审计证据的特征

审计人员在审计工作程序中获得的形成审计结论的所有证据，都应当满足证据的两个基本特征，即适当性和充分性。审计人员在审计工作的整个程序中应当保持职业怀疑态度，运用职业判断持续评价审计证据质量方面的适当性和数量方面的充分性。

6.1.3.1 审计证据的适当性

适当性是对审计证据质量的衡量，即审计证据在支持审计结论方面具有的相关性和可靠性。相关性和可靠性是审计证据适当性的核心内容，只有相关且可靠的审计证据才是适当的审计证据。

（1）审计证据的相关性

相关性是指审计证据与审计事项及其具体审计目标之间具有实质性联系。一是一种取证方法获取的审计证据可能只与某些具体审计目标相关，而与其他具体审计目标无关。二是针对一项具体审计目标可以从不同来源获取审计证据或者获取不同形式的审计证据。

（2）审计证据的可靠性

可靠性是指审计证据真实、可信。审计证据的可靠性受其来源和性质的影响，也取决于获取审计证据的具体环境。

就来源和性质而言，从被审计单位外部获取的审计证据一般比从内部获取的证据更可靠。审计人员直接获取的审计证据比间接获取的审计证据更可靠。从被审计单位财务会计资料中直接采集的审计证据比经被审计单位加工处理后提交的审计证据更可靠。原件形式的审计证据比复印件形式的审计证据更可靠。

就获取审计证据的具体环境而言，内部控制健全有效情况下形成的审计证据一般比内部控制缺失或者无效情况下形成的审计证据更可靠。

6.1.3.2 审计证据的充分性

充分性是对审计证据数量的衡量，即审计证据的数量足以支持审计人员作出的审计结论。

审计人员判断审计证据的充分性时，应当关注以下方面：

一是审计风险，特别是被审计单位存在重要问题的可能性。一般来说，被审计单位存在重要问题的可能性越大，可接受的检查风险越低，审计人员所需要审计证据的数量就越多。

二是特定审计事项的重要程度。对于审计项目中的审计重点和难点，由于其对形成审计结论的意义重大，因此审计人员应当相应增加审计证据的数量。

6.1.3.3 审计证据适当性与充分性之间的关系

适当性和充分性是审计证据的两个重要特征，缺一不可，只有充分且适当的审计证据才是有证明力的。一方面，审计证据的适当性会影响审计证据的充分性，即审计证据的数量受审计证据质量的影响。审计证据的质量越高，需要的审计证据数量可能越少。另一方面，如果审计证据质量存在缺陷，那么审计人员获取再多的审计证据，也无法弥补其质量缺陷。

审计人员在审计实施过程中，应当持续评价审计证据的适当性和充分性。已采取的审计措施难以获取适当、充分审计证据的，审计人员应当采取替代审计措施；仍无法获取审计证据的，由审计组报请审计机关采取其他必要的措施。

6.1.4 审计证据的鉴定与整理

审计证据的收集、鉴定和评价是整个审计工作的核心。审计证据的鉴定、评价，应当考虑审计证据之间的相互印证关系及证据来源的可靠程度。审计人员应当对获取的审计证据进行分类、筛选和汇总，保证审计证据的证明力、经济性和充分性。审计人员按照重要性的原则，只选择那些具有代表性、典型的审计证据。审计证据的取舍标准有：①金额的大小；②问题性质的严重程度。

6.1.4.1 审计证据的鉴定

（1）审计证据的充分性

审计证据的充分性是对审计证据数量的衡量，主要与样本量有关。它是注册会计师形成审计意见所需审计证据的最低数量要求。究竟需要多少审计证据在很大程度上取决于审计人员的主观判断和准备承担的风险。审计证据的数据要达到能"胜过合理的怀疑"这样的程度，这时可认为审计证据是足够的、充分的。根据审计证据准则，注册会计师判断审计证据是否充分、适当，应当考虑审计风险、具体审计项目的重要程度、注册会计师及其业务助理人员的审计经验、审计过程中是否发现错误或舞弊、审计证据的类型与获取途径等主要因素。

（2）审计证据的证明力

审计证据的种类有很多，审计证据的证明力也就各不一样。即使是同一种类审计证据，也会由于收集的目的及收集时的环境不同而使证明力存在差异。审计人员的主要目标应该放在证明力强的审计证据上。不仅如此，审计人员还应该对不同强弱的审计证据加以综合，既考虑到作为审计证据的条件和取得的难易程度，又考虑到审计事项的重要性和可信性及其他因素，使审计证据成为具有实质证明力价值的、有用的、综合的审计证据。一般来说，被审单位对审计证据的支配力越小，其证明力就越强；反之，对审计证据的支配力越大，其证明力就越弱。

（3）审计证据的经济性

从理论上，为了证实审计结论，审计人员应该取得足够有说服力的审计证据。审计人员不得不考虑审计证据的效用与收集、鉴定这些审计证据的成本之间的关系，这就是审计证据经济性的概念。需要指出的是，在获取可靠的审计证据时，注册会计师可以考虑成本效益原则，如果获取最理想的审计证据需花费高昂的审计成本，则注册会计师转而收集质量稍逊的其他证据代替，只要它仍能满足审计目的的要求。但须注意：对于重要的审计项目，注册会计师不应以审计成本的高低或获取审计证据的难易程度作为减少必要审计程序的理由。此时，注册会计师若无法取得充分且适当的审计证据，则应视情况发表保留意见或拒绝表示意见的审计报告。

综上所述，审计人员实地检查、观察、复核、调查等的第一手审计证据比间接取得的审计证据可信度要大；来自健全的内部控制制度的审计证据，其可信度要比来自薄弱的内部控制制度的审计证据更为可靠；不同来源或不同性质的审计证据相互印证时，审计证据较具可靠性，反之，注册会计师就须进一步审计；作为审计证据的原本文件比复印本、草本更为可信，越及时的证据越可靠，客观证据比主观证据可靠。

6.1.4.2 审计证据的整理

审计证据整理，是指对已经获得的有效审计证据按照审计工作底稿记载的审计事项（主要是违法违规事项）的事实描述内容为依据和逻辑顺序，进行审计证据与事实描述内容之间的联系对接，使审计工作底稿的阅读者能清晰、准确地查到审计工作底稿中的事实描述语言所对应的审计证据。审计证据整理所要解决的问题不是审计证据的适当性和充分性问题（那是审计取证过程中的事情），它所要解决的问题是在审计工作底稿和审计证据之间建立一个清晰的联系，以方便审计工作底稿的阅读者来阅读底稿。

目前的审计证据整理工作还很薄弱，主要表现在：

1）在最终归档前，审计证据无编码。

2）将有效证据与无效证据混杂，干扰审计证据阅读者的正确判断。

3）在最终归档前经常出现审计证据冗余情况；在最终归档后，关于冗余证据的处理没有明确的规定。

4）在审计工作底稿中，未就审计证据情况进行详细记载；也未标注审计工作底稿具体内容与审计证据之间的对应关系。

6.1.5　大数据与智能审计的审计证据新方向

对于大数据取证内容，在审计组筛选出初步疑点数据之后，需经被审计单位核验确认。审计组可以采用查询单等方式，明确说明分析思路、核查要求、反馈时间节点等，同时提供被审计单位审核疑点表、筛选语句等资料，便于被审计单位复核。对于取得的电子审计证据、审计取证单、审计工作底稿应记录相应的数据来源、数据分析方法、单位反馈意见的复核情况等，形成有关电子数据来源是否可靠、分析方法是否合理、定性结果是否准确等事项的审计复核机制。对于重大审计问题涉及的相关数据，如其结论是基于电子审计证据的，审理人员应对电子数据及分析结果进行抽查核实。增强计算机审理力量，在审理工作中引入计算机专业人才，针对审计证据的适当性和相关性，对审计模型构建、分析语句等进行复核，提高审计证据质量。建立集中统一的大数据审计中心，将审计相关数据纳入数据中心，开发审计数据聚类分析、语义分析、关联查询、可视化查询等技术，结合项目目标向审计人员开放权限。实施大数据审计可以在大数据审计中心平台上，对不同的审计事项选择不同方法，确保审计证据的客观有效。

智能审计中的各数智技术相互交织并统一于"收集证据、评价证据"这一审计本质（Elder et al.，2021）之中，大数据为审计证据扩充了数据源。所有能够有助于实现审计目标的数据均为审计师所用，数据挖掘、物联网、传感与成像技术、定位技术、文本与语音识别等技术将大大提高数据提取、处理和分析的效率与效果。区块链和智能合约将为比对验证证据之间的不一致提供便利。

6.2　审计工作底稿的制作与使用

6.2.1　审计工作底稿的含义及作用

审计工作底稿就是专门记录审计证据的载体。审计工作底稿是指审计人员在审计程序中形成的工作记录，包括对审计程序所采用的审计方法、步骤以及收集到的证据按照一定的格式所做的记录。

审计工作底稿是审计工作过程中非常重要的文件，有助于审计师在审计过程中保持逻辑性和准确性，保证审计结论的客观性和合理性，并为审计报告制作提供良好的支持。

审计工作底稿的作用有：①是审计证据的载体；②是形成审计结论、出具审计报告的依据；③是连接审计工作的纽带，便于组织和协调审计工作；④是考核审计人员工作能力和明确审计责任的依据；⑤是审计质量管理的重点；⑥是后续审计的重要参考。

6.2.2　审计工作底稿的种类

审计工作底稿根据不同的标准，有不同分类。

审计工作底稿若是按照性质和作用分类，可以分为三大类，分别是：综合类审计工作底稿、业务类审计工作底稿和备查类审计工作底稿。①综合类审计工作底稿是指审计人员为反映整体审计计划、整体审计过程和最终审计意见而编制的审计工作底稿。主要包含审计业务约定书、审计计划、审计报告底稿、审计总结、审计调整分录汇总表综合性的审计工作记录。②业务类审计工作底稿是指审计人员在实施阶段为执行具体的审计程序所形成的审计工作底稿。主要包含审计人员所做的业务循环控制测试工作底稿，资产、负债、所有者权益、损益类项目实质性程序工作底稿等。③备查类审计工作底稿是审计人员在审计过程中编制或取得的对审计工作具有备查作用的各种审计资料。主要包含与审计约定事项有关的重要法律文件、重要会议记录与纪要、重要经济合同与协议、企业营业执照、公司章程等原始资料的副本或复印件。

按审计工作底稿编制主体，审计工作底稿可以分为国家审计工作底稿、内部审计工作底稿和注册会计师审计工作底稿。国家审计工作底稿包括审计机关执行审计实施方案规定事项的记录；内部审计工作底稿包括内部审计机构编制项目审计方案的相关程序、项目审计方案以及执行该项目审计方案的记录。内部审计工作底稿往往成为外部审计利用内部审计工作的主要资料。注册会计师审计的审计工作底稿包括注册会计师对制订的审计计划、实施的审计程序、获取的相关审计证据，以及得出的审计结论所做的记录。如总体审计策略、具体审计计划、分析表、问题备忘录、重大事项概要、询证函及回函或声明、核对表、有关重大事项往来函件等。

6.2.3　注册会计师审计工作底稿的基本要素

6.2.3.1　审计工作底稿的标题

每张审计工作底稿应当包括被审计单位的名称、审计项目的名称以及资产负债表日或底稿覆盖的会计期间。

6.2.3.2 审计过程记录

在记录审计过程时，应当特别注意以下三个方面：

（1）具体项目或事项的识别特征

在记录实施审计程序的性质、时间安排和范围时，注册会计师应当记录测试的具体项目或事项的识别特征。识别特征是指被测试的项目或事项表现出的征象或标志。识别特征因审计程序的性质和测试的项目或事项不同而不同。对某一个具体项目或事项而言，其识别特征通常具有唯一性。针对识别特征的唯一性，我们来举几个例子：

1）在进行订购单的细节测试时，以订购单的日期和其唯一编号为其识别特征；

2）需要选取或复核既定总体内一定金额以上的所有项目时，应记录实施审计程序的范围并指明总体（如选取银行存款日记账中一定金额以上的所有会计分录）；

3）在系统化抽样时，要记录样本的来源、抽样的起点及抽样间隔（如被审计单位的发运单是顺序编号，其发运单的识别特征可以是对 4 月 1 日至 9 月 30 日的发运记录，从第 12345 号发运单开始每隔 125 号系统抽取发运单）；

4）在需要执行询问特定人员的审计程序时，以询问的时间、被询问人的姓名及职位为识别特征；

5）在需要执行观察程序时，以观察的对象或观察过程、相关被观察人员及其各自的责任、观察的地点和时间为识别特征。

（2）重大事项及相关重大职业判断

重大事项包括：

1）引起特别风险的事项；如重大关联方交易、异常经营过程的重大交易等；

2）实施审计程序的结果，该结果表明财务信息可能存在重大错报，或需要修正以前对重大错报风险的评估和针对这些风险拟采取的应对措施；

3）导致注册会计师难以实施必要审计程序的情形；

4）导致出具非无保留意见或者带强调事项段"与持续经营相关的重大不确定性"等段落的审计报告的事项。

注册会计师应当记录与管理层、治理层和其他人员对重大事项的讨论，包括对所讨论的重大事项的性质以及讨论的时间、地点和参加人员。有关重大事项的记录可能分散在审计工作底稿的不同部分，需要汇总在重大事项概要中。重大事项概要包括审计过程中识别的重大事项及其如何得到解决，或对其他支持性审计工作底稿的交叉索引。

（3）针对重大事项如何处理不一致的情况

如果识别出的信息与针对某重大事项得出的最终结论不一致，注册会计师应当记录如何处理不一致的情况。

记录的内容包括但不限于：

1）注册会计师针对该信息执行的审计程序；

2）项目组成员对某事项的职业判断不同而向专业技术部门的咨询情况；

3）项目组成员和被咨询人员不同意见（如项目组与专业技术部门的不同意见）的解决情况。

6.2.3.3　审计结论

审计工作的每一部分都应包含与已实施审计程序的结果及其是否实现既定审计目标相关的结论，还应包括审计程序识别出的例外情况和重大事项如何得到解决的结论。

6.2.3.4　其他

包括审计标识及其说明（说明其含义，并保持前后一致）。索引号及编号、编制人员及日期和复核人员及日期。

另外，注册会计师应当记录：

1）测试的具体项目或事项的识别特征；

2）审计工作的执行人员及完成审计工作的日期；

3）审计工作的复核人员及复核的日期和范围；

4）项目质量控制复核人员及复核的日期（可能涉及）。

通常，需要在每一张审计工作底稿上注明执行审计工作的人员、复核人员、完成该项审计工作的日期以及完成复核日期。

如果若干页的审计工作底稿记录同一性质的具体审计程序或事项，并且编制在同一个索引号中，可以仅在审计工作底稿的第一页上记录审计工作的执行人员和复核人员并注明日期。

6.2.4　审计工作底稿的填制与复核

6.2.4.1　审计工作底稿的填制方法

审计数字化时代，应借助计算机编制工作底稿。审计项目执行过程中涉及大量的数据运用，调整和重分类等，容易造成编制者书写时笔误，同时也加大了外勤工作量。可以借助计算机编制诸如分析性复核、银行余额调节表、审计调整和重分类、试算平衡等审计工作底稿，也可以自行设计或从网上下载相关的功能模块，借助 Excel、VFP、华表等工具代为编制，以提高工作效率。

审计工作底稿的填制方法细节：

1）被审计单位名称：系审计对象的占有方（个别时候项目的委托方和审计客体

不一致，如司法鉴定项目）。若被审单位为下属公司，则应同时写明下属公司的名称（如××公司一分厂）。此项目可写简称，或以统一的审计标识代替。

2）审计项目名称：此项目一般填写审计业务类型，如"2024 年报审计""工资专项审计""破产清算审计"等。项目名称应尽量简练、清晰。

3）审计项目时点或期间：此项明确审计范围在时间上的截止点或时间跨度，应结合实质性测试的具体对象区别对待，资产负债项目应填截止时点，损益类项目应填时间跨度。

4）审计过程记录：此项为审计工作底稿的核心要素，其简繁程序受制于审计项目的性质、目的和要求，被审单位的经营规模等诸多因素。目前，大部分会计师事务所采用统一印制的程序表（标准的底稿模式）来代替工作底稿编制中大量的手工书写（录入）工作量，本项目可充分运用审计标识，以提高工作效率。

5）审计标识及其说明：是注册会计师用以表达各种审计含义的书面符号。适当运用审计标识可以缩短工作时间，提高工作效率（但也应防止过度使用，否则一张底稿将变成甲骨文字，让人晦涩难懂），同时应说明其确切含义，并在审计过程中保持其前后一致和不同标识的唯一性。可以单独或合并使用常用符号、英文缩写、简称等形式表达各种含义，并将这些标识及其完整的含义详细记录于审计标识一览表内供检查、复核者正常阅读。

6）审计结论：此项目是注册会计师经过必要的审计程序后做出的专业判断，它直接支持最终的审计意见，因此，审计结论应清晰、简明地表述，不能含糊其辞，模棱两可。

7）索引号及页次：索引号是注册会计师为整理利用审计工作底稿，将具有同一性质或反映同一具体审计对象的工作底稿分别归类，形成相互联系、相互控制的特定编号；页次是同一索引号下不同审计工作底稿的顺序编号。两者结合构成每一审计工作底稿唯一的标识符号，因此，索引号应准确表达对应审计工作底稿的类型和性质，相互之间既有紧密的关联作用和勾稽关系，又有明显的排他性和唯一性，不允许重复。页次一般依次编号，并以分数形式（如 2/3）表示。页次编排时应连续，防止跳号、缺号或重号。

8）编制者（复核者）姓名及编制（复核）日期：两者姓名均可采用简签格式，并记录于审计标识一览表内。值得注意的是，对于复核者而言，在履行必要的复核程序后，除签名外，还应将相应的复核意见、复核中发现的问题及处理意见书面记录下来，以利于编制者修正或明确审计责任划分。

6.2.4.2　审计工作底稿的复核

按照《质量控制准则第 5101 号——会计师事务所对执行财务报表审计和审阅、其他鉴证和相关服务业务实施的质量控制》的要求，审计过程中的底稿复核基本要点，可以参考以下方面：

1）复核人员必须是原工作底稿编制人员的上级或同级。复核人员应具有相当的实践经验。

2）复核人员应检查工作底稿内容是否完备。审计工作底稿内容应包括：被审计单位的名称、审计事项、实施审计期间、实施审计过程记录、审计结论或者审计查出问题摘要及其依据、索引号及页次、编制人员的姓名及编制日期、复核人员的姓名及复核日期以及其他与审计事项有关的记录和证据等。

3）复核人员应检查工作底稿附有的审计证据是否充分并索引清晰。如是否附有与审计事项有关的法律文书、合同、协议、会议记录、往来函证或者鉴定资料等，是否附有与审计事项有关的审计证据等。所附资料中与审计相关信息要有标识，并与审计工作底稿建立索引关系。

4）复核人员应检查工作底稿中载明的事项、时间、地点、当事人、数据、计量、计算方法和因果关系等是否准确无误、前后一致，相关的资料是否前后矛盾而未予以说明。

5）复核人员通常应检查审计人员编制的工作底稿是否做到内容完整、观点鲜明、条理清晰、格式规范。

6）不同层次的复核，其重点和内容要有所区别。如项目组层次复核中，一级复核（通常为现场负责人）是全面复核，一般每一张审计工作底稿都必须经过这一层次的复核；二级复核（通常为项目负责经理）的重点，一方面复核是否恰当执行一级复核，另一方面还要对记录重要事项、重要程序以及影响审计结论的审计工作底稿进行复核；三级复核（通常为项目合伙人）的重点，是复核一、二级复核是否恰当执行，对审计工作是否充分适当执行进行全面检查，对审计报告初稿进行复核。事务所层次的项目质量控制复核，是在项目组层次复核的基础上进行的事务所层面独立复核。一般主要是在对重要审计工作底稿进行重点抽查复核的基础上，全面复核重要审计程序执行情况、重大事项底稿、审计报告草稿等结论性工作底稿。

7）复核人员应当做复核记录，并书面表示意见。复核记录和复核意见是对审计工作底稿的补充和完善，是审计结论的依据之一。复核意见和复核记录可以采用书面形式归入审计工作底稿，也可单独归集保管。

8）复核人员应督促编制人员对审计工作底稿上存在问题予以答复、处理，并形成相应审计记录。复核人员对审计工作底稿上存在的问题，认为需要追加和补充审计程序的，应督促编制人员对存在的问题及时修正，并编制相应审计工作底稿。

9）复核人员应当签名并注明复核日期。签名一方面表示已实施了复核，另一方面也便于分清责任。签名可以采取手写方式，也可以采取符合事务所内控制度要求的其他形式。

10）对于上市实体财务报表审计，以及会计师事务所确定需实施项目质量控制复核的审计业务，需要参照审计准则第 1121 号第八条的要求，选择恰当的项目质量控制复核人员。

6.2.5　审计工作底稿的保管

根据《中国注册会计师审计准则第 1131 号——审计工作底稿》第三节审计工作底稿的归档内容：

注册会计师应当在审计报告日后及时将审计工作底稿归整为审计档案，并完成归整最终审计档案过程中的事务性工作。审计工作底稿的归档期限为审计报告日后六十天内。如果注册会计师未能完成审计业务，审计工作底稿的归档期限为审计业务中止后的六十天内。在完成最终审计档案的归整工作后，注册会计师不应在规定的保存期限届满前删除或废弃任何性质的审计工作底稿。会计师事务所应当自审计报告日起，对审计工作底稿至少保存十年。如果注册会计师未能完成审计业务，会计师事务所应当自审计业务中止日起，对审计工作底稿至少保存十年。

除本准则第十五条规定的情况外，在完成最终审计档案归整工作后，如果注册会计师发现有必要修改现有审计工作底稿或增加新的审计工作底稿，无论修改或增加的性质如何，注册会计师均应当记录：①修改或增加审计工作底稿的理由；②修改或增加审计工作底稿的时间和人员，以及复核的时间和人员。

2023 年 11 月 13 日，财政部办公厅和国家网信办秘书局为保障会计师事务所数据安全，规范会计师事务所数据处理活动，根据《中华人民共和国注册会计师法》《中华人民共和国数据安全法》《中华人民共和国网络安全法》等法律法规，制定并联合发布《会计师事务所数据安全管理暂行办法（征求意见稿）》（以下简称《办法》）。《办法》定位为会计师事务所数据安全管理顶层设计，一是全面对接数据安全法要求，会计师事务所的审计工作底稿及相关数据应当存储在境内，不得在境外备份；二是构建注册会计师行业数据安全监管体系；三是明确数据管理要求。

《办法》共 5 章 36 条。包括：

第一部分为总则，主要包括制定依据、适用范围、责任主体、监管机构、行业自律等内容。

第二部分为数据管理，包括总体责任、责任人员、数据分级分类、数据管理、数据存储、数据传输管理、数据加密管理、数据备份、业务约定书、技术保护手段、日常安全监测、监管合作、出境底稿内部管理等内容。

第三部分为网络管理，主要包括网络管理制度、资源投入、系统账户管理等内容。

第四部分为监督检查，包括信息共享、日常检查、重点检查对象、配合检查义务、网络安全审查机制、行政管理措施、行政处罚、移送处理等内容。

第五部分为附则，包括涉密信息处理、个人信息处理、其他业务、解释部门、实施日期等内容。

6.2.6　大数据与智能审计环境下的审计工作底稿

智能审计利用审计机器人流程自动化替代人工执行具有清晰定义和极少例外情况下的重复和确定性审计动作，可以实现审计人力成本的节约和审计资源的合理配置，形成审计资源的聚焦能力。该技术可以帮助审计人员完成外部数据挖掘、数据采集、数据比对分析、系统安全检查以及审计工作底稿编写等重复性的事务性工作。近年来，智能审计技术应用场景日渐丰富，可在大数据审计系统中引入智能审计技术，替代审计人员处理机械性重复工作。例如，在审计人员编写底稿时可以通过智能审计技术自动生成底稿，提高审计效率。

普华永道 2016 年上线的 Aura 将每个审计人员所做的 Excel、Word 等形式的审计底稿链接在一起，底稿文件统一命名，不同项目的同一科目同一审计程序的底稿文件名称都相同。只要清晰选择正确的会计准则、审计准则、客户性质等基本信息，就可以按照审计步骤自动生成一系列的工作底稿。

八遍科技——审计机器人是国内第一款真正实现统一云平台、统一大数据、移动互联网的全流程审计的信息化产品，是代表审计行业未来、"互联网+审计"的信息化产品。自 2019 年 12 月 2 日面市以来，八遍科技先后更新了 4 版，升级了：App、远程协同审计、审计程序与流程控制、Excel 导入账套等模块；新增了分子公司管理、资料中心、关联交易核查、资金占用核查、货币资金全面比对等功能。2020 年升级的"OWA 底稿/报告/附注"模块：实现了一键式生成底稿/报告/附注；实现了远程/协同审计：项目组成员以及质控人员实时同步/共享/编辑底稿、报告和附注。审计人员告别刷底稿的时代。审计人员只要点击"生成底稿"，选择企业类型和披露表类型后，一键生成工作底稿（系统做了初始化默认，可以选择添加或减少）。目前，系统暂开发了实质性程序底稿。一键式生成的底稿包括程序表、审定表、明细表、披露表（可编辑完善）、试算平衡表、现金流量类报表等。披露表包含了自动生成往来科目的前五大客户、账龄分析等内容。做完调整分录，自动更新试算平衡表、底稿等相关内容。

2023 年 9 月 27 日，南京审计大学发布了一项突破性的科研成果——首个审计行业大模型"审元"，在报告生成方面，解决审计人员人工重复性填写报告的问题。"审元"大模型对"审计线索"等数据进行深度分析，设立报告框架，按内容、逻辑和流程顺序自动生成审计底稿或者审计报告的写作提纲，成为审计人员的得力助手，协助审计人员完成大量人工撰写工作。

本章小结

审计证据不仅是审计理论中的一个重要概念，也是审计工作的核心问题。通常情况下，审计人员通过计划审计工作，在收集相关审计证据的基础上，形成审计意见，出具审计报告。审计人员正确理解审计证据的含义和作用，收集满足审计证据特征要求的高质量证据，对完成审计任务、实现审计目标具有十分重要的意义。而审计工作底稿则是收集审计证据程序中，可以真实完整地记录实施审计程序、得出结论，从而形成支持审计报告的文书档案。因此，审计证据与审计工作底稿均非常重要。

关键概念

审计证据：Audit Evidence

审计工作底稿：Audit Working Paper

审计质量管理：Audit Quality Management

审计证据的鉴定：Identification of Audit Evidence

审计证据的评价：Evaluation of Audit Evidence

审计证据的整理：Compliation of Audit Evidence

基本审计工作底稿：Basic Audit Working Paper

项目审计工作底稿：Project Audit Working Paper

汇总审计工作底稿：Summarize Audit Working Paper

自测题

一、单项选择题

1. 被审计有关人员的口头答复所形成的书面记录，属于审计证据中的（　　）。

A. 书面证据　　　　B. 口头证据　　　　C. 实物证据　　　　D. 环境证据

2. 实物证据通常能证明（　　）。

A. 实物资产的所有权　　　　　　B. 实物资产计价的准确性

C. 实物资产是否存在　　　　　　D. 有关会计记录是否真实

3. 审计人员取得的由被审计单位之外的第三者提供的各种证据属于（　　）。

A. 内部证据　　　　　　　　　　B. 外部证据

C. 亲历证据　　　　　　　　　　D. 基本证据

4. 相关性是指审计证据与审计事项及其具体（　　）之间具有实质性联系。

A. 审计范围　　　　　　　　　　B. 财务报表

C. 审计事实　　　　　　　　　　D. 审计目标

5. 下列关于审计证据的充分性和适当性的说法，不正确的是（　　）。

A. 充分性和适当性两者缺一不可，充分且适当的审计证据才是有证明力的

B. 审计证据的充分性是对审计证据数量的衡量

C. 审计证据的适当性是对审计证据质量的衡量

D. 审计证据的数量可以弥补质量的不足

6. 在确定审计证据的数量时，下列表述中错误的是（　　）。

A. 错报风险越大，需要的审计证据可能越多

B. 审计证据质量越高，需要的审计证据可能越少

C. 审计证据的质量存在缺陷，可能无法通过获取更多的审计证据予以弥补

D. 通过调高重要性水平，可以降低所需获取的审计证据的数量

7. 分为管理类审计工作底稿和业务类审计工作底稿是按（   ）分类的。

A. 按审计工作底稿编制依据　　　　B. 按审计工作底稿编制主体

C. 按审计工作底稿编制类别　　　　D. 按审计工作底稿记录的内容

8. （   ）和审计结论是审计工作底稿填制的重点。

A. 标题

B. 审计程序记录

C. 审计结论

D. 编制者和复核者姓名及执行日期审计程序记录

9. 审计工作底稿的归档期限为（   ）。

A. 审计报告日后的 60 天内　　　　B. 审计报告日后的 30 天

C. 审计业务终止后的 30 天内　　　　D. 会计报表日后的 60 天

10. 会计师事务所应当自（   ）起，对审计工作底稿至少保存 10 年。

A. 审计报告日　　　　　　　　　　B. 外勤审计工作完成日

C. 对外报送审计报告日　　　　　　D. 审计工作底稿归档工作完成日

二、多项选择题

1. 审计证据的作用包括（   ）。

A. 是形成审计结论、出具审计报告的基础

B. 是国家审计和内部审计提出审计意见或者作出处罚的基础

C. 是判断审计人员审计责任履行情况的重要依据

D. 是审计质量管理的重要方面

2. 整理证据的基本方法包括（   ）。

A. 分类　　　　　B. 计算　　　　　C. 比较　　　　　D. 小结

3. 在确定审计证据的相关性时，正确的有（   ）。

A. 审计证据的相关性是指证据的可靠程度

B. 审计证据的相关性是指收集证据的成本效益关系

C. 审计证据的相关性是指用作证据与该事项的审计目标相关，与证实同一目标的全部证据之间能够相互印证

D. 审计证据是否相关必须结合具体审计目标来考虑

4. 业务类审计工作底稿按编制顺序可分为以下哪几类？（   ）

A. 基本审计工作底稿　　　　　　　B. 项目审计工作底稿

C. 汇总审计工作底稿　　　　　　　D. 现金审计工作底稿

5. 内部审计工作底稿主要包括（   ）。

A. 被审计单位的名称

B. 复核人员姓名、复核日期和复核意见

C. 审计程序的执行程序及结果记录

D. 审计人员姓名和审计日期

6. 审计证据的适当性是指审计证据的（　　　）。

A. 充分性　　　　　B. 重要性　　　　　C. 可靠性　　　　　D. 相关性

三、判断题

1. 审计证据的数量越多越好。（　　　）

2. 以文件记录形式（无论是纸质、电子或其他介质）存在的审计证据比口头形式的审计证据更可靠。（　　　）

3. 如果在实施审计程序时使用被审计单位生成的信息，注册会计师应当就这些信息的准确性和完整性获取审计证据。（　　　）

4. 审计工作底稿只包括与审计意见有关的重要事项。（　　　）

四、简答题

1. 请说明审计证据的含义及作用。

2. 请说明审计证据主要分类。

3. 审计证据具有哪些特征？

4. 请说明审计工作底稿的含义及作用。

五、论述题

1. 简述审计工作底稿的保管的具体内容。

 相关阅读

财政部：2023 年对 197 家会计师事务所作出行政处罚①

2023 年 3 月 21 日，财政部发布会计信息质量检查公告显示，财政部在 2023 年度组织各地财政厅（局）对 2161 家会计师事务所开展检查，同比增长 16.56%，覆盖面超过全国会计师事务所总量的 20%。2023 年，各地财政厅（局）对 197 家会计师事务所、509 名注册会计师作出行政处罚，同比分别增长 13.22%、21.77%。

2023 年，财政部部署开展财会监督专项行动，组织各地财政厅（局）进一步加大注册会计师行业监督检查和处理处罚力度，严厉打击审计违法违规行为，有力促进注册会计师行业规范健康发展。在各地作出的行政处罚中，9 家会计师事务所被吊销执业许可，49 家会计师事务所被暂停经营业务，127 家会计师事务所被警告，162 家

---

① 资料来源：财政部：2023 年对 197 家会计师事务所作出行政处罚［EB/OL］. 中国经济网, http：//www.ce.cn/xwzx/gnsz/gdxw/202403/22/t20240322_38944458. shtml

会计师事务所被没收违法所得及罚款共计 1584.68 万元；8 名注册会计师被吊销注册会计师证书，123 名注册会计师被暂停执业业务，377 名注册会计师被警告，15 名注册会计师被罚款共计 35.5 万元。另有 436 家会计师事务所、217 名注册会计师受到行政处理。

财政部还在公告中披露了 10 个典型案例：①

北京 A 会计师事务所（普通合伙）2021 年 1 月至 6 月出具的 144 份审计报告无任何形式的审计工作底稿，获取业务收入合计 95.51 万元。在未履行必要的审计程序，未获取充分适当审计证据的情况下出具审计报告，且存在拒绝、拖延提供有关资料，作虚假陈述等严重违法情节。北京市财政局对该所作出吊销执业许可、没收违法所得 95.5 万元并处违法所得 5 倍罚款 477.5 万元的行政处罚，对签字注册会计师孙某、肖某作出吊销注册会计师证书的行政处罚。

北京 B 会计师事务所（普通合伙）2020 年 1 月至 2021 年 6 月出具的 37 份审计报告无审计工作底稿，获取业务收入合计 56.7 万元。在未履行必要的审计程序，未获取充分适当的审计证据的情况下出具审计报告且情节严重。北京市财政局对该所作出吊销执业许可、没收违法所得 56.7 万元的行政处罚，对签字注册会计师孙某、聂某作出暂停执业 12 个月的行政处罚。

山西 A 会计师事务所有限公司已持续不符合执业许可条件（股东仝某已不具备担任股东条件），该所 2022 年在未备案从事证券服务业务的情况下为新三板公司出具审计报告、验资报告，且未执行必要的审计程序。山西省财政厅对该所作出吊销执业许可、没收违法所得 11.8 万元的行政处罚。

辽宁 A 会计师事务所有限责任公司 2017~2021 年出具的 12 份审计报告中，6 份审计报告无任何形式的审计工作底稿，未履行审计程序，未获取审计证据，违法情节严重；6 份审计报告存在执行的审计程序不到位，获取的审计证据不充分，不足以支持审计意见类型的问题。辽宁省财政厅对该所作出吊销执业许可、没收违法所得 2.5 万元的行政处罚。对签字注册会计师朱某作出暂停执业 3 个月的行政处罚，对签字注册会计师穆某、谢某作出警告的行政处罚。

辽宁 B 会计师事务所（普通合伙）2018 年出具的 1 份审计报告存在审计程序不到位，获取的审计证据不充分，不足以支持审计意见类型问题，情节严重且涉嫌出具证明文件重大失实罪已被司法机关立案。出具的 2 份审计报告存在执行审计程序不到位，获取的审计证据不充分，不足以支持审计意见类型的问题。辽宁省财政厅对该所作出吊销执业许可、没收违法所得 0.5 万元的行政处罚。

安徽 A 会计师事务所（普通合伙）2020 年 8 月至 2022 年 4 月出具的 395 份审计报告无审计工作底稿，存在未履行必要的审计程序、未获取充分适当的审计证据出具审计报告的问题。安徽省财政厅对该所作出警告、吊销执业许可、没收违法所得

---

① 相关当事人名字已作改动。

54.91 万元的行政处罚。对签字注册会计师宁某、张某、郑某作出吊销注册会计师证书的行政处罚，对签字注册会计师毕某、郑某作出暂停执业 12 个月的行政处罚。

绍兴 A 会计师事务所（普通合伙）存在注册会计师挂名执业、允许他人以本人名义执行审计业务的问题。2022 年和 2023 年出具的部分审计报告未履行必要的审计程序，未见获取审计证据，未见审计工作底稿。部分审计报告同一年度财务报表相关数据不一致。浙江省财政厅对该所作出暂停执业 12 个月、没收违法所得 10.27 万元的行政处罚。对签字注册会计师顾某、李某、徐某、应某、董某分别作出暂停执业 5~12 个月不等的行政处罚，对签字注册会计师徐某、尚某作出警告的行政处罚。

衡南 A 会计师事务所（普通合伙）2021 年和 2022 年，在同一时期对同一委托单位的同一事项，依据相同的审计证据出具不同结论的审计报告，部分审计报告未履行必要的审计程序，未获取充分适当的审计证据。湖南省财政厅对该所作出警告、暂停执业 8 个月、没收违法所得并罚款共 3.2 万元的行政处罚。对签字注册会计师符某、刘某作出警告、暂停执业 8 个月的行政处罚。

四川 A 会计师事务所有限公司 2021 年出具的 3 份审计报告未执行审计程序、未编制审计工作底稿，2021 年和 2022 年出具的 7 份审计报告对货币资金、其他应收款、存货等科目执行审计程序不到位，未对现金流量表等执行审计程序。四川省财政厅对该所作出警告、暂停执业 8 个月、没收违法所得 5.65 万元并处违法所得 4 倍罚款 22.6 万元的行政处罚。对签字注册会计师张某、姚某、赵某分别作出警告、暂停执业 2~10 个月不等的行政处罚。

钦州 A 会计师事务所（普通合伙）未如实提供已出具的审计报告，逃避检查。2021 年和 2022 年在未履行必要的审计程序、未获取充分适当审计证据的情况下出具部分审计报告。广西壮族自治区财政厅对该所作出警告、暂停执业 6 个月、没收违法所得 29.55 万元的行政处罚。对签字注册会计师马某作出警告、暂停执业 6 个月的行政处罚，对签字注册会计师邓某作出暂停执业 3 个月的行政处罚，对签字注册会计师龚某作出警告的行政处罚。

财政部表示，下一步，将坚决贯彻落实中共中央、国务院关于进一步加强财会监督的决策部署，坚持严监管、零容忍、常态化、全覆盖，组织各地财政厅（局）持续加大对注册会计师行业的监督检查和处理处罚力度，严厉打击行业乱象，切实规范财务审计秩序。

7

審計取証策略与演進

本章学习目标

1. 掌握审计取证策略的含义及演进历程。
2. 掌握风险导向审计策略的程序。
3. 掌握数据导向审计策略的基本流程。
4. 掌握审计取证策略的选择。

7.1 审计取证策略概述

7.1.1 审计取证策略的含义

审计取证是指审计机关和审计人员围绕审计目标收集审计证据的过程。它是整个审计实施过程中的重要一环，是形成审计结论的基础，是审计认定事实、做出定性和处理处罚的依据。近年来，随着对审计质量的要求越来越高，更要意识到审计质量是审计工作和审计人员的生命线，高质量的审计离不开高标准的审计取证。

《中华人民共和国审计法》规定，审计人员审计时应取得证明材料。《中华人民共和国审计法实施条例》要求，实施审计时应通过收集原件、原物或者复制、拍照等方法取得证明材料，并且应当由提供者签名或者盖章，不能取得提供者签名或者盖章的应当注明原因。《中华人民共和国国家审计准则》对审计证据应把握的基本原则、标准以及责任等做出了具体规定，明确要求审计证据应具有适当性和充分性，与审计事项及其具体审计目标之间具有实质性联系，并且真实、可信；电子数据作为审计证据时应当记录电子数据的采集和处理过程，利用所聘请外部人员的专业咨询和专业鉴定作为审计证据时应当判断样本是否符合实际、方法是否适当合理、专业咨询和鉴定是否与其他审计证据相符，使用监管机构、中介机构、内部审计机构等已经形成的工作结果作为审计证据时应判断是否与审计目标相关、是否可靠、是否与其他审计证据相符；同时明确审计人员和审计组长对审计取证工作的责任，其中审计人员对未按照要求获取审计证据导致审计证据不适当、不充分的问题承担责任，审计组长对审核未发现或者未纠正审计证据不适当、不充分的问题承担责任。

7.1.2 审计取证的主要问题

目前，审计取证仍存在一些问题，主要是审计取证不规范，盲目性、随意性较大。例如，取证之前没有系统的分析决策，仅仅凭经验盲目取证，导致证据不相关、不充分，与审计事项缺乏联系，与要查处的主要问题关系不大，甚至无关等。具体表现在：

7.1.2.1　取证单填写常见问题

取证单的填写没有固定模式和详细标准，更多依靠审计个人的经验、能力和工作习惯来整理证据、组织语言、表述事实，不同审计人员对同一个现象的认识不一样，填写的取证单往往有很大差别。

（1）目标不明确

一是取证目的不明确。简单汇总被审计单位提供的资料，盲目取证，关键信息不全与不相关事项过多等问题同时存在；审计事项与具体目标缺乏联系，导致反映基本情况内容不全，揭示问题不清。二是取证内容不准确。未严格按照审计实施方案开展审计工作，对不属于审计目标和范围的审计事项进行取证，影响审计效率，甚至超出审计法定权限。三是问题重点不突出。未将收集到的证据资料整合成完整的证据链条，主要问题不突出，甚至不清楚要表述什么问题、该如何定性，或是表述的问题前后矛盾。

（2）内容不完整

一是问题分析不透彻。过度依赖被审计单位提供的资料，只对事实进行说明，却忽略了取证时间、过程、证据来源、取证方式等情况的记录，有时只对问题的某一个结论进行取证，未全面反映问题情况。如取证反映工程发包未按照规定履行公开招标程序，但取证资料里该项目实际执行时间、经过谁审批、采用什么方式发包等信息记录不全。二是要素表述不完整。填写取证单时，时间、地点、人员、起因、过程、结果等信息要素不全，如取证表述费用支付经某人审批，但具体审批人员、职务、时间等信息要素填写不全。三是取证表述不客观。取证时直接将审计分析、汇总、计算，甚至推断的结果作为审计证据，缺乏分析、汇总、计算、推断的过程和原始数据；有的直接采用从被审计单位外部取得的未经证实的资料；有的直接在取证单中定性问题，甚至提出处理处罚意见。

（3）表述不规范

一是表述不精准。语言表述含糊不清，使用模棱两可的词语；取证的内容与证据资料不一致，引用数据错误或数据相加错误等。二是填写不规范。取证单的审计事项与审计方案不一致；涉及的单位名称使用不规范简称、口语等；审计经办人未签字或签字少于两人，签字人员不具有执法资格；被审计单位未签字盖章等。三是合编取证单。未按照"一事一证"的原则取证，将所有事项写到一张取证单，导致取证页数过多、内容过长。例如，某工程项目基本情况取证，将规划、立项、设计、施工单位等内容在一张取证单表述；违规投资导致损失浪费问题取证，将可研、决策、审批、经费支出等事项在一张取证单表述等。

7.1.2.2　审计证据常见的问题

（1）证据不充分

主要表现形式有：审计事项缺少证据，不能形成证据链，支撑审计结论；有的审计证据只说明审计事项的局部情况，却被用来得出全局性的结论；有的取证只收集书面证据、忽视实物证据，只重视内部证据、忽略外部证据；有的只注重表面现象，缺乏深入分析，导致重大问题被忽略。例如，审计反映某问题经过会议研究，但无会议记录、纪要；某事项经过某人审批，但没有审批件；审计发现一张不合规的票据，忽略是否存在一本不合规的票据或一套账外账等。

（2）证据不相关

主要表现形式有：证据资料与审计事项没有关联；同一资料复印多份、同一类型的资料反复收集，导致资料重复、冗余；收集过多但不适当的审计证据，却遗漏重要证据，导致不能判断问题本质；审计证据相互之间缺乏有效的支撑和印证，相关性不足，甚至互相矛盾；资料摆放零散、混乱，顺序颠倒，没有逻辑。例如，审计反映某项目经费支出基本情况，复印所有凭证及附件；反映某个项目的可研情况，复印整个可研报告等。

（3）证据无效力

主要表现形式有：直接以取证单作为证据，无相关的证据资料；仅以审计谈话等法律效力不够的资料作为审计证据，无其他原始资料辅助支撑审计结论；直接使用被审计单位账表上的数字，未对来源渠道进行核实，电子数据作为审计证据未记录电子数据的采集和处理过程；直接采用中介机构、内部审计机构等已经形成的结果作为审计证据，未对结果的有效性进行验证；相关的证据资料未经资料提供单位盖章确认等。例如，审计发现某项工程未按设计施工，存在偷工减料的问题，取证资料却无抽查现场图片，未记录抽查方法、原则、范围、位置，没让双方签字确认等。

7.1.3　审计策略的改进

针对上述问题的产生，减少因审计取证而导致的审计风险，进而影响到审计质量，审计取证工作中要注意以下四点：

（1）树立法治思维，增强审计取证的有效性

依法审计是开展审计工作的基本原则，审计取证必须运用法治思维和法治手段，坚持法无授权不可为，有效防范审计风险，提高审计质量。一是程序合法。严格按照法定程序和手段取证，延伸审计不低于两人，查询银行账户按规定审批，取证单及附件签字盖章完整，收集的纸质及电子数据严格遵守保密规定。采取实地盘点、现场测

量等方式开展审计时，及时拍照、记录、签字确认，完整记录抽查方法、原则、范围、位置等信息。二是标准依法。取证必须重视细节，反复推敲，充分考虑审计事件的整体性和要素的完整性，对不能证明问题真实情况或无证明力的证据要补充完善，确保内容全面、充实，充分支持审计结论。不能完全照搬照抄被审计单位的资料，要突出重点、表述完整，如主体、时间、地点、原因、过程、现状、结果等事实清晰、要素齐全。三是证据有力。审计取证要注重审核分析，突出重点，按需取用，按照电子证据、书面证据、实物证据强于口头证据，外部证据强于内部证据的原则，选择证据力最强的收集，不直接以谈话记录等效力不够的资料作为主要证据。使用采集的电子数据作为审计证据的，应完整记录电子数据的采集和处理过程，并取得必要的书面证据。

（2）树立结果思维，增强审计取证的目的性

一是目标清晰明确。取证前应明确取证目的，清楚发现公司是否存在舞弊现象、构成了什么结果、形成了什么问题，取什么证、怎么取证、何时取证等问题，紧紧围绕问题收集证据，根据收集证据完成取证单，通过取证单将零散的证据资料整合成完整的证据链条，基本情况取证内容要全，存在问题取证要素要清。二是内容全面翔实。审计实施方案确定的所有事项，无论是否存在问题都应该取证；取证时应深入分析收集到的证据资料，确定重要性水平，评估审计风险，有针对性地收集与审计事项相关的证据，既不遗漏，也不冗余。三是思维打破定式。审计取证既要宏观着眼，坚持服务大局，用发展的、系统的、联系的观点认识问题和分析问题，又要从微观入手，将资金使用跟到底，把问题查深查透，深入挖掘隐藏在表象背后的实质。善于开展研究式审计，把握政策规定、审计要求和项目特征，对不同的审计项目采取不同的审计方法，打破思维定式，避免凭感觉、凭经验、凭套路，千篇一律的取证模式。

（3）树立标准思维，增强审计取证的规范性

一是"不合编""不审计""不处理"。取证单是审计工作底稿的依据，应该能分能合，取舍方便，按照"一事一单"的原则，每个事项中的每一个环节、每一个过程编制一张取证单，即"不合编"；不使用"经审计""审计确定""审计表明"等字样描述审计过程，即"不审计"；问题定性及处罚属于编制审计底稿和撰写报告时确定事项，不应在审计取证单中书写审计处理依据及处理意见，即"不处理"。二是"不调整""不简写""不模糊"。审计取证单中的审计事项应与审计实施方案确定的审计事项一致，不随意调整，即"不调整"；取证单中表述的单位名称、项目名称、人员、金额、时间等要素，使用规范全称、统一单位计量、统一保留小数位数等，即"不简写"；内容表述应逻辑清晰，重点突出，不使用模棱两可的词语，不使用口语，即"不模糊"。三是"不主观""不臆断""不掩盖"。语言风格应以写实为主，客观描述情况，记录事实，避免主观笼统，即"不主观"；审计事实的逻辑线条严谨，不生搬硬套、主观臆断，如未召开会议不等于未研究（传签也是研究的一种方式），未

公开招标不等于未招标（公开招标只是招标的一种方式）等，即"不臆断"；表述证据应厘清事情来龙去脉，逻辑清晰，区分主要问题和次要问题、违规事实和违规疑点，不能主次颠倒，将重要问题掩盖在次要问题中，即"不掩盖"。

（4）树立情景思维，增强审计取证的技巧性

一是善于在行为细节中发现问题。在国家反腐力度不断加大的情况下，经济违法行为逐渐向隐蔽化、科技化转变。审计过程中，审计人员应全身心投入审计现场，通过细节寻找蛛丝马迹，从被审计单位的环境布置、资料保管、办事流程，以及相关人员的语言表达、面部表情、情绪变化、行为失误中发现异常，寻找漏洞。二是善于在换位思考中分析问题。审计时要站在对方的立场去思考、分析和处理问题。如发给被审计单位的资料清单和表格，如果是自己会怎么填、如何提供；发现的审计疑点，如果自己是管理者、经办人，会怎么处理、如何规避；发给对方的取证，如果是自己看了会有什么反应、如何回复。另外，在审计证据收集及签证中应讲究方法，分批收集发放与集中收集发放相结合，先签与后签相结合，敏感的与不敏感的相结合。三是善于在沟通交流中解决问题。审计沟通坚持讲原则树威信、讲水平树魅力、讲细节树人格。交换意见时既坚持原则，力争依据充分、问题准确、以理服人，又虚心听取意见，不作口舌之争，不强词夺理。询问谈话注重营造轻松的谈话环境，减轻被询问人员的思想压力和抵触情绪。调查取证时客观公正看待问题，善于协调，在提出问题的同时也要注重找寻被审计单位工作中的闪光点及成功做法。

7.1.4 大数据与智能审计的审计取证的新形式

Microsoft Power BI 是微软公司（Microsoft）为其 Office 组件提供的一套商业智能工具软件，于 2017 年正式发布，审计人员不需要强大的信息技术背景，只需要掌握 Excel 这样简单的电子表格工具就能容易地进行数据可视化分析。审计人员还可以根据需要，通过更改所编写的 R 语言数据可视化分析程序代码或直接在 Power BI 中设置可视化显示参数（如采用筛选器功能），改变输出的可视化分析结果，帮助审计人员从不同的视角分析被审计大数据，从而全面、系统地发现可疑的审计线索；审计人员在基于 Power BI 和 R 语言组合应用手段进行大数据可视化分析发现的审计线索的基础上，进行延伸取证，最终获得相关审计证据。

2018 年，天津市滨海新区审计局在政府投资审计中首次使用无人机低空遥感测绘技术，2019 年，无锡市审计局在某工程项目审计中也使用了无人机遥感技术，借助无人机的可变图像和对象识别工具以及全球定位系统（GPS）或遥感地理信息系统（GIS），可以获取所需要的精准数据并实现全流程监控。这种远程或非现场的方式不仅保证了数据的一致性和准确性，弥补了传统取证方式的不足，更使得审计人员有较多精力专注于解决风险、完善对策，显著提高了审计效率。

2023 年 2 月，针对审计阶段大量户外拍照取证的问题，青岛市市南区审计局在投资项目审计中依托"微信"运用 Python 编程结合微信开发接口、Web 框架等开发完成"微信机器人"，实现审计现场取证自动化管理。审计人员拍照取证时只需通过微信将拍摄照片和拍摄定位发送至"机器人"用户，系统会自动记录拍摄人员、拍摄时间、拍摄位置坐标，同时与所拍照片绑定，实现自动归集整理，省去大量现场记录相关信息时间，同时方便后期整理查阅。在测量较长距离或较大面积时，审计人员只需将若干所在位置发送给"机器人"用户，系统会自动计算轨迹长度和轨迹所围成图形面积，方便快捷，结果随测随得。

7.1.5　审计策略演进史与变化动因

审计取证策略依次出现过四种演进：账项基础审计策略、制度基础审计策略、风险导向审计策略、数据导向审计策略。

每一种审计策略所包含的审计理念、审计目标、审计范围以及审计程序等都受到了当时的社会经济环境、市场参与方对审计的认识和要求以及相关理论和方法的创新等诸多方面的影响：内在动因包括提高审计效率和质量的需要、规避审计风险和责任的需要、满足所有权监督的需要；外在动因包括：社会环境的变化、新思想的不断涌现。

7.2　账项基础审计策略

账项基础审计是以账目为基础，直接依据会计资料进行检查验证的一种查账方法。最初的账目基础审计一般采取以账目为基础的详细审计。

账项基础审计早期阶段：审计程序首先是以原始凭证或其他会计文书核对分录账，其次以分录账核对总账，最后复核总账后与试算表和资产负债表核对。账项基础审计后期阶段发生了两个重要变化：第一，为了提高工作质量，审计人员逐步开发了专门的审计技术方法，而不是把审计对象局限于现成的审计纪录；第二，开始引进"抽样测试"方法，而不再单纯的是原有的逐笔详查。

综上所述，账项基础审计目的就是防止和发现错误与舞弊，其方法主要是对会计凭证和账簿进行详细检查。然而，这种方法自身之内也包含着难以克服的局限性，随着经济的发展，审计师越来越清楚地认识到单纯围绕着账表事项进行详细审查既耗时又费力，已经无法圆满地完成审计任务。账项基础审计逐步让位于制度基础审计，又称为系统基础审计。

7.3　制度基础审计策略

制度基础审计是以内部控制系统为主要审查对象的一种审计方法，其目的是鉴证报表的合法性、公允性；具体方法是在评价内部控制基础上的抽样并对内部控制系统进行评价。如果评价的结果证明内部控制系统值得信赖，在实质性检查阶段只抽取少量样本便可以得出审计结论；如果评价结果认为内部控制系统不可靠，就应根据内部控制的具体情况扩大审查范围。可见，制度基础审计将重点放在对于系统内各个控制环节的审查目的在于发现控制系统中的薄弱环节，找出问题发生的根源，然后针对这些环节扩大检查范围。

制度基础审计与账项基础审计相比较：账项基础审计强调直接对控制系统所产生的结果进行检查，并不深入检查系统的内部；而制度基础审计则着重剖析系统内部结构，分析产生最后结果的全部过程中各个步骤之间的关系，研究系统内部是否存在足够的控制环节，检查这些控制环节是否充分发挥了作用。如果整个系统经过分析和一些选择性测试后，显示出有足够的控制因素在发挥作用，可以防止错误的发生，这同样标志着系统所产生的结果是正确的特性。

制度基础审计方法的出现对于审计事业的发展起到了不可估量的作用。因为在制度基础审计方法的指导下进行实质性测试，审计的方法方向和重点都比较明确，从而提高了审计工作的针对性和审计工作的效率，保证了审计质量，并且在客观上促进了企业内部控制水平的提高。

内部控制是制度基础审计存在和发展的前提条件，它对于审计的作用主要体现在：①可以降低审计风险；②可以保证审计测试的质量；③会影响审计抽查的范围和时间；④有助于确定合理的审计程序；⑤决定抽样方法的应用和质量。

虽然内部控制制度对于制度基础审计有着如此多的帮助，但是随着时间的推移，内部控制本身的一些弱点也逐渐为人们所发现，在一定程度上阻碍了制度基础审计的发展。具体表现在：①成本收益因素；②员工的串通舞弊；③人员素质问题；④缺乏对例外事件的控制措施；⑤缺乏一套权威的内部控制评价标准。

解决内部控制在制度基础审计中局限性的方法措施包括：①建立一套内部控制评价标准；②提高审计人员的职业素质；③严格遵守审计准则；④完善和健全公司的内部控制制度；⑤完善公司治理结构；⑥建立畅通有效的信息表达和传递机制；⑦合理确信对内部控制；⑧发展计算机审计。其中，计算机审计具有良好的发展前景。随着计算机技术的普及和计算机网络化的发展，审计机关发展计算机审计技术已经迫在眉睫。应对计算机审计予以足够的重视，加大培训和软件研发的工作力度，制定切合实际的计算机审计相关准则指导工作，争取本级政府的领导，给予必要的经费支持。只有这样，才能在现代的计算机控制基础上进行有效的审计。

7.4　风险导向审计策略

7.4.1　风险导向审计策略的产生

审计人员必须从高于内部控制系统的角度，综合考虑企业内外的环境因素。具体地说：审计人员在制订审计计划时，首先应充分把握被审计单位各方面的情况，从而分析被审计单位经济业务中出现差错和舞弊的风险情况。适应这种局面的方式之一，是发展一种新的、多维的审计技术——风险导向型审计，来缓解审计人员所面临的错综复杂的风险。

风险导向审计注重在促进组织目标实现的前提下，优先对高风险的机构、业务和工作事项开展重点审计，并提出有效规避和控制风险的方法措施。使用历史经验数据建立风险模型，以内部审计部门和人员为主体、风险评估为导向，运用科学合理的评估方法，对组织可能面临的各类风险进行单独、客观评价，并根据评价结果，确定审计重点和范围，合理调配审计资源。

风险导向型审计成为财务报表审计的主流方法。风险导向审计的目的是鉴证报表的合法性、公允性；其方法主要为在评估报表重大错报风险的基础上，设计并执行有针对性的测试程序，以合理发现重大错报。

7.4.2　风险导向审计策略的应用案例[①]

（1）W公司风险导向审计策略：从经验判断到量化分析

W公司风险管理系统中，审计部围绕公司战略风险管理目标建立了一整套"风险地图"，研究搭建起一套完整的风险导向审计策略，对所有风险事件均进行了详细定义，对每项重点风险事件的可能性及影响性进行评分，两者的乘积为风险事件的风险等级综合评分，即风险值得分＝风险影响程度×风险发生可能性。

W公司结合业务特点对风险参数进行调整后，分别从经营主体层面、业务层面和流程层面确定风险容忍度。

（2）风险导向审计策略在W公司的实践应用过程

第一，跟踪审计重要实体，实时控制战略风险。

---

① 黎占露. 新形势下风险导向审计应用实践——以W公司实践为例 [J]. 内部审计, 2023 (5)：60-62.

每季度，W公司定期审阅各经营实体的经营文件和财务资料，从经营指标、重点项目、日常收支等方面持续分析集团整体经营风险，识别主要风险经营实体并进行风险预警，督促实体管理层制定风险管理策略，必要时在集团层面统筹组织资源，助力经营实体突破"瓶颈"实现集团战略目标。

比如，W公司经过评估发现公司现阶段主要战略风险在于下属采浆子公司管理，因此审计部加强了对采浆子公司的跟踪分析与定期审计，通过开展财务审计、内控审计，帮助子公司提升了管理水平，在较快的业务发展中取得了较好的风险控制平衡。

第二，跟踪审计重点业务，促进板块业绩持续提升。

业务风险随企业特定时期及市场环境而持续变化。因W公司2020~2022年重点战略风险在于园区两期建设工程管理风险，两次募资扩产导致的财务管理风险，因疫情原因制造板块采浆、生产、销售波动较大导致较高的存货管理风险。因此，W公司此阶段的主要风险是工程管理风险、财务管理风险和存货管理风险。

比如，在工程建设业务方面，借助市委、市政府决定在当地打造世界一流科学城的政策红利，W公司紧抓战略机遇，加快推进科学园一期、二期项目的建设进度。在全力加快项目推进的基础上，审计部对项目的制度建设、立项、成本控制、招投标管理、采购管理、内部审批、合同管理、结算管理、项目管理、中介管理等环节实施了持续跟踪审计，对发现的问题及时通过会议通报或以发函等形式进行风险预警与提醒，较好实现了项目建设与风险管理的平衡。

第三，跟踪审计关键流程，助力业务终端做好风险管理。

W公司定期对关键流程定期实施内控审计，审计人员主要通过访谈了解、查阅资料、分析核对、穿行测试、实地检查等方式进行审计。

W公司重点审计流程：一是筛选关键流程，对流程风险事件的可能性及影响性进行评分，计算两者乘积得到风险事件的风险等级综合评分；二是审计人员对风险等级高于风险容忍度的关键流程进行抽样测试，以询问审核、穿行测试及控制测试为主要审计方法，实质性抽查比例原则上超过50%；三是对高风险流程分内控设计与内控执行两部分实施审计。审计重点检查管理制度、业务流程的设计合理性和逻辑严密性。

W公司审计发现的常见问题包括：管理体系不健全，运作流程不清晰；部门职能交叉重叠，岗位职责不清晰；新业务未及时制定制度；现有制度脱离实际，内容不完整或描述不准确；审批链条过长影响运营效率等。经审计部门提醒后，责任部门及时完善了内部控制手段，有效实施了业务风险管理。

（3）风险导向审计策略成效：助力企业实现战略目标

2019~2021年，W公司审计部对重要经营实体、重点业务和关键流程存在的风险提出管理建议数量分别为67项、47项和17项，审计结论得到公司管理层的认可和高度重视，责任部门对审计提出的风险采取及时有效的风险管理措施，推动风险及管理漏洞的数量逐年下降。

在风险导向审计策略助力下，W 公司较好实现了战略目标：一是近 3 年来下属 8 家采浆子公司的平均采浆能力持续位于行业前列，某下属采浆公司年均采浆量达全国第一；二是工业园区一期、二期工程建设项目 2020 年 5 月正式开工建设，2021 年 12 月提前完成封顶，按时完成公司战略目标；三是募集资金严格按照上市公司规范进行管理，按计划投入相应的扩产、研发、建设项目，各项目均已结题；四是 2019~2021 年深交所上市公司年度信息披露考核中，凭借优秀的信披质量，连续三年获得信息披露最优 A 类评级；五是新形势下，W 公司持续向管理要效益，2019~2021 年取得整体经营净利润增长率 19.88% 的优秀经营业绩。

W 公司的实践证明，风险导向审计策略有助于国有上市公司应对新形势下的风险挑战，帮助企业达到经营效益与风险管理之间的最优平衡，实现有效风险管理，走可持续发展之路。

7.5 数据导向审计策略

7.5.1 数据导向审计策略的到来

数字经济背景下会计高度数字化，审计对象朝大数据方向发展，数据导向审计策略也得以不断发展和应用。数据导向审计策略是电子数据背景下的风险导向审计策略。在电子数据背景下可以将电子审计载体转化为纸质审计载体，从而按手工背景下的现代风险导向审计策略来实施审计取证。但从提高审计效率的角度出发，直接面向电子数据获取审计证据更有效率。

数据导向审计策略的审计目标与现代风险导向审计策略的审计目标相同，审计人员关注具有重要性的会计错误，关注与财务报表相关的重大舞弊和违规行为，对财务报告的公允性发表意见。审计主题仍然是财务信息，针对交易、余额、列报展开审计，审计的具体目标是通过各类交易认定、余额认定和列报认定转换而来的。数据导向审计策略下的审计载体是电子数据，而不是纸质载体，这决定了数据导向审计的技术方法及其组合与上述审计取证策略都不同。审计程序包括错弊风险评估程序、信息系统内部控制评估程序和实质性审计程序。

数据导向审计策略采用的审计方法除了审阅、监盘、观察、询问、函证、重新执行等与现代风险导向审计无显著差异的方法外，还包括重新计算、分析、信息系统测试、数据迁移、数据整理等方法。重新计算这种方法在数据导向审计策略中大量使用，信息系统测试、数据迁移、数据整理是数据导向审计策略下特有的方法。分析是数据导向审计策略下非常重要的一种方法，是基于大量数据的分析。不同的数据类型需要采用不同的分析方法，如结构化数据分析主要采用数据挖掘和统计分析方法，网页分析主要采用网页内容挖掘、网页结构挖掘、网页用法挖掘等方法。在数据导向审计策略下，按照维克托的观点，要全体不要抽样，要效率不要绝对精确，要相关关系不要因果关系。计算机功能强大，对于交易、余额、列报都可以实时详细审计，并不会降低审计效率。

7.5.2 数据导向审计策略的实施

在大数据时代，审计载体呈现出全程留痕、数据来源广泛、信息碎片化以及数据电子化的特征，这些特征对审计取证产生了影响。审计取证有两个核心问题：一是控制审计风险；二是提高审计效率。从控制审计风险的角度来说，就是获取的审计证据要能证明拟证明的事项，要保障审计证据的恰当性和充分性，从提高审计效率的角度来说，就是获取审计证据要将审计成本及时间控制在可接受的范围。上述两个核心问题必须同时解决，为了解决这两个核心问题，审计取证方式、模式和方法不断变化。在大数据时代，审计载体的变化会影响审计取证的方式、模式和方法，并且也会造成审计风险的变化。因此，必须在新的审计取证方式、模式和方法中兼顾提高审计效率和防范审计风险，形成适应大数据时代的审计取证方式、模式和方法。以下基于这一指导思想，具体分析审计载体的变化对审计取证方式、模式和方法的影响。

（1）对审计取证方式的影响

审计取证方式涉及审计人员获取审计证据的地点，通常包括现场审计和非现场审计两种方式。传统上，现场审计是主要方式。然而，在大数据时代，尽管现场审计仍然具有重要性，但在随着审计载体的电子化，虽然不能完全消除现场审计，但非现场审计变得更为主要。审计人员通过各种途径，从审计客体（也就是被审计单位）及其他来源收集审计数据进行分析并揭示潜在问题，以获取审计证据。

严格意义上而言，审计取证方式由现场审计为主改变为非现场审计为主，与大数据没有必然的联系。只要是电子数据，都会发生这种变化。但是在小数据时代，电子数据并没有成为数据存在的主要形态，而在大数据时代，电子数据是各种数据的主要形成。因此，非现场审计就成为大数据时代的主流取证方式。

当具备一定的硬件和软件条件时，非现场审计可以按持续审计的方式来开展，在持续审计方式下，实时采集电子数据，对审计事项实行实时在线的监控，及时地发现和判断偏差行为。这种方式下，审计周期越来越模糊，传统意义上的审计通知书也逐渐失去了重要性。

（2）对审计取证策略的影响

审计取证策略就是获取审计证据的思路，虽然审计业务类型多样，不同审计业务的取证策略有差异，但是总体而言，财务审计、合规审计、绩效审计和制度审计这些审计业务，其审计取证的基本思路都可以称为风险导向取证策略，首先是进行风险评估，财务审计所评估的风险是财务信息错弊风险，合规审计所评估的风险是经济行为违规风险，绩效审计所评估的风险是绩效信息错弊和绩效水平低下风险，制度审计所评估的风险是制度缺陷风险。在风险评估的基础上，确定风险应对措施，包括总体应对措施和设计并执行进一步的审计程序，而进一步的审计程序通常包括控制测试和实质性程序，这里所测试的控制是与风险相关的控制，风险不同，所测试的内部控制也不同。上述这种风险导向取证策略，是兼顾控制审计风险和提高审计效率的双重要求。

在大数据时代，由于审计载体具有全程序留痕、数据来源广泛、信息碎片化和数据电子化这些特征，审计取证不再依赖风险评估来确定审计重点，而是采取"总体＝样本"的方式，对审计事项相关的所有数据进行分析以发现疑点。不同的审计业务中，关注的疑点不同，财务审计关注的是财务信息错弊疑点，合规审计关注的是经济行为违规疑点，绩效审计关注的是绩效信息错弊疑点和绩效水平低下疑点，制度审计关注的是缺陷设计缺陷和制度执行缺陷，上述这些疑点也就是风险点，由于大数据时代的数据具有全程序留痕、数据来源广泛的特征，通过数据分析在很大程度上能发现疑点。发现疑点之后，主要通过电子数据对这些疑点进行核实，以确定疑点是否真正是偏差。上述审计取证策略，从广义上来说，类似于风险导向审计，"数据分析以发现疑点"这个程序类似于风险评估程序，而"疑点核实以确认偏差"则类似于进一步的审计程序。但是，传统意义上的风险导向审计中的内部控制测试已经没有价值。同时，进一步审计程序中的分析程序也没有价值，很大程度上是将风险评估和实质性程序中的分析程序合并了，"数据分析以发现疑点"这个阶段，数据分析是主要方法，而这种数据分析实质上是分析程序的扩展。总的来说，大数据时代，审计取证的基本思路不再是风险评估和风险应对，而是"数据采集""数据分析""疑点核实"，一些文献将这种取证策略称为数据导向审计。

大数据时代审计取证策略的另外一个重要变化是抽样审计的价值降低。风险导向审计取证策略下，风险评估程序中虽然没有明确要使用抽样的方法。但是，从实质上来说，审计人员在评估风险时是根据经验来确定风险的，并没有对所有的可能风险都进行评估。所以，严格意义上来说，也不是全面风险评估，是有选择的风险评估；进一步审计程序中，控制测试和细节测试都是抽样审计，实质性程序中的分析程序也是有选择的，所以，总的来说，进一步审计程序都具有抽样审计的属性。风险导向审计取证策略下采用抽样审计的根本原因是提高审计效率，当然，这种效率的提高并没有失去对审计风险的控制。大数据时代，由于审计载体已经基本电子化，在这种环境下，对各类审计事项采取"总体＝样本"的方式来获取证据并不存在效率不高的问题，并且能显著提高审计质量。所以，风险导向审计取证策略下的各类用以提高审计效率的抽样审计的价值大为降低甚至消失。

（3）对审计取证方法的影响

经典的审计取证方法包括八种，分别是审阅法、观察法、询问法、函证法、监盘法、重新执行法、重新计算法、分析性程序。在大数据时代，由于审计载体具有全程序留痕、数据来源广泛、信息碎片化和数据电子化这些特征，审计取证方法会发生很大的变化。主要表现为两个方面：一是会产生一些新的审计取证方法；二是经典审计取证方法会发生变化。分别来阐述上述两方面的内容。

第一，在大数据时代，一些新的审计取证方法会不断产生。在大数据时代，"数据采集""数据分析""疑点核实"是审计取证的三个核心阶段，而传统审计取证中，"数据采集"这个阶段并不重要。因此，在大数据时代，实施"数据采集"成为审计取证的一个关键问题。其中涉及一系列技术方法，这些方法在传统审计取证中并不存在，比如大数据采集技术、大数据采集清理技术以及大数据存储技术，这些技术都是大数据审计所必需的。

第二，在大数据时代，经典的审计取证方法将发生变化。审阅法从纸质文档转变为电子文档审阅，全程序留痕使得对电子信息进行核对、追踪成为可能，大大提高了审阅法的效力、效率和效果。观察法中，各种电子视频和监视文档为现场观察提供新机会。询问法将从传统的现场询问转变为利用各种网络平台进行询问。全程序留痕使得函证法已经失去了原有的价值。监盘法中，利用电子标签进行盘点将成为更高效、更有效的方法。全程序留痕为重新执行法提供了新的应用场景，但在财务审计、合规审计和绩效审计中的价值下降，只在制度审计中继续发挥作用。以电子数据为基础的重新计算是最有效率的方法，因此在大数据时代可以大量使用这种方法。分析程序需要整合各种大数据分析技术和大数据挖掘技术，进入到大数据分析范畴。

在大数据时代，审计载体的变化对审计取证方法产生了重要影响，另一个关键方面是各种审计取证方法的地位发生了改变。在经典的风险导向取证策略下，审阅法、观察法、询问法、函证法、监盘法、重新执行法、重新计算法、分析性程序等方法都具有重要地位，难以区分优劣。然而，在数据驱动的审计策略下，分析性程序已成为主要的审计取证方法，重新计算法的地位也得到显著提升，而重新执行法仅在制度审计中保持一定价值，在财务审计、合规审计和绩效审计中的价值显著下降。

本章小结

审计策略是审计导向性的目的、范围和方法等要素的组合。依次出现过四种审计策略，即账项基础审计策略、制度基础审计策略、风险导向审计策略、数据导向审计策略。审计策略演进的内在动因主要体现在提高审计效率和质量、规避审计风险和责任、满足所有权监督的需要三个方面。审计策略演进的外在动因就是审计环境的变化。

关键概念

审计取证：Audit Evidence Collection

账项基础审计策略：Accounting Basis Audit Model

制度基础审计策略：Institutional Basis Audit Model

风险导向审计策略：Risk Oriented Audit Model

数据导向审计策略：Data-based Audit Model

自测题

一、单项选择题

1. （　　）包含财务信息、非财务信息、具体行为、制度。

A. 审计证据　　　B. 审计程序　　　C. 审计主题　　　D. 审计要素

2. （　　）最大的优点是审计误差小、风险小、可靠性高，在揭露舞弊或不法行为时效果显著。

A. 账项基础审计策略　　　　　　B. 制度基础审计策略

C. 风险导向审计策略　　　　　　C. 数据导向审计策略

3. （　　）是指为取得直接证据而进行的深入检查，其总目标是检查财务会计信息是否真实、正确和完整，目的是使审计人员的审计结论建立在充足的审计证据基础上。

A. 健全性测试　　　　　　　　　B. 内部控制制度总体评价

C. 符合性测试　　　　　　　　　D. 实质性测试

4. 现代风险导向审计更加重视（　　）因素，评估其对错弊风险的影响。

A. 控制风险　　　B. 经营风险　　　C. 重大错报风险　　　D. 固有风险

5. 数据导向审计策略是电子数据背景下的（　　）。

A. 传统审计策略　　　　　　　　B. 制度基础审计策略

C. 风险导向审计策略　　　　　　C. 账项基础审计策略

二、多项选择题

1. 审计策略演进的内在动因主要体现在（　　）。

A. 提高审计效率和质量　　　　　B. 规避审计风险和责任

C. 满足所有权监督的需要　　　　D. 审计环境的变化

2. 风险导向审计策略是以被审计单位的（　　）为导向，以风险评估为出发点。

A. 战略风险　　　B. 检查风险　　　C. 重大错报风险　　　D. 经营风险

3. 以下属于制度基础审计的程序的有（　　）。

A. 健全性测试　　　B. 初步评价　　　C. 符合性测试　　　D. 实质性测试

4. 风险导向审计策略与制度基础审计策略的差异在于（　　　）。

A. 切入点不同　　　　　　　　　B. 内部控制的关注范围不同

C. 运用的方法不同　　　　　　　D. 对审计风险的控制方式不同

5. 在大数据时代中，以下哪些说法是关于审计取证中数据采集阶段的正确描述？（　　　）

A. 数据采集可以降低审计风险

B. 数据采集在大数据时代比传统审计取证更重要

C. 数据采集可以减少审计误差

D. 数据采集可以提高审计可靠性

三、判断题

1. 账项基础审计策略是以内部控制为基础，而制度基础审计策略是以会计账簿为基础。（　　　）

2. 审计策略会随着新思想的不断涌现而不断演进。（　　　）

3. 内部控制审计和制度基础审计有一定的联系和相似之处，概念也相同。（　　　）

4. 数据导向审计策略的审计目标与现代风险导向审计策略的审计目标相同。（　　　）

5. 在大数据时代，实施"数据采集"对于审计取证并不是一个关键问题。（　　　）

6. 风险导向审计取证策略下的各类用以提高审计效率的抽样审计的价值大为降低甚至消失。（　　　）

7. 在数据驱动的审计策略下，分析性程序已成为主要的审计取证方法。（　　　）

8. 非现场审计就成为大数据时代的非主流取证方式。（　　　）

9. 现代审计策略只有建立在系统理论基础上，才能对被审计单位有深入的了解，才能发现财务报表的错报风险。（　　　）

四、简答题

1. 审计策略演进的动因有哪些？

2. 风险导向审计与制度基础审计有何区别？

3. 审计载体的变化对审计取证策略有什么影响？

五、论述题

1. 简述数据导向审计策略的到来。

 相关阅读

审计数据规范助推数字化和智能化转型①

中国注册会计师协会首批发布的公共基础、总账、销售和银行流水四项注册会计

---

① 吴进. 审计数据规范助推数字化和智能化转型 [N]. 中国会计报，2023-06-16（003）.

师审计数据规范受到广泛关注。

业内人士均认为，审计数据规范的发布可以进一步满足注册会计师审计实务中对数据采集、交换和分析的需求，发挥数据作为生产要素的作用，助力提高审计效率、提升审计质量。此外，将对高校人才培养、课程设置等方面产生一定影响。

注册会计师行业作为现代服务业的重要组成部分，数字化转型尤为重要。据了解，注册会计师审计数据规范包括基础信息、具体审计领域和特殊行业审计三大板块，每个板块包含若干模块。

《注册会计师审计数据规范》的发布标志着中国注册会计师审计工作正式吹响了真正意义上的数字化和智能化转型的号角，意义重大。中国人民大学商学院教授、会计系主任张敏认为，这主要体现在事务所、审计实务、审计监管三个层面。

其一，审计数据规范是重大的数字基建工程，从全行业层面确立统一的审计数据标准，能推动事务所审计数字化和智能化转型进程。数据标准不统一会严重限制事务所数字化转型。在信息化时代，事务所信息系统"烟囱现象"突出，不同项目组由于客户业态不同，信息不可比问题比较严重。相较于各事务所自己构建数据标准，由中注协统一制定的数据标准更有权威性、标准更高、事务所之间的数据交换更便捷。随着更多维度的审计数据规范的出台，中国会计师事务所的数字化底座将越来越坚实，极大便利事务所打通系统，让数据流动起来，这正是审计智能化转型的前提。

其二，审计数据规范为整个行业制定了统一的数据标准，相当于为事务所打造了一套统一的数字化底座，拥有了通用的"数据语言"，其间的"对话"将更加顺畅。换言之，统一的数据标准将便于全行业在通用的数字化基础上，共同推动审计实务的数字化和智能化转型，为更多高质量的智能化审计平台建设奠定基础。

其三，审计数据规范将推动高质量审计监管的发展。在传统的审计监管中，事务所数据标准不统一会带来诸多问题。比如，不同事务所对同一事项的描述不同、标准不同、编码不同，会导致事务所之间的信息可比性较弱；限制了监管机构将所有事务所数据进行整合建模与分析，基于大数据技术进行高质量监管的能力。统一数据标准将弥补上述不足，提升监管效率和质量。

"注册会计师审计数据规范对审计执业程序中拟获取的被审计单位信息和数据进行了数据范围和数据标签的标准化，有助于提升审计程序在不同审计业务之间的可比性，提高审计工作效率。数据标准化和可比性的提升也有助于加强数据分析的效率和深度，提高注册会计师发现重大错报的能力。"中央财经大学会计学院院长吴溪认为，对被审计单位财务和业务信息与数据的标准化，还可能使被审计单位意识到自身的会计与业务信息体系与标准化的数据规范之间的潜在差距，促进其不断完善会计与业务信息体系，从而提高审计前的会计信息质量。

8

审计方法

本章学习目标

1. 了解审计技术及审计方法的综合应用。
2. 掌握审阅法、核对法、盘存法、函证法等基本审计技术的要点及应用技巧。
3. 了解辅助审计技术的应用技巧。

8.1 审计方法概述

8.1.1 审计方法定义与发展

审计方法是指审计人员为了形成具体审计目标的审计证据所应用的工具、方法和手段。简单地说，审计方法是审计取证的方法或获取审计证据的方法。

审计方法选用应遵循以下原则：①依据审计对象和审计目标的具体情况选用审计方法；②依据被审计单位的实际情况选用审计方法；③依据不同的审计类型、审计方式选用审计方法；④依据审计人员的素质选用审计方法；⑤依据审计结论的保证程度和审计成本选用审计方法。

审计方法经历了由简单到复杂、由低级到高级的发展程序。已经从单项详查发展到系统抽查，从单一审计技术发展到综合检查技术，从手工审计手段发展到信息技术审计手段。可见，审计方法繁多，分类依据与类别也呈多样化态势。

8.1.2 大数据与智能技术下的新审计方法

随着大数据、人工智能、区块链、云计算等新一代信息技术的发展，审计技术与方法不断与时俱进，审计方法由传统的审计技术变得更加智能化。

算法审计在本质上亦是一种从算法外部所进行的、独立的合规性分析与合法性监督活动。为达到审计效能，可以采取不同的审计方法或审计工具，进而衍生出书面合规审计与算法合规审计。

书面合规审计主要是通过被审计单位算法的需求设计、训练日志、验证结果等，从书面角度对算法合规需求满足进行的定性分析。例如，在荷兰的算法审计实践中，审计框架的起点是七个通用问题，包括算法名称、算法应用过程、是否适用个人数据等。此阶段仅需要对审计材料的书面评估即可回答上述通用问题，得到定性的通用问题答案后进行后续的审计流程。

随着算法的复杂度和复杂性的日益攀升，书面合规审计已无法对算法进行全面高效的评估，进而引发"用算法审计算法"的切实需求。技术合规审计即审计算法在特定环境中使用时表现的数据、性能、状态等，然后通过技术手段评估算法的合规性以及是否需要做出相应的调整，通常表现为以定量分析手段得到定量或定性的结果。例如，针对算法的非歧视性，域外的技术合规审计已经探索了相关性分析算法、特征指标矩阵、计划实验法等多种有效的量化框架或方法。

2023 年 3 月，人工智能科技公司 OpenAI 发布其最新的数据模型 GPT-4，基于人工智能的推荐系统可以根据审计人员的需求和偏好，为其提供个性化的审计方法、工具和策略建议。

2023 年，故城县审计局积极探索大数据审计方式方法，运用 Python 技术探索"人工智能"，对海量数据进行统计分析、挖掘分析、查询分析。如在招投标审计中利用 Python 技术对各电子标书中关键点进行匹配，查找重点关注的内容是否一致的情况，并以此为线索查找是否有围标串标的问题。利用好 Python 将会极大促进审计实践的创新，以技术优势提升审计质量与审计效率。

8.1.3 传统审计方法的分类

传统审计方法可以分为基本方法和技术方法两类。基本方法主要包括审计调查、分析、调整和报告等步骤，用于指导整个审计过程的进行。技术方法则是在具体执行审计任务时所采用的各种技术和手段，如核对法、审阅法、查询法、分析法、盘存法等。本书将着重分析技术方法层面，主要从基本审计技术与辅助审计技术进行。

8.2 传统的基本审计方法

传统基本审计方法是在审核检查时必须采用的技术，主要用于直接收集重要审计证据。这些技术包括审阅法、核对法、盘存法、观察法、询问法和函证法等。

8.2.1 审阅法

8.2.1.1 审阅法的含义

审阅法是通过对被审计单位有关书面资料进行仔细观察和阅读来取得审计证据的一种查账技术方法。审阅法不仅可以取得一些直接证据，还可以取得一些间接证据，如通过审阅可以找出可能存在的问题和疑点，作为进一步审查的线索。审阅法是审计人员在审计工作中使用最广泛、最基本的技术方法。

审阅法主要针对书面资料，书面资料审阅主要包括会计资料和其他经济信息资料及管理资料。审计人员通过审阅判断被审查书面资料的真实性和合法性。

审阅法包括观察和阅读。观察一般是看有关书面资料的外在表现，如凭证要素的完整性、格式的规范性、有无涂改伪造的痕迹等。阅读是看有关资料所反映的经济活动是否真实、正确、合理、合法，如银行承兑汇票是否有对应的真实的贸易活动等，以及账表凭证所反映的业务内容是否存在疑点。因此，审计人员在审查阅读有关书面材料以获得有关审计证据时，应当从形式和内容两方面进行审阅。

8.2.1.2 审阅法的运用技巧

运用审阅法不仅可以获得直接证据，也可以发现疑点和线索，从而抓住重点，缩小检查范围。审阅的技巧包括：

（1）关注异常数据

第一，从相关数据的增减变动有无异常来衡量。企业在正常运营的情况下，各种业务数据、财务数据应当处于平稳的变动发展状态，数据的变动幅度也会呈现规律。而探寻业务是否存在问题，关键在于能否把握好各项经济活动的数量界限及其变动区间。例如，工资费用、管理费用发生了较大幅度的增减变化，就需要去警惕，可能存在风险。再如，如果发票上是大额整数但内容只填写"办公用品"，这种发票就有可能是为处理礼品款而开具的假发票。

第二，从数据本身的正负方向来衡量。不同属性的会计账户，其发生额、期末余额的正负方向都是一定的，例如，存货类账户余额出现负数，库存商品、现金、材料等明细账出现赤字，这违背了该类账户的属性，极有可能存在问题。

第三，从相关数据之间的变化关系来衡量。采用复式记账法时，会计账户、科目、报表项目间存在着一定的关系，一个账户的变动必然引起某个或某些账户的相应变动。例如，在建工程大量增加，与此同时长期借款却迅速减少等，这说明会计核算存在错误和舞弊的可能，审计人员应当重点关注。再如，一笔长期投资的数额较大，但投资收益很小甚至为零。就需要去查验。经查证后发现，该款项为被审计单位的对外借款，但因债务人无法偿还，被审计单位将该款项转为长期投资，长期挂账。

（2）关注会计资料、其他资料所反映的经济活动的真实程度

会计资料及其他资料理应真实、准确地反映单位各项经营活动的程序和结果，如果资料反映的情况与实际经济活动不吻合，那么被审计单位存在弄虚作假的可能。例如，某单位自备轿车，驾驶员平常一个月报销汽油费100元左右。但在某月，该驾驶员凭发票报销的汽油费为3500余元，极有可能存在问题。

（3）关注科目、项目之间的勾稽关系

企业通过设置账户对经济活动或经济事项进行核算，每一个会计账户都有固定的

核算内容，按照复式记账原理，相关的会计账户有明确的对应关系。蓄意造假将导致有关的账户失去对应关系，甚至使不相关的账户有明确的对应关系。因此，可以通过对会计账户对应关系的检查，来判定被审计单位是否存在舞弊行为。

（4）关注时间有无异常

会计账簿以序时的方式记录经济活动，而经济业务的发生有一定的时间性，如高温补贴一般发生在夏季，这就为审计人员从时间上分析判断被审计单位是否存在问题提供了依据。每项经济业务从开始到结束所持续的时间有一定的限度。若有关资料上没有记载业务发生时间，或是虽记载了时间，但发生日至记账日（结转日）相去甚远，则可能隐藏着某种问题。

（5）关注购销活动有无异常

正常的业务购销活动总是力求降低购货成本，确保购货质量，降低缺货损失。审计人员可从书面资料中查找被审计单位在购销活动方面有无舍近求远、舍优购劣的情况；被审计单位的购销活动的内容、物流方向、购销价格、结算方式等是否正常、合理、合法。例如，在日杂门市部购买电脑耗材、在糖烟酒商店购买办公用品，显然违背日常逻辑。

（6）从资料本身应具备的要素内容去判断问题存在的可能性

任何资料都应该具备一定的要素，如果要素内容不全，应进一步查明原因，以证实有无问题。例如，用转账支票购入材料的经济业务，主要单据是盖有收款公章的发货票或收款收据、支票存根。如果有支票存根，但发票上未见收款公章，则不能确定已付款。如果有以上单据，但无验收单或无发货票上领用人的收料证明，则不能确定收到材料。

审阅时应认真仔细，不要放过一个要素，更不要放过一个数字。边审阅边思考，善于发现疑点和线索，并要进行完整的记录。为了避免重复和疏漏，审阅时应运用符号以区别已审阅和未审阅的资料。同时，审计人员在运用审阅法时，还应当结合业务经办人的业务能力、工作态度以及思想品德，来判断是否可能存在问题。

8.2.2 核对法

8.2.2.1 核对法的含义

核对法通常指将书面资料的相关记录，或书面资料的记录与实物进行相互勾稽，以验证其是否相符。

企业应按照复式记账法进行核算，运用复式记账原理必然会使经济活动的程序和结果在相互联系的书面资料中得到系统的反映，形成一种相互制约的关系（见图8-1）。

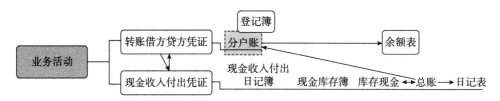

图8-1 会计资料的相互勾稽关系

8.2.2.2 核对法的要点

在审计中，需要核对的内容很多，但概括起来主要有三个方面的内容：会计资料间的核对、会计资料与其他资料的核对，以及有关资料与实物的核对。用审计术语表达即"六相符""八相符"等。

（1）会计资料间的核对

1）核对记账凭证与所附原始凭证。核对时应注意两点：一是核对证与证的有关内容是否一致，包括经济业务内容摘要、数量、单价、金额合计等；二是核对记账凭证上载明的所附凭证张数与凭证的张数是否相符。

2）核对汇总记账凭证与分录记账凭证。

3）核对记账凭证与明细账、日记账及总账，查明账证是否相符。

4）核对总账与所属明细账余额之和，查明账与账是否相符。

5）核对报表与有关总账和明细账，查明账表是否相符。

6）核对有关报表，查明报表间的相关项目，或总表的有关指标与明细表之间是否相符。

7）核对表内表外的账务是否相符。

8）核对金融机构的账户与开户单位的账户等。

（2）会计资料与其他资料的核对

1）核对账单。即将有关账面记录与第三方的账单进行核对，查明是否一致，有无问题。如将单位的银行存款日记账同银行对账单进行核对，将应收应付账款与外来的对账单进行核对等。

2）核对其他原始记录。即将会计资料同其他原始记录进行核对，查明有无问题。这些重要的原始记录包括核准执行某项业务的文件、生产记录、实物的入库记录、出门证、出库记录、托运记录、职工名册、职工调动记录、考勤记录及有关人员的信函。在进行某些专案审计时，这些会计资料同其他原始记录之间的核对尤为重要。

（3）有关资料与实物的核对

报表或账目所反映的有关财产物资是否确实存在，核对账面上的记录与实物之间是否相符是核对的重要内容，包括账与实物、账与款项是否相符。核对时，应将有关盘点资料同账面记录进行核对，或是拿审计时实地盘点的结果同账面记录进行核对。应分析判断差异产生的原因及后果，然后再确定需要采用的审查方法，并实施更深入的审查。

核对前，应先对用来核对的资料的可靠性进行复核；核对中需要特别细心，并要运用各种符号对是否核对过、是否有疑问的部分加以标注。对复核中发现的差异、疑点、线索等要逐一详细记录，必要时运用其他审计技术及时查明问题。

8.2.3 盘存法

8.2.3.1 盘存法的含义

自从财政部 2002 年首次发布注册会计师审计准则以来，历经数次修订，存货监盘在审计程序中始终具有特殊的重要地位，如《中国注册会计师审计准则第 1311 号——对存货、诉讼和索赔、部分信息等特定项目获取审计证据的具体考虑》规定："如果存货对财务报表是重要的，注册会计师应当实施下列审计程序，对存货的存在和状况获取充分、适当的审计证据：①在存货盘点现场实施监盘（除非不可行）；②对期末存货记录实施审计程序，以确定其是否准确反映实际的存货盘点结果。"《中国注册会计师审计准则第 1611 号——商业银行财务报表审计》规定："在实施实质性程序时，注册会计师应当特别考虑运用下列重要审计程序：监盘。"

盘存法是通过对有关财产物资的清点、计量，来证实账面反映的财物是否确实存在的一种审计技术。"财产物资"包括存货、设备、现金、应收票据和固定资产等实物资产。盘存法是用于实质性测试阶段的一种技术，目的在于确定被审计单位实物形态的资产是否真实存在。

盘存法通常包括实地盘存和监督盘存两种方式。实地盘存是由审计人员亲自到现场进行盘点，并要求被审单位会同执行。监督盘存则是由被审单位在规定的时间内自行组织盘存，审计人员亲临现场观察，必要时可对盘存结果进行抽查，以检查盘存记录的真实性和正确性。

8.2.3.2 盘存法的运用问题与案例[①]

（1）缺少监盘计划

案例：根据证监会××省监管局发布的一份行政监管措施决定书，审计机构在实施××省××公司 2023 年度报表审计时，未编制监盘计划也未获取被审计单位的盘点计划。

---

① 资料来源：希格玛会计师事务所。

建议：审计人员应当根据被审计单位的盘点安排制订监盘计划，合理安排监盘时间、地点和团队，并针对舞弊地考虑计划不可预见性程序。监盘计划的内容包括监盘的目标、范围、时间安排、监盘的要点及关注事项、参加监盘人员的分工、实施检查的范围等。

（2）控制测试重形式轻实质

案例：2024 年证监会对××公司进行 IPO 专项财务检查后发现其存货大量盘亏，并分别对公司和审计机构出具行政处罚。审计机构监盘程序中的主要瑕疵是存在形式主义，例如，在执行穿行测试时仅检查支持性文件及相关人员签字后就认定其盘点环节内部控制有效；仅通过询问程序了解公司存货盘点范围后就直接采信，导致未发现盘点范围不完整，漏盘××市代工厂的存货。

建议：审计人员可以通过跟踪交易的处理执行穿行测试，以获取存货盘点相关内部控制执行的审计证据。在实际测试时应结合被审计单位的实际情况设计和实施测试程序。具体内容包括以下方面：①公司制度是否明确存货盘点范围、方法、人员、频率和时间；②存货保管和记账、盘点和监盘等不相容职务是否分离；③盘点内容是否完整全面，盘点频率能否满足财务报表及时、准确报送的要求；④盘点方法能否防止盘点人员舞弊，如采用盲盘法而非明盘法，或采用两人一组相互监督的方式，或采用双向复式盘点法等；⑤盘点表的汇总、核对及盘盈、盘亏处理流程是否及时、准确；⑥能否通过盘点全面掌握存货的状况，及时发现残、次、冷、背等情况，并及时处理。

（3）盘点期间未停止移动

案例：2024 年初，××公司存放于××国 3 个仓库的存货盘点工作分为两次进行，且两次盘点期间部分货物进行了移库。对于移库的存货在资产负债表日至盘点日是否发生数量变动、是否存在重复或遗漏盘点，审计机构未执行有效的审计程序且未在底稿中形成相关记录，××市证监局对其出具了警示函。审计机构于 2023 年 12 月对公司租用的某仓库进行监盘并询问了相关人员，得知各仓库盘点期间禁止成品、物料入库；如果确实需要入库，则进行详细记录；盘点期间不停止生产等信息。但审计底稿中并未记录对某仓库盘点期间入库 3.19 吨，出库 361.95 吨这一异常事项进行验证的审计程序，导致××省证监局对其采取了出具警示函监管措施。

建议：审计人员需了解存货盘点过程中是否暂停盘点资产的移动，以保证盘点结果的完整准确。若由于实际原因无法做到生产暂停和存货收发，应评价被审计单位所采取的控制程序对存货截止的影响。例如，被审计单位可以在仓库内划分出独立的过渡区域，将盘点期间领用或办理入库的存货暂时存放在此区域，以确保相关存货能够辨识，并仅被盘点一次，如果经评估认为这种控制程序是有效的，则不会因未停止收发货物而影响存货截止。

（4）未关注存货权属

案例：2023 年末有大量寄售存货存放于经销商处，约定由经销商统一配送给卖场客户。因寄售存货与经销商自有存货统一堆放，没有标识，无法区分所有权，年报审计机构在监盘时却并未核对监盘数量与系统数量是否相符，被浙江证监局出具警示函。

建议：监盘人员观察盘点现场时，需关注盘点资产是否已经整理有序排列，并有相应标识，以保证盘点工作不重不漏。同时审计人员还应在监盘过程中关注存货权属，例如，若某些存货上附有法院封条，则需考虑这些存货的所有权受限事项是否已在报表中充分披露。

（5）盘点计量方法不合理

案例：××省××公司是一家从事钻饰首饰批发零售的新三板公司，审计机构在2024年存货监盘时了解到，公司对成品首饰按贵金属种类区分后，以件为单位计量盘点，并采用月末一次加权平均法核算。由于成品首饰不同款型价格差异较大，行业普遍做法是以首饰的贵金属含量为计量单位核算，导致成本核算不准确，但审计人员并未对此提出异议。深圳证监局对审计机构执行专项检查后出具了行政监管措施，认定审计机构对"存货执行的审计程序不到位"。审计机构在执行另一公司2022年、2023年报表审计时了解到，其存货主要为重质碱和石油焦，重质碱一般为袋装，20袋一层，但存放位置较多，很多位置并未按照统一标准放置；石油焦为不规则堆放的物品（类似于煤炭堆），且上下密度因承压而不同，无论体积还是重量都比较庞大，很难移动或逐一过磅。对此，盘点人员对重质碱以"一层一般为20包"进行简单估算，并对不规则摆放或未堆满部分进行了大量的目测估算；对石油焦的盘点方法也极其简略，仅通过大致的体积测量乘以密度得出盘点结果。审计底稿中未说明估算依据、估算方法的合理性，也未采取进一步的审计程序以获取有关估算数据准确性的审计证据，而是直接认可了公司盘点结果，导致未识别出该公司通过少结转原材料成本虚增利润的事实，湖北证监局对其出具行政处罚。

建议：监盘人员应当了解并评估被审计单位采用的计量方法，即用于估计存货数量的方法，以确定这种计量方式能够保证盘点数的准确性。下面以两类常见存货为例详细说明：①需要称量的存货。审计人员在监盘前和监盘过程中均应校验称量仪器如磅秤的精准度，仪器移动后需要重新校验其精准度，同时需要关注称量尺度的换算。在执行抽盘程序时，还应抽取部分存货重新称量。②堆积型存货。被审计单位盘点堆积型存货（如粮储、盐堆、煤堆、矿堆、石料、沙土、钢废料等）时，传统的方法是采用工程估测、几何计算、高空勘测等，比如把煤堆推成长方体，测量长宽高，再根据煤堆密度计算出其数量。近年来，大型资源型企业已开始广泛使用以激光测量设备为主体的堆料体积测量系统执行盘点工作。激光测量设备使用激光扫描料堆后生成高密度点云，建立料堆的三维模型，通过内置算法输出料堆体积，再依据密度计算数量即可。若被审计单位借助此类测量设备盘点，监盘人员需要关注被审计单位对设备精度的调校情况，并记录原始数据备查。

（6）抽盘方法不当

案例：××省审计机构对某公司的存货实施盘点表至实物的双向抽盘过程中，针对存货成垛密集堆放、各垛存货间未预留查看空间的情况，审计人员关注不足，未考虑其中空的可能性，仅对各垛存货的顶层、侧面和外围进行称重或质量检查，未使用叉车等工具搬离外层存货，进而对中心部分的存货进行称重和质量检查，导致样本选取受到容易获得偏见的影响，违反了随机抽样原则，未能发现其中大量的南瓜子皮和霉变产品。同时，在审计工作底稿中记录抽盘比例时，审计人员混淆了存货抽盘的含义，认为通过对各垛存货的最高层、外层以及侧面存货进行抽查就表示对整垛存货进行了完全抽查，因此审计人员在审计工作底稿中记录的抽盘比例高达88.56%，认为抽盘比例完全满足审计程序的要求，但实际执行的抽盘比例远低于底稿记录。

建议：在执行双向抽盘测试时，监盘人员应当从盘点表单中抽取一些项目追查至存货实物，再从存货实物中选取一些项目追查至盘点表单，以获取有关盘点记录完整性和准确性的审计证据。样本规模可根据统计公式、样本量表或凭经验确定，但不论选用何种方法，监测人员选取的样本应具有难以预见性。要达到这一目的，应当选用简单随机法或系统选样法等统计抽样方法选择样本，避免带着偏见选样，例如，对于成垛堆放的存货，最好按垛抽取，避免不同位置的存货被抽取的概率不同。

（7）未关注减值迹象

案例：××省审计人员于2023年12月末对××公司的期末存货实施监盘时，未能关注到存货存在明显减值迹象的风险，××省证监局认为其未对存货存在的减值迹象保持关注和执行必要的审计程序，并因此出具了警示函。审计机构在执行另一公司2017年监盘程序时，未对存货盘点照片中显示的陈旧、过时及残次的产成品予以关注，如底稿中存在不良品照片及上年生产的存货照片，被证监会××市专员办出具警示函。

建议：监盘人员在现场除了观察被审计单位是否按计划执行盘点程序外，还应当检查存货以确定其是否存在，检查时应关注存货状况，是否存在过时、毁损或陈旧的存货，并对盘点结果进行双向抽查测试。

（8）未检查倒扎收发单据

案例：在××公司2023年年报审计中，审计机构对公司存货实施监盘的日期晚于资产负债表日，但未取得并复核被审计单位存货盘点记录，未评价管理层用以记录和控制存货盘点结果的指令和程序是否恰当。审计工作底稿中虽列示了资产负债表日至监盘日存货增减变动，但未实施审计程序核实存货变动是否已得到恰当记录。××省证监局以"存货监盘程序执行不当"为由出具警示函。证监会于2024年9月对另一公司2020年至2023年的审计机构作出行政处罚，原因之一为其未充分、适当地设计和执行存货监盘程序，如2020年至2023年缺少"从存货盘点记录中选取项目追查至存货实物，以及从存货实物中选取项目追查至盘点记录"的底稿。

建议：若被审计单位选择的盘点日与财务报表日不一致，导致审计人员只能在财务报表日以外的其他日期进行监盘，应当执行前推或后推测试，即对盘点日至报表日期间发生的存货采购及销售业务，双向核对永续盘存记录和入库单据或货运单据。

（9）未复核专家工作

案例：审计机构在执行××公司2023年报表审计时，将某项目停建存在资产减值风险评估为重大错报风险，但未对减值资产进行实地监盘及检查，而是委托评估师代为盘点并采用了评估师盘点工作底稿。除此之外在审计底稿中仅有图片作为远程盘点记录，图片亦无审计机构盘点人员及时间等记录，未见视频盘点记录，未能对减值资产获取充分、适当的审计证据并充分复核评价专家工作的恰当性，被××省证监局出具警示函。

建议：如果审计人员决定利用专业机构或专家的工作，应当按照《中国注册会计师审计准则第1421号——利用专家的工作》的规定评价专家是否具有必需的专业胜任能力、专业素质和客观性，同时考虑其工作的性质、时间安排和范围。例如，××公司聘请了海域测量专业人员协助其盘点，审计人员需对此专家的专业胜任能力、专业素质及客观性进行评价，并对盘点方案的科学性进行分析，同时可选择行业内的其他专家，如大学教授、研究所、咨询评估中心等，对盘点过程和盘点结论进行评审并形成评审结论，据此得出监盘结论。

8.2.3.3 特殊类型存货的监盘

2018年以来中国证监会及其派出机构对上市公司和会计师事务所出具的行政处罚及行政监管措施案例中，存货监盘程序是涉及处罚最多的审计程序之一，其中比较典型的案例包括獐子岛"扇贝跑路"事件、振隆特产存货监盘失效导致审计失败等。对制造业、农林牧渔业、建筑业等行业而言，存货的存在性认定往往与收入确认直接相关，这就导致证券市场中的舞弊案例往往涉及存货账实不符的问题，存货监盘程序执行不到位则无法发现被审计单位的舞弊事实。

根据《中国注册会计师审计准则第1311号——对存货、诉讼和索赔、部分信息等特定项目获取审计证据的具体考虑》：常见的盘点方法和控制程序可能并不完全适用于某些特殊类型的存货，这些存货可能存在无法用标签予以标识、数量难以估计或质量难以确定等情况。对于这些特殊类型的存货，注册会计师可以首先了解被审计单位计划采用的盘点方法，并评估其盘点方法是否满足会计核算的需要，即保证存货在财务报表中得以恰当计量和披露。在此基础上，注册会计师需要运用职业判断，根据被审计单位所处行业的特点、存货的类型和特点以及内部控制等具体情况，设计针对特殊类型存货的具体监盘程序。

在某些情况下，对于特定类型的存货（如矿藏、贵金属等），被审计单位可能会聘请外部专业机构协助进行存货盘点。在这种情况下，尽管被审计单位所聘请外部专业机构执行的存货盘点本身并不足以为注册会计师提供充分、适当的审计证据，但注册会计师可以考虑其是否构成管理层的专家，并在适用的情况下根据对其客观性、专业素质和胜任能力进行的评估调整亲自测试的范围。具体而言，注册会计师可以考虑实施检查外部专业机构的盘点程序表、对其盘点程序和相关控制进行观察、抽盘存货、抽样对其结果执行重新计算，以及对盘点日至财务报表日之间发生的交易执行测试等程序。

以煤堆的监盘为例进行说明。假设××电力企业有较大数量的存煤燃料，其管理层可能选择聘请外部的专业测量公司，使用仪器设备采集煤堆的形状特征数据以计算存煤的体积，同时采集相关数据（如水分比例等）以计算其堆积密度，然后利用体积和密度数据计算出盘点煤量。在这种情况下，注册会计师需要评价外部测量公司的胜任能力、专业素质和客观性，检查其煤堆测量计划和测量报告、并在监盘过程中关注被审计单位和外部测量公司所采用仪器设备的精准度、测量方法的适当性、体积和密度计算方法的合理性等因素。

必要的情况下，对于特殊类型的存货，注册会计师可能需要利用专家的工作协助其进行监盘。《中国注册会计师审计准则第 1421 号——利用专家的工作》规范了如何利用专家协助注册会计师获取充分、适当的审计证据。如果注册会计师决定利用专家的工作成果，应当按照该准则的要求执行工作。

8.2.4　观察法

观察法是指审计人员通过查看相关人员正在从事的活动或执行的程序或是客观存在的事物，以获得审计证据或发现审计线索。观察法的运用技巧包括：

（1）选择突击方式进行观察

审计人员可以采用随机的、临时的方式，按照掌握的线索和发现的疑点，突击进行观察，不给被审计单位人员造假的机会，并及时编制观察记录，注明观察的事项、内容和结果等，以获取有力的证据。

以突击方式进行观察的主要优点是能够了解审计事项的真实情况，在实际运用时往往会获得意想不到的效果，甚至取得审计进展的突破，尤其适合在被审计单位不积极配合或查处违纪案件时使用。

（2）运用系统观察法

运用观察法时，要有全局观念。要针对事物的属性或特征树立整体观念，然后采用一定的顺序或由上到下，或由近及远，或由点到面，或由表及里进行观察，这样可以使观察更细致而不遗漏事物属性或特征。系统观察法要求在对经济事项进行观察时，注意把握事情的来龙去脉，从头至尾，追根究底，掌握实情的本源，以获取有效的证据。这种观察法往往与询问法、盘点法等结合起来使用，审计人员可以一边观察，一边询问一同到现场的被审计单位分管人员或具体承办人员，弄清相关事项的过去、现在发生变化的前因后果。

（3）树立分析比较的观察思维

审计人员在观察程序中，应当树立分析比较思维，善于将现场观察到的实际状况与观察前查阅的相关资料、报表数据进行对比或关联，对观察的事项做纵向和横向比较。观察法往往具体与分析性程序结合起来使用，除现场观察外，还应了解被观察对象的过去，掌握同行业的平均水平。只有将观察与分析比较结合起来，才能充分发挥观察法的作用。

8.2.5　询问法

询问法也称为访谈法，是指审计人员与被审计单位或有关人员进行面对面交谈，以了解有关情况、收集审计证据的一种方法。询问法的使用范围包括：在计划阶段中了解情况，实施阶段时收集证据，报告阶段相互沟通情况等。

询问可以书面或者口头方式向有关人员了解关于审计事项的信息。需要注意的是，有些信息并不能直接用来证明某个报表项目的真实余额，只能作为后续审计的重要线索。询问获取的证据的可靠性不确定，由于询问的对象是不同的行为主体，其所处环境、所在岗位、信息掌握程度、个性特征等诸多因素会导致其提供的信息并不十分可靠，甚至在某些情况下会故意提供错误、虚假信息以扰乱审计人员的询问思路，具有不确定性。

询问法在审计实践中的运用技巧包括：

（1）创造轻松的谈话环境

轻松的谈话环境可以减轻被询问人员的思想压力，冲淡其抵触情绪，减轻其防备意识。在实际审计业务中，主要包括营造适宜的询问气氛，恰当地提出问题，始终保持平易近人的态度等。运用询问法时，可根据需要采用先发制人、暗示、迂回进攻、攻心等技巧。

（2）问题应该具体、明确，避免被询问人随意应付

任何管理的缺陷都是出自细节，如在对被审计单位的内部控制情况进行了解时，在业务层面应该具体到细节。例如，针对以旧换新业务的控制，审计人员一般应该了解以旧换新的目录（明确哪些备件需要以旧换新）、以旧换新的操作程序（具体到以旧换新的操作顺序、操作人、签字记录及控制人）、以旧换新的数据（形成哪些报表）、以旧换新退库的旧备件的处理（具体到谁处理、处理的程序、处理的报表），环环相扣地提出这些问题，并对被询问人员提到的所有数据进行稽核、印证，从而对整个事项有一个比较全面和深入的了解。

（3）根据审计目标，提出一些引导性的问题

不仅要提被访谈者可以用"是"或者"不是"进行回答的问题，还可以提一些开放性的问题，例如："请谈……""能说说……""你觉得呢?""你怎么看?"等问题，以获取全面的信息。再如，在了解采购人员询价的时候，如果问"你们有询价吗?"他回答"有"，就不好继续问下去了。可以问，"能谈谈你们询价的程序吗?"这样就可以通过他描述的询价程序来了解询价的全程序，而且可以在每一个控制点加入需要了解的问题。

（4）问题设置应该通俗易懂

审计人员提问要根据被询问人的具体情况，使用通俗的语言。过于专业或者过于生硬会使被询问人产生理解上的误差或者感到不舒服，使询问效果大打折扣。

（5）善于运用肢体语言

审计人员的肢体语言可给被询问人提供无形的支持，暗示被询问人是应继续详细表述还是停止表述。支持和鼓励的肢体语言可为双方提供良好的交谈体验，反之，双方不舒服的对视、厌倦或无聊的表情都会影响谈话的效果。注意倾听与观察。询问时，审计人员应保持倾听并适当做笔记，同时注意观察被询问人，包括回答时的表情、眼神或者细微的胶体动作，并用这些细节来分析问题。比如，被询问人回答时眼神躲闪、脸上有细微的尴尬或者紧张的表情等都可以印证其回答的可靠性。

8.2.6 函证法

8.2.6.1 函证法的含义

通常情况下，恰当地设计和实施函证程序，可以为相关认定提供与被审计单位内部证据相比更为可靠的审计证据，同时也是应对舞弊风险的有效方式之一。然而，如果函证程序设计和实施不当，很可能会导致其无效。详见中国注册会计师协会印发2023年7月1日起施行的《中国注册会计师审计准则第1312号——函证》应用指南，其中，明确要求注册会计师恰当设计和实施函证程序，以获取相关、可靠的审计证据。

函证的书面答复可以采用纸质、电子或其他介质等形式。银行函证、企业函证的内容及形式有所不同。

为贯彻落实《国务院办公厅关于进一步规范财务审计秩序促进注册会计师行业健康发展的意见》要求，中国注册会计师协会与中国银行业协会、中国互联网金融协会、中国金融认证中心开展合作，共建了第三方电子函证平台。截至2023年12月31日，银行函证电子平台正式上线运营的会计师事务所465家，绝大部分备案从事

证券服务业务的会计师事务所均已接入平台；正式上线运营的银行业金融机构2036家①。

8.2.6.2 选择函证审计方法的考虑因素

根据《〈中国注册会计师审计准则第 1231 号——针对评估的重大错报风险采取的应对措施〉应用指南》第 51 段的指引，注册会计师可以考虑下列因素，以确定是否选择函证程序作为实质性程序：

第一，被询证者对函证事项的了解。如果被询证者对所函证的信息具有必要的了解，其提供的回复可靠性更高。

第二，预期被询证者回复询证函的能力或意愿。例如，在下列情况下，被询证者可能不会回复，也可能只是随意回复或可能试图限制对其回复的依赖程度：被询证者可能不愿承担回复询证函的责任；被询证者可能认为回复询证函成本太高或消耗太多时间；被询证者可能对因回复询证函而可能承担的法律责任有所担心；被询证者可能以不同币种核算交易；回复询证函不是被询证者日常经营的重要部分。

第三，预期被询证者的客观性。注册会计师应当向独立于被审计单位管理层的第三方函证，在应对舞弊风险的情况下尤其如此。如果被询证者是被审计单位的关联方，则其回复的可靠性会降低。

8.2.6.3 传统函证法的运用技巧

(1) 函证法适用的场合

函证法通常适用于下列项目（业务）的审计程序：①短期投资；②应收票据；③其他应收款；④预付账款；⑤由其他单位代为保管、加工或销售的存货；⑥长期投资；⑦委托贷款；⑧应付账款；⑨预收账款；⑩保证、抵押或质押；⑪或有事项；⑫重大或异常的交易。

(2) 函证法实施的范围

审计人员根据对被审计单位的了解、评估的重大错报风险以及所测试总体的特征等从总体中选取特定项目进行测试。选取的特定项目可能包括：①金额较大的项目；②账龄较长的项目；③交易频繁但期末余额较小的项目；④重大关联方交易；⑤重大或异常的交易；⑥可能存在争议以及产生重大舞弊或错误的交易。

(3) 回函可靠性问题

所有回函都存在被拦截、更改或其他舞弊风险，无论该回函采用纸质、电子还是其他介质等形式。显示回函的可靠性可能存在异同的情形包括：①审计人员间接收到回函；②回函看起来不是来自被询证者；③以电子形式收到的回函（如传真或电子

---

① 资料来源：中国银行协会官网。

邮件）由于回函者的身份及其授权情况很难确定，对回函的更改也难以发觉，因此其可靠性存在风险；④被询证者利用第三方提供回函；⑤对方未回函。

8.2.6.4 银行函证区块链服务平台操作的广泛应用

银行函证区块链服务平台（Blockchain Platform for Bank Confirmations，BPBC），为银行业金融机构及会计师事务所提供数字函证流转服务。平台选择工银玺链作为底层区块链技术，工银玺链不仅技术优势显著，而且拥有完全自主知识产权，并已通过工信部可信区块链权威认证。平台改变了线下分散函证回函模式，改为线上集中办理，可实现线上完成银行函证的申请、授权、发送、回函等全流程，加快函证处理效率，有效解决传统纸质函证模式的多种弊端，减少会计师事务所、银行、被审计单位等关联方的人工介入程度，增强风险管控，降低数据错漏和舞弊风险。

平台只保留函证传输过程信息，不保留函证数据信息，注重信息的隔离与保密，确保银行及事务所数据安全。平台拥有金融级安全防护环境，可实现 7×24 小时全天候系统安全运行。平台系统建设上，利用区块链、大数据、无纸化签章等科技赋能手段，将行内存款、贷款、票据等多个业务系统与平台实施对接，确保函证数据安全可靠，开拓"稳"通道；流程设计上，实现 7×24 小时无障碍自动收函、自动校验业务规则、自动发送客户授权、自动查询回函数据、自动盖章并回函等功能，解决传统纸质函证回函手工环节多、处理效率低和回函标准不统一等问题，打造"精"服务；风险防控上，运用大数据技术解决数据分散于不同系统、回函口径、标准不统一的问题，将函证业务涉及的名字段统一加工、归集、存储，通过自动化流程、标准化回函，降低人为干预引发的操作风险，实现"零"差错。

会计师事务所实现了直接在线上进行函证申请，来函后由一级分行函证中心自动接收处理，回函人员根据系统核实结果审核出具回函，复核完成后自动加盖电子并发送。在区块链技术的赋能下，询证函每份处理时间由过去的以天为单位压缩至以小时为单位，企业和事务所实现了"足不出户"就可完成全流程业务，省时省力省心。

8.2.6.5 《银行函证工作操作指引》

《银行函证工作操作指引》自 2024 年 7 月 1 日起施行，摘录其中与大数据与智能技术相关的部分内容：

函证业务应当按照《关于加快推进银行函证规范化、集约化、数字化建设的通知》的要求实现集中处理。对于第 1～13 项（含附表）规范业务，银行业金融机构应做到集中办理；因特殊原因对于其中个别项目暂时未能实现集中办理的，银行业金融机构应当在总行或总部网微信公众号等公开渠道明确由集中办理机构以外的经办机构办理，并进行清晰公示。对于第 14 项其他业务，银行能够实现集中办理的，应当集中办理，并在总行或总部网站、微信公众号等公开渠道公布相应事项清单。

数字化回函与纸质回函具有同等法律效力和证明力。无论采取数字化或纸质方式回函，银行均应当加强内部稽核校验，对回函内容的真实性、准确性负责，不得以任何理由任何方式免责。银行数字化回函内容不能覆盖前 13 项询证项目的，应当以纸质方式进行辅助回函。

鼓励银行业金融机构优化询证函扣款方式，通过线上方式办理扣款，以提升询证函受理效率。

数字函证应当具备和使用可靠的数字签名，即有效的电子印章。例如，银行业金融机构已经实现集约化或数字化回函，在银行业金融机构内部统一授权、责任落实和确认的基础上，回函无须由工作人员签字，可以由系统处理自动生成的签字代替。

8.3 传统的辅助审计技术

8.3.1 传统辅助审计技术概述

辅助审计技术是审计工作中的重要工具，旨在提高审计效率和准确性，为审计人员提供更全面的信息，以帮助他们做出更准确的判断。主要包括三大类：①数据分析工具：运用数据挖掘、统计分析等工具，对大量数据进行处理和分析，以发现隐藏在数据中的规律和异常。②自动化审计工具：通过自动化脚本和程序，实现审计过程的自动化和智能化，提高审计效率和准确性。③专家系统和人工智能：利用专家系统和人工智能技术，辅助审计人员进行复杂的决策和判断，提高审计质量和效率。

辅助审计技术并不直接用于收集主要的审计证据，而是为基本审计方法提供支持和补充，帮助审计人员更好地理解和分析被审计单位的数据和业务。简便适用的常见方法有重新计算法和分析法两大类。

8.3.2 重新计算法

重新计算法指通过重新计算来检查被审计企业相关文件的数字和会计记录的准确性，或通过采用与企业会计记录所用的计算方法不相同的方法来判定现有的数字和记录的准确性。例如，按照被审计企业提供的折旧率，审计人员可以重新计算当年应计提的折旧，然后与会计账簿中的记录相比较，检查是否与账簿中反映的数字一致。

重新计算主要用于审计人员不完全信任被审计单位计算结果时使用，这时需要审计人员自己重新计算，对记录或文件中的数据准确性进行重新核对。

案例：A 审计人员在对集团外地子公司现场审计时，对自负盈亏的食堂进行延伸审计。访谈了解到集团公司来该基地开会、出差人员较多，缴纳搭伙费低于实际成本，导致食堂近些年连续亏损，但这与企业食堂"自负盈亏、保本微利"的原则不符。审计人员进驻审计首日，食堂餐品水平确实高于出差人员伙食费缴纳标准。深入了解食堂的运营情况，审计不仅要查看食堂的财务状况，更要对食堂的食品来源、加工过程、卫生状况等进行全面的审查。对照企业有关食堂管理的文件要求，重点从两个层次进行审计：一是支出的真实性；二是支出的合理性。合理性可用于评价真实的支出，关键还是怎样甄别出不真实的支出。

为了获得重新计算审计方法的真实数据，审计项目配备4人，集中全部精力，方案恰当，合理分工，统筹调度得当，及时排查舞弊风险，分头走访、固定证据，整合信息资源争取被审单位负责人的支持等。审计人员跟随食堂班长张三、后勤部长到达批发市场，食堂班长张三带着审计乱跑，说这家供应商下午已关门休息，那家供应商的欠款是3年前的，目前没有采购，实地走访未发现张三说的欠款商户，从而识破所谓的对外欠款纯属捏造事实。审计人员随机对批发市场商户询问食材常规采购价格范围，与买菜顾客进行交流，获取较为准确的市场价格。

审计人员为了获得重新计算审计方法的真实数据，回到公司查看食堂班长张三每天买菜的私家车，在车上获取了几份供应商开具的原始送货单。通过原始送货单与食堂班长张三自制的送货明细对比，比如，肉末实际采购价格为6元/斤，向食堂财务报销价格为10元/斤；前夹肉实际采购价格为9元/斤，分为瘦肉14元/斤、五花肉12元/斤向食堂财务报销，另外，米、面、油、鸡腿、豆瓣酱等均存在加价报账的情况；同时检查食堂电脑时，食堂班长张三登录的微信聊天记录中有部分供应商发给他本人真实的送货单，亦显示着采购价差，经重新计算法测算发现平均价格虚高24%。

由此，审计组收集整理形成完整证据链，运用重新计算法获得有力审计线索，及时发现虚报成本问题，所幸因食堂流动资金不足，28万元采购报销款并未打到食堂班长张三银行账户，及时截停款项，避免企业食堂产生舞弊损失。

8.3.3　分析法

8.3.3.1　分析法的含义

分析法是将相关账户或项目进行研究、对比和分析，以确定审计重点、获取证据和支持审计结论。详见中国注册会计师协会印发2023年7月1日起施行的《中国注册会计师审计准则第1313号——分析程序》应用指南。

8.3.3.2　分析法的步骤

尽管在不同审计阶段，执行分析法的步骤有所不同，但一般包括以下六个步骤：

第一，确定执行分析法的对象。

第二，估计期望值。实际工作中用以确定期望值的依据通常包括：①上期或以前数期可比信息；②所在行业平均水平或同行业规模相近的其他单位的可比信息；③被审计单位的预算、预测等数据；④审计人员的估计数据。

第三，确定重大差异的标准。

第四，确认是否存在重大差异。

第五，调查重大差异形成的原因。

第六，确定进一步的审计程序和范围。

案例：某单位租用220挖掘机的挖土量大约为每小时180方土，一小时的油耗约20升，一天租金（8小时）1500元（甲方给油耗）。租赁60天挖方理论数量可以达到86400方，通过利用分析法发现土方工程量是该项目建筑面积的28倍。同时油耗远没有达到（20×8×60＝9600升）。从投入产出分析，设备机器租赁费用造价情况虚增。

8.3.3.3 分析法的种类

常用的有比较分析法、比率分析法、简单合理性分析法、趋势分析法、回归分析法、相关分析法、时间序列分析法。

（1）比较分析法

比较分析法是通过对比不同审计对象或同一审计对象在不同时间、不同地点的状况，来揭示它们之间的差异和相似之处，从而得出结论或做出决策。常用的七个比较标准是：①与相关数据比较；②与经济数据比较；③与经营数据比较；④与非经济数据比较；⑤实际与预算比较；⑥多期数据比较；⑦与行业数据比较。

案例：2024年×县审计局对××局局长W某任期经济责任履行情况进行审计。该单位为行政事业单位，主要资金来源是财政拨款收入，支出主要是办公、交通、差旅等日常经费开支方面。通过比较分析法进行审计，对比各年度办公费、交通费、招待费开支规模，发现该单位各年度支出项目出现大幅增减现象，比较数据发现的异常，可能存在费用分类操控的变相列支费用问题。对此，审计组展开对此项重大问题的关注，对各项支出重新进行详细分类，累计支出明细，核算实际使用情况。利用比较分析法发现的线索与相关经办人员进行沟通、谈话，发现、突破串联防线，了解到各类费用分类操控变通支出资金使用去向，取得第一手证据材料。

（2）比率分析法

比率分析法是指审计人员利用被审计单位的财务数据，计算一些通用的财务比率，并将这些比率与人们普遍认为合理的一些标准进行比较，如成本费用率、资金率、资金增长率等。

案例：某审计局在审计某商业企业的财务决算时，发现该企业的凭证规范、账目清晰，账实、账表、账与账都相符，从表面看没有重大问题，但进一步比较分析企业的费用率及费用额后发现了问题，该单位的费用率高达12.6%，比上年增长了4.6%，费用额大幅增加，其中的运杂费比上年增加了一倍以上，在商品销售额没有较大增长的情况下，出现上述现象明显反常。经过进一步审查核实，最后查明，该单位存在以各种渠道弄到运费单据入账，集体私分利润15万元的违纪问题。

（3）简单合理性分析法

简单合理性分析法是利用彼此相关的账户金额（余额）和可能造成某种变化的各种因素对报表项目或账户金额（余额）进行预测的一种方法。将期望值与报表项目或账户金额（余额）进行比较，并对报表或账户金额（余额）进行评价。简单合理性分析法非常有效，广泛运用于审计准备阶段和实质性测试中。

案例：根据年度审计项目计划安排，B区审计局派出审计组对Y镇党政主要领导任期经济责任进行审计，发现该镇的农机采购合同存在异常情况。审计人员在对Y镇近三年实施的政府投资项目进行梳理时发现，该镇202×年一农机设备采购项目（以下简称N项目）的采购合同甲方（购买方）为Y镇财政分局，签字人为该镇财政分局时任会计，应用简单合理性分析法审计发现，N项目的合同为什么是以Y镇财政分局的名义签订的？而其他合同都是与Y镇人民政府签的？……这引发审计组疑惑。

将N项目纳入审计重点内容后，审计组立即安排人员对N项目的项目资料和财务资料进行了收集、整理，梳理后发现，202×年10月13日，Y镇财政分局与H公司签订《Y镇农机建设项目采购合同》，共采购农机设备20项，合同金额100万元。送货清单仅有设备名称、规格型号、数量及金额等信息（与采购合同一致），未注明出厂编号和生产厂家。N项目于次月23日完成了区级验收，验收结论为合格。款项已于次月由区财政局全额支付给H公司（11月18日支付75万元，11月24日支付25万元）。同年11月21日，H公司通过某行退还50万元至Y镇财政分局代管资金账户……看到这里，应用简单合理性分析法让审计人员产生警觉，发现了新的审计线索：

1）在财政资金非常紧张，大量政府投资项目存在拖欠工程款的情况下，N项目的农机设备款为什么支付如此"及时"？

2）送货清单未注明出厂编号和生产厂家等关键信息，设备验收时如何判断送货清单与实物是否一致？

3）在40天左右的时间里，完成了从合同的签订，到100万元农机设备的采购、交付和验收等一系列流程，这效率可不是一般的高，是否存在"先上车后补票"的情况？

4）H公司为什么会退还Y镇财政分局50万元？

（4）趋势分析法

趋势是指有规则的变化，是审计人员对被审计单位若干期财务或非财务数据进行比较和分析，从中找出规律或发现异常变动的方法。常用的趋势分析方法有若干期资产负债表项目变动趋势分析、若干期利润表项目变动趋势分析、若干期资产负债表或利润表项目结构比例的变动趋势分析、若干期财务比率的变动趋势分析、特定项目若干期数据的变动趋势分析。

案例：2024 年 2 月，××会计师事务所对××公司年报审计中发现，近 3 年××公司在国外完全没有发生经济业务，2023 年××公司突然在中亚、东南亚、太平洋地区等地区均有经济业务，业务覆盖的范围广泛。由于涉及境外业务的企业较难审计，事务所需要克服各国语言、法律法规、文化的差异，还要受限于审计时间和成本，很难获得充分适当的审计证据，存在较大审计风险。审计人员应用简单合理性分析法进行审计，认为 2022 年××公司的年报显示国外的业务高达 2.2 亿元，占营业总收入的 23.81%，而 2023 年国外的营业收入仅有 0.65 亿元，同比下降约 97%，国外经营的营业收入变化幅度如此之大。通过简单合理性分析法，该公司的业务地点变化也应该引起会计师事务所的重点关注。

（5）回归分析法

回归分析法是一种用于对被审计单位指标形成准确的估计值的方法。回归分析注重数据间的相互联系，并将这些联系量化，寻找其中的规律，然后运用此规律对新的数据进行预测。在选择回归模型时，可以通过将数据划分为训练集和测试集的方式来评估模型的准确性。简单回归可以分析估计混合性行为，例如，可以估计应收账款和销售额变化的趋势，以及与销售额的变动无关的固定成本。

案例——运用回归分析审计出入库数量真实性：粮食仓储企业出入库时需要使用扒谷机、输送机、除杂设备等。这些设备都使用电力作为能源，企业用电量会比平时有较大增长，在审计中可考虑用电费变化来推断粮食出入库数量真实性。

假设电费与出库数量、入库数量呈线性关系。根据某粮库某年出入库码单统计各仓（共 9 个仓）出入库时间、数量，形成粮食储存统计表，全年共出库粮食 22882 吨，入库 26327 吨。从会计凭证中取得当年电费发票 12 页，根据电费结算期间汇总计算各结算期间出库、入库粮食数量。在审计回归分析软件中对电费与出库数量、入库数量进行二元线性回归（见表 8-1），得到回归方程为：电费=-0.462×出库数量+0.590×入库数量+4818.677。

表 8-1 审计回归系数 a

模型	非标准化系数		标准系数	t	Sig.
	B	标准误差	试用版		
（常量）	4818.677	644.577		7.476	0.000
出库（吨）	-0.462	0.164	-0.574	-2.819	0.020
入库（吨）	0.590	0.187	0.643	3.160	0.012
a. 因变量：电费					

理论上来说，电费与出库、入库数量应该是正相关关系，不可能出现负值回归系数。出库数量对电费的回归系数为-0.462，即出库数量越多，电费越少，显然异常，

虚假出库的可能性比较大。从表 8-2 可以看出，有两期电费与无出入库时电费相当，却分别出库 2180.10 吨、4380.12 吨，虚假出仓可能性较大。

表 8-2　某粮库某年电费及出入库数量一览

结算期间（日期）	电费	出库（吨）	入库（吨）
12.19-1.17	4312.38	0.00	0.00
1.17-2.19	3894.69	0.00	0.00
2.19-3.18	2261.54	4125.75	740.00
3.18-4.17	4950.98	3462.89	4404.62
4.17-5.17	4233.71	8732.73	4906.38
5.17-6.17	7340.64	0.00	7050.74
6.14-7.17	9239.11	0.00	2225.26
7.17-8.19	**4007.07**	**2180.10**	0.00
8.19-9.13	**3301.83**	**4380.12**	0.00
9.13-10.16	9033.32	0.00	4025.15
10.16-11.17	6276.94	0.00	2974.85
11.17-12.11	3931.98	0.00	0.00
合计	62784.19	22881.58	26327.00

以上审计回归模型是较为简单的。如果要做详尽的审计分析，应考虑粮库冬季机械通风、夏季熏仓作业所引起的电费增长，同时将在库数量也作为自变量进行多元回归，如能取得多年数据，按用电结算期间进行同期回归分析或时间序列分析，则结果应该会更精确。电费回归分析得出的异常结论可以作为重要的旁证，或者作为重要疑点，通过其他审计方法进一步核实、取证。

（6）相关分析法

相关分析法是衡量一个变量与另一个变量之间关系的一种方法。具体表现为：当一个变量增加时，另一个变量也相应地增加，则它们正相关；当一个变量增加时，另一个变量却相应地减少，则它们负相关。

案例：A 大学不少学生反映食堂饭菜质量差、定价高，而食堂管理部门却说饭菜成本太高，一直在亏本经营。问题究竟出在哪儿？面对这一矛盾，学校决定聘请审计组对食堂 2022 年度、2023 年度财务收支情况进行审计。审计组应用相关分析法进行审计测量发现，各区餐厅不同组从食堂领取粮油（全校统一采购）等材料成本与应当上缴的营业收入存在正相关关系，相关系数为 1.85。但是，食堂成本费用核算报表显示，P 区餐厅一组（在分校区，远离主校区）2022 年和 2023 年从食堂领取粮油等材料成本共计 49 万元，但是，两年共上缴营业收入 0.65 万元。据相关系数推断存在大部分营业收入被截留，P 区餐厅一组严重违反学校和食堂财务管理制度。针对经营组餐费收入有截留、不上缴食堂的现象进一步审计发现，P区餐厅一组未实现一卡通刷卡就餐，餐费以现金形式由餐厅自己收取。由于在分校区、远离主校区的P区餐厅一组脱离学校监督，失去学校的饭菜质量管控，导致P区餐厅的饭菜质量差、定价高。

（7）时间序列分析法

时间序列是指观察或记录下来的一组按时间先后顺序排列起来的数据。审计人员在核查信息时，往往会把与被审计事项相关的信息收集、整理、分类、归纳后进行系统性的分析，其中，时间序列思维在审计分析中不可或缺，甚至助力审计人员快速发现异常现象或问题线索。确定被预测对象的影响因素包括长期发展趋势、季节性变动、周期性变动、预测未来时刻的发展、随机因素等方面。若被审计事项复杂，审计人员可以将与该事项相关的时间、人物、事件按照推进的时间序列进行统计和分析，可以很方便找出审计异常现象或问题线索。

案例：2023年6月审计组对DS公司建设工程项目招标的合规审计中发现，招标文件要求投标人提供500万元以上的同类项目工程业绩，2022年12月投标人A公司以150万元中标。审计组查阅A公司投标文件时发现该投标人提供了一份由B公司发包的同类项目工程600万元的中标通知书（2022年10月）以及对应的合同复印件，审计人本着谨慎性考虑，审计人员应用时间序列分析法对"中标通知书以及对应的合同复印件标注时间2022年10月"进一步核实，该"500万元以上的同类项目工程业绩"是否真实进一步核实，向投标人A公司索要提供对应的营业收入纳税发票进行验证，但投标人A公司无法提供纳税证明。

带着一丝疑问，审计人员应用时间序列分析法的思路将中标人A公司提供的发包人B公司通过天眼查搜索，发现B公司在2022年度时间序列业务匹配出现了异常。经查B公司于2019年1月的营业执照经营范围已完成变更，已无同类项目工程活动开展，即中标人A公司2022年10月提供与发包人B公司600万元的同类项目工程业绩是虚构的。中标人A公司不符合投标资质，而提供了虚假的与B公司同类项目工程业绩。审计人员应用时间序列分析法审计判定投标人A公司违反了《招标投标法实施条例》第四十二条，DS公司的建设工程项目招标过程不合规。

综上所述，辅助审计技术在现代审计工作中扮演着越来越重要的角色，它们帮助审计人员更全面地了解被审计单位的情况，提高审计工作的效率和准确性，为做出更准确的审计判断提供有力支持。然而，尽管辅助审计技术具有诸多优势，但审计人员在使用时仍需保持谨慎和专业的态度，结合实际情况进行判断和分析，以确保审计工作的质量和可靠性。

本章小结

传统的审计方法可以分为基本方法和技术方法两类。技术方法分为基本审计技术与辅助审计技术。基本审计技术是在审核检查时必须采用的技术，主要用于直接收集重要审计证据。这些技术包括审阅法、核对法、盘存法、函证法、观察法和询问法等。辅助审计技术是指在基本审计技术的基础上，为进一步提高审计效率和准确性所采用的一些辅助手段和技术。

基本审计技术和辅助审计技术并不是截然分开的，它们在实际工作中往往相互融合、相互支持。审计人员应根据具体审计对象和审计目标，灵活选择和运用各种审计方法和技术，以确保审计工作的顺利进行和审计质量的不断提高。

关键概念

函证：Confirmation of Confirmation

审阅法：Method of Review

观察法：Method of Observation

询问法：Method of Inquiry

核对法：Method of Checking

现金监盘：Cash Supervision

存货监盘：Supervision of Inventory

趋势分析法：Trend Analysis Method

自测题

一、单项选择题

1. 以下关于审阅法的运用技巧哪项正确？（　　）

A. 关注异常数　　B. 选择突击方式　　C. 运用系统观察　　D. 进行分析比较

2. 以下关于询问法的要点哪项不正确？（　　）

A. 准备好访谈的内容　　　　　　　B. 了解受访者

C. 告知访谈目的　　　　　　　　　D. 认真核对报表

3. 以下哪项不属于现金监盘的特点？（　　）

A. 突击性　　　B. 时间性　　　C. 程序性　　　D. 实践性

4. 以下哪项不属于特殊类型存货的监盘？（　　）

A. 未知数量的农、林、牧、渔等产品监盘

B. 无标签的木材、钢筋盘条、管子监盘

C. 未知重量的堆积型存货监盘

D. 对300个笔记本的监盘

5. 哪一项不属于注册会计师设计询证函时需要考虑的因素？（　　）

A. 识别重大错报风险　　　　　　B. 询证函的版面设计

C. 被审计单位管理层的社会地位　　D. 沟通的方式

二、多项选择题

1. 审阅法包括（　　　）。

A. 观察凭证　　　B. 阅读资料　　　C. 收集资料　　　D. 审核资料

2. 审计需要核对的内容有（　　　）。

A. 会计资料间的核对　　　　　　　B. 会计资料与其他资料的核对

C. 有关资料与实物的核对　　　　　D. 被审计单位的信息

3. 函证法适用的审计程序有（　　　）。

A. 短期投资　　　B. 应收票据　　　C. 其他应收款　　　D. 预付账款

4. 以下属于分析法的有（　　　）。

A. 比较分析法　　　　　　　　　　B. 比率分析法

C. 简单合理性分析法　　　　　　　D. 趋势分析法

5. 以下属于趋势分析法的有（　　　）。

A. 资产负债表项目变动趋势分析　　B. 利润表项目变动趋势分析

C. 利润表项目结构比例变动趋势分析　D. 财务比率的变动趋势分析

三、判断题

1. 审阅法主要针对电子资料。（　　　）

2. 核对法通常指将书面资料的相关记录进行相互勾稽，以验证其是否相符。（　　　）

3. 盘存法是通过对有关财产物资的清点、计量，来证实账面反映的财物是否确实存在的一种审计技术。（　　　）

四、简答题

1. 审阅法的运用技巧有哪些？

2. 盘存法通常包括哪些方式？

3. 举例说明特殊类型存货的监盘程序有哪些？

五、论述题

1. 简述审计师设计询证函时需要考虑的因素。

📖 **相关阅读**

现阶段中央企业境外审计方法初探①

在推动"一带一路"倡议过程中，以中央企业为龙头的国有企业"走出去"步伐明显加快，国有企业境外板块业务占比逐年增加。如何有效履行国家审计监督职责，进一步揭示境外国有资产投资、运营和管理方面存在的问题，从而促进境外国有

---

① 资料来源：中华人民共和国审计署官网。网址：https://www.audit.gov.cn/n6/n1558/c127258/content.html

资产保值增值，防止国有资产流失值得探讨。当前，审计署组织开展的中央企业境外审计主要由各特派办具体实施，重点关注中央企业境外投资及境外国有资产管理和使用情况，受制于内部资源、外部环境等因素，现阶段的境外审计以立足境内开展境外审计工作为主。此处拟结合中央企业境外审计现状，初步探讨开展境外审计的路径方法。

一、中央企业境外资产主要风险点

据《中央企业海外社会责任研究报告（2017）》反映，中央企业境外资产规模已超过6万亿元，投资分布在全球185个国家和地区，业务涉及工程承包、能源资源开发、高铁、电信等多个领域。另据国务院国资委公布的数据显示，中央企业境外投资额约占到中国非金融类对外直接投资总额的60%。相较于境内投资，境外投资面临的风险更高。从近年来审计署的公告结果来看，中央企业境外资产面临的风险主要有五种：

一是境外投资违规决策造成的风险。部分项目前期论证不充分、可行性研究报告编制流于形式，企业盲目决策或未履行必要决策程序开展境外投资，造成国有资产损失。

二是部分企业违反相关规定，擅自从事高风险经营活动的风险。例如，违规投资非主业项目，违规出借资金、提供担保，通过股票、期权等金融市场投机，造成国有资产损失。

三是境外企业内部管理不到位的风险。部分企业风险管控能力不足，造成境外资金管理使用不规范，如违规大额资金支付、公款私存、违规出借境外账户等，造成国有资金脱离监管，存在损失风险。

四是国有资产"私人化"的风险。因投资所在地区的政策法规要求等原因，部分境外股权、资产需通过私人代持形式持有，但中央企业未履行必要报批手续、未采取有效措施，造成国有资产存在"私人化"风险。

五是所在国当地系统性风险。境外资产所在国出现政治、社会动乱，中央企业事先风险预估不足，未采取有效措施规避，造成国有资产损失。

二、中央企业境外资产审计方法探讨

有别于传统企业审计，中央企业境外审计所需关注的风险点更为零散、复杂，加之地域跨度大、语言差异、境外管辖权冲突、知识人才储备欠缺等诸多不利因素相互交织，开展境外审计需要拓展审计思维，创新审计模式。通过总结近年来中央企业境外审计的经验，笔者认为可围绕以下四点开展审计工作：

一是围绕决策链条开展工作。境外项目因其自身风险较大，较同规模境内项目审批更为严格、层级更高，并需向发改委、国资委、商务部等多部门备案或报批。为追求扩大规模、参与恶性竞争等目的，企业可能存在盲目决策或未履行必要决策程序开展境外投资的情况。因此，从审前调查阶段开始，审计人员就应认真梳理企业境外业务涉及的集团内、外相关法规制度，以清单形式了解境外项目筹备阶段各项工作完成情况。关注项目决策程序是否规范，可行性研究是否充分，是否存在为扩大规模、争取业务盲目上马项目，不惜牺牲利润造成国有资产损失等情况。

二是围绕资金链条开展工作。受制于现阶段难以开展境外现场审计，审计工作可以围绕境外资金管理使用情况开展。关注境外资金管理情况，看是否存在资金集中度不高、境外银行账户管理不规范、公款私存、境外支出内控管理不健全等情况；关注境外资金支出情况，看是否存在购买股权、资产由个人代持但未履行必要程序、在对方未提供服务等情况下无依据支出等情况；关注境外资金套期保值情况，关注是否存在盲目追求高风险投机形成风险隐患、对所在国国别风险评估不足形成汇兑风险等情况。

三是围绕数据链条开展工作。合理有效利用计算机、大数据审计，为境外审计提供支持，可以极大缩减审计工作量，提升审计效率。中央企业体量大、层级多，其境外子企业往往多为三四级及以下单位，分析筛选历年"三重一大"决策、内部审计报告、风险评估报告、内部收发文等资料以及财务数据分析，在以往审计过程中往往费时费力，且不易抓住重点。借助大数据审计相关技术支持，通过关联系统进行财务指标分析，同时结合文字材料进行关键字抓取，筛选存在风险隐患、出现亏损等重点核查线索，可以在较短时间内锁定审计重点，提高审计效率。

四是围绕股权链条开展工作。境外公司出于资本运作等目的，频繁设立特殊目的公司，使得中央企业境外机构股权链条长、股权关系复杂。另外，境外机构多为境内企业的分公司或下属实体，境外审计工作也无法忽视境内母公司的影响。实践中，通过构建境外机构股权链条，明确公司间关联关系，重点关注各关联方，尤其是母子公司之间往来事项，可以核查企业是否存在通过往来科目开展融资性贸易、虚假贸易以粉饰公司业绩，以及通过往来款长期挂账造成国内外公司盈亏不实等问题。

9

审计信息技术迭代

本章学习目标

1. 了解现代信息审计的产生与发展。
2. 掌握计算机辅助审计技术的要点及应用技巧。
3. 熟悉信息系统审计技术的理论与实践。

9.1 审计信息技术产生及发展

9.1.1 现代信息审计技术的产生与发展

20 世纪 90 年代末，随着信息技术的迅猛发展，计算机技术在各行各业的运用越来越广泛，使得以审查会计账册和相关经济活动资料为主要方式的审计职业遇到了前所未有的挑战。不掌握计算机技术，就无法打开账本，更难以开展审计工作。1998 年，审计署开始筹划审计信息化建设，1999 年底正式向国务院提出建设审计信息化系统的请示。至此，中国审计信息化建设开始逐步推进。

根据国务院批复，审计署进一步明确了"总体规划、统一设计、整体推进、分步实施、推广应用、加强指导、勤俭节约、严谨细致"的建设思路。按照这一目标和思路，"金审"工程一期 2002 年 4 月启动，突出了"规划、基础设施和基本应用"；"金审"工程二期 2008 年 7 月启动，突出了"初步建成国家审计信息系统""提升审计监督能力"。"金审工程"一期、二期均已完成建设并通过国家发展改革委验收，且成果广泛深度运用。目前，"金审"工程三期已经国家发展改革委批复并全面启动，已完成国家大数据审计中心等应用系统需求梳理，进入全面开发阶段，网络系统、安全系统等其他内容建设稳步推进。

2014 年，国务院发布《国务院关于加强审计工作的意见》，要求"创新电子审计技术，提高审计工作能力、质量和效率。推进对各部门、单位计算机信息系统安全性、可靠性和经济性的审计"。这为新形势下如何适应信息技术的发展、加强计算机审计、转变审计工作方式指明了方向。

信息技术迭代发展，新经济、新技术、新业态、新模式不断涌现，这些信息技术不断给审计赋能，极大地推动了审计的发展。信息技术不仅改变了审计的技术和方法，还对整个审计工作的方式、程序、质量和管理，以及审计人员的思维方式和自身素质产生了革命性的改变，主要体现在：①扩大了审计的职能：从以审计为主到审计与管控并重。②扩大了审计的范围：从以经济安全为主到经济与信息安全并重。③扩大了审计的内容：从以财务为主到财务与业务并重。④改变了审计的对象：从账本到数据库。⑤改变了审计的模式：从事后到事前、事中、事后。⑥改变了审计的方式：从现场勘查到远程分析为主。⑦改变了审计的手段：从纸质到电子。⑧改变了审计的证据形式：从有形到无形。⑨改变了审计的抽样基础：从抽样到全样本。⑩颠覆了审计的测试内容：从人工系统到信息系统。⑪改变了审计的工作形式：从合作到协同。⑫改变了审计的风险内涵：从经验到模型。

近年来，中国现代信息审计技术发展趋势主要有以下三种：

（1）依托云计算搭建云审计平台

要实现云计算在审计中的应用并推动云审计的发展，首先需要建立云审计平台作为基础工程。云审计平台是建立在"云计算"基础上的审计平台，实现各类审计信息的数字化，以促进信息的交流和共享，使审计资源得到充分优化利用。云审计平台不仅能够容纳各种审计所需的资源，对审计数据进行归集和管理，实现资源共享，而且能够将数据实时更新并有机地集合在一起，在统一的标准下建立各种审计模型，从而对审计数据进行科学全面的分析处理，实现审计的自动化和智能化。此外，云审计平台的建立能够进一步为实现大数据时代的审计全覆盖提供技术保障。云审计的不断发展必须伴随着云基础设施的发展，否则会给云审计带来巨大的审计风险。

（2）利用大数据开展总体审计

随着大数据的发展，人们不再局限于大量数据的收集和整理工作，可以利用大数据对被审计单位的所有数据信息进行收集和分析，使得对被审计单位进行总体审计成为可能。这不但能规避随机抽样产生的抽样风险，还能提高审计效率和审计质量。利用大数据技术的总体审计策略也能使得审计人员建立总体审计的思维模式，从而使现代审计获得革命性的变化。

（3）基于人工智能发展智能审计

大语言模型、生成式人工智能、人形机器人等现代信息技术的涌现不断推动审计行业的数智化转型与发展，给审计工作带来了重大变革，使其从传统的数据处理工作转变为更高级的数据分析和模型训练工作，在提高审计效率、提升审计质量、防止和检测欺诈、提供决策支持等方面都发挥了重要作用。人工智能技术在审计中的应用具有重要价值，是审计行业发展的重要趋势。

2017 年 9 月，德勤智能财务机器人投入使用，智能会计的实现引发了审计人员对智能审计的关注。在人工智能技术的支持下，智能审计旨在建立一个模拟审计人员人脑思维功能的系统，使其能够快速从大量数据中确定所需要的审计数据，并从中识别异常数据以降低审计风险。人工智能技术可以广泛应用于需要阅读大量文件的审计活动中，它可以比人工更快地找出并提取相关信息，并将其转换为审计需要的格式供审计人员检查、分析和审查使用。此外，智能审计还可以帮助审计人员进行数据统计和辅助相关决策，有效地解决审计效率与审计风险之间的矛盾。因此，智能审计可以将节约的大量时间投入到更有价值的工作中，更多地关注审计质量的提高。智能审计在审计工作中的应用也能为其提供现代化的风险评估措施，因为审计人员将不再局限于数据样本的限制，可以收集更多，甚至是被审计单位的全部数据，将审计风险控制在可接受的范围之内。

9.1.2 现代信息审计的准则

9.1.2.1 现代信息审计的中国标准

随着现代信息审计的发展，中国相关部门从1993年起发布了一系列准则或指南。1993年发布的《审计署关于计算机审计的暂行规定》确定了计算机审计的内容。1996年和2001年，审计署、国务院办公厅又先后颁布了《审计机关计算机辅助审计办法》《关于利用计算机信息系统开展审计工作有关问题的通知》。

中国注册会计师协会2015年3月发布了《商业银行审计指引》，大型商业银行在经营过程中广泛运用信息技术处理海量数据，会对内部控制、数据存储和读取方式等产生一系列的影响。这一指引指导会计师事务所提升信息技术一般控制与应用控制测试的能力，创新信息技术环境下的审计方法，并且要求专门的信息技术团队参与审计。

中国部审计师协会2021年1月发布了《第2203号内部审计具体准则——信息系统审计》。

为贯彻落实《财政部、人民银行、国务院国资委、银保监会、证监会、国家档案局、国家标准化管理委员会关于推进会计师事务所函证数字化相关工作的指导意见》（财会〔2020〕13号），制定了《银行审计函证数据标准（试行版）》（财会〔2021〕7号）。在执行该标准过程中，银行的函证系统能够接收和读取按照该标准生成的函证请求，并按照该标准生成函证回函；事务所的函证系统能够按照该标准生成函证请求，并读取和接收按照该标准生成的函证回函；函证数字化平台能够接收和发送按照该标准生成的函证请求和回函，并能够生成和读取相关电子文件。

2021年6月，国家市场监督管理总局发布了《信息安全技术——代码安全审计规范（GB/T 39412—2020）》。

2021年4月，中国注册会计师协会印发了《注册会计师行业信息化建设规划（2021—2025年）》（以下简称《信息化规划》），提出行业信息化未来五年的建设目标为"标准化、数字化、网络化、智能化"，并将"推动构建行业数据标准体系"作为行业信息化建设的一项重要任务，提出围绕审计数据采集、审计报告电子化、行业管理服务数据、电子签章与证照等领域，按照继承、发展和创新原则，急用先行、循序渐进推动构建科学适用的行业数据标准体系，满足数据共享交换和数据分析需求，发挥数据作为生产要素的作用。

2023年1月，中国注册会计师协会建立了集事务所层面管理和业务层面作业的全方位的智能审计平台和一体化管理平台。

2023年3月27日，中国注册会计师协会发布了《注册会计师审计数据规范——公共基础》《注册会计师审计数据规范——总账》《注册会计师审计数据规范——销售》《注册会计师审计数据规范——银行流水》4项注册会计师审计数据规范。

此外，中国注册会计师协会大力推动大数据审计行业标准化建设。组织专家团队制定数字化转型的相关标准，包括数据管理、信息安全和技术应用等，为事务所提供明确的操作指南。建立科学有效的评估体系，帮助事务所全面了解其在数字化转型中的进展与不足。时刻关注数字化转型中的信息安全问题。强化事务所的信息安全意识，确保客户信息与业务数据的安全性。加强对数字化转型项目的监管，确保项目的合规性、安全性和有效性。

这些为开展现代信息审计提供了制度依据，同时也是现代信息审计工作的基本规范。

9.1.2.2　现代信息审计的国际准则

信息系统审计与控制协会（ISACA）发布了信息系统审计准则和COBIT 2019框架。ISA准则体系目前包括16个信息系统审计标准（Standards）、42个方针（Guidelines）和11个工具与技术程序（Tools and Techniques），是一个完整的体系。ISACA发布了COBIT 2019框架，是一个更加全面的信息和技术治理和管理框架。已经发布了如下4个文档：《COBIT 2019框架：引言和方法论》，阐述了整体框架的结构；《COBIT 2019框架：治理和管理目标》，包含了COBIT核心模型及40个治理和管理目标的详细说明；《COBIT 2019设计指南》，为如何将COBIT付诸实践提供了指导；《COBIT 2019实施指南》，对《COBIT 5实施指南》进行了更新。

基于20多年的研究与应用，COBIT 2019框架不仅整合了影响企业最新信息技术发展的内容，包含原则、实践、分析工具和模型，还整合了业内主要的框架、标准和资源，包括ISACA发布的其他框架以及其他组织发布的相关标准等，通过有效地治理与管理实现组织目标并交付价值。COBIT 2019框架把IT业内的活动组织成普遍接受的程序参考模型和程序能力成熟度模型，它是目前国际上公认最权威的安全与信息技术治理和管理的标准。

国际内部审计师协会（IIA）发布的GTAG和GAIT都是其强烈推荐的计算机审计指南。GTAG用于指导首席审计官（CAE）、审计委员会和审计主管等审计高级管理层解决有关IT管理、控制和安全方面的问题。从2005年3月到2012年3月，IIA陆续发布了IT风险与控制、变更和补丁管理控制、信息安全治理、数据分析技术等16个信息系统审计指南，并更新了最早的两个指南。GAIT是IIA于2006年11月29日审议通过的一套基于风险的IT一般控制评价的原则和方法，它采用基于风险的IT一般控制评估方法论，关注业务与IT风险，识别信息系统一般控制中的关键因素和关键控制点，帮助评价企业信息系统控制的成本收益以及效率与效果，以满足《萨班斯—奥克斯利法案》404 条款的要求。2024 年 1 月 9 日，IIA 发布了新修订的《全球内部审计准则》，对网络安全审计等关键领域的具体指导进行标准化。此外，IIA 于 2024 年 1 月 9 日发布了新修订的《全球内部审计准则》，对网络安全审计等关键领域的具体指导进行标准化。

其他一些组织也发布了相关规范，例如，英国政府商务办公室（OGC）2007 年 5 月发布了新版 ITIL；英国国家标准局（BSD）制定了信息安全管理标准 BS7799；美国审计总署（GAO）2009 年 2 月发布了 FISCAM；美国卡内基梅隆大学的软件工程学院（SEI）于 2010 年 11 月发布了 CMMI 1.3 版本。除此之外，还有欧洲质量管理及业务卓越模型 EFQM、COSO 及 ISO9000 等。

9.2 计算机辅助审计技术

9.2.1 计算机辅助审计技术分类

陈伟（2023）归纳发现，一些文献给出了计算机辅助审计技术（CAATs）的定义：①有的文献认为，广义上讲，计算机辅助审计技术是指在帮助完成审计的过程中使用的任何技术。②由于多数关于计算机辅助审计技术的定义仅用于审计计算机应用系统以及用于抽取和分析电子数据的技术。因此，有的文献把计算机辅助审计技术描述为，用来直接检测一个应用系统的内部逻辑以及通过检查被应用系统处理的数据来间接地评价一个应用系统逻辑的技术。③有的文献认为，计算机辅助审计技术是基于计算机的技术，它能帮助审计人员提高工作效率，并能通过借助计算机的能力和速度提高收集审计证据的审计功能。④有的文献认为，简单地讲，计算机辅助审计技术就是指能用来以更有效的、高效的、及时的方式进行审计的技术。

综上所述，利用计算机软件和工具，辅助审计人员进行数据处理、分析和审计判断等，是辅助审计技术的重要组成部分。

王会金和许莉（2020）认为，常用的 CAATs 可以分成两类：一类是用于验证程序/系统的 CAATs，即面向系统的 CAATs；另一类是用于分析电子数据的 CAATs，即面向数据的 CAATs，也可以称为电子数据审计技术[①]。它利用计算机的高效处理能力和数据存储能力，对大量数据进行快速筛选、排序、汇总和分析，从而帮助审计人员更快地发现问题和异常。此外，CAATs 还可以自动化执行一些常规的审计任务，减轻审计人员的工作负担，提高审计工作的效率。除了以上的审计技术外，辅助审计技术还包括其他工具和方法，如重新计算法，以及各类分析法。

---

① 王会金，许莉. 审计学基础［M］. 北京：中国人民大学出版社，2020.

按照 CAATs 所采用的分析方法的不同，最高审计机关国际组织（INTOSAI）IT 审计委员会又将其分为基于程序分析和数据分析两类。

根据相关文献资料的研究，结合当前国内外 CAATs 的应用现状，可以将常用的 CAATs 分成两大类（见图 9-1）：

一是面向系统的 CAATs，主要用于验证和测试程序系统的内部逻辑和数据处理的正确性；

二是面向数据的 CAATs，主要用于对被审计单位相关的电子数据进行采集和分析处理，发现审计线索，收集审计证据，形成审计结论。

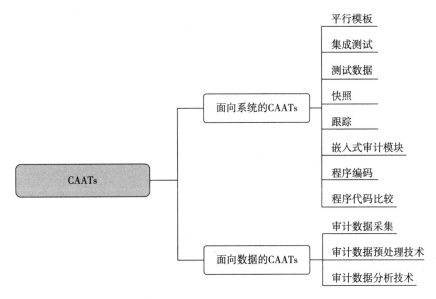

图 9-1　CAATs 分类及用途

9.2.2　审计软件的应用情况

审计软件是为了采集和处理被审计单位的电子数据而设计的计算机审计程序，包括从被审计单位的数据库中采集电子数据，按审计要求对被审计单位的数据进行加工，以及按审计人员的需求输出审计信息。2022 年 12 月 29 日，中国注册会计师协会为贯彻落实《关于进一步规范财务审计秩序促进注册会计师行业健康发展的意见》，发布了《推动会计师事务所普及应用审计软件工作方案》：大型会计师事务所审计软件智能化升级有序推进，中小型会计师事务所审计软件的普及率大幅提高，会计师事务所通过信息化手段提高审计质量和审计效率，促进会计师事务所数字化转型，推动实现"标准化、数字化、网络化、智能化"的战略目标。

审计软件按其适用范围可划分为通用审计软件和专用审计软件。

2009 年 8 月的《内部审计师》（Internal Auditor）杂志发布了全球 138 个组织关于审计软件的调查报告。发现审计软件在数据提取、数据采集、舞弊侦测、持续监控等领域有广泛应用，其中，数据分析软件仍是使用最广泛的工具，约 3/4 的受调查者使用 ACLIDEA 等审计软件。国际常见的通用审计软件还有 Galileo、AutoAudit for Windows、TeamMate Composes、QPL 等。

2022 年 11 月北京注册会计师协会对 136 家中小会计师事务所（约占北京地区中小会计师事务所的 17.92%）进行调查，绝大部分已经使用了信息化系统，仅有 13 家未使用，占 9.56%。在使用的信息化系统中，以审计作业系统、审计辅助工具和内部管理信息系统为主，其中使用审计作业系统的有 96 家，占 70.59%；使用审计辅助工具的有 54 家，占 39.71%；使用内部管理信息系统的有 43 家，占 31.62%。使用的审计作业系统首先用于报表审计项目，其次是专项审计项目。其中：报表审计和专项审计均使用的有 65 家，占 47.79%；仅在报表审计项目使用、专项审计未使用的有 52 家，占 38.24%。审计作业系统获得的主要途径为市场购买的共 111 家，占比 81.62%；自主研发和定制研发的仅有 3~4 家。审计作业系统使用鼎信诺的事务所占据一半以上，共有 75 家，占比 55.15%；使用中普的有 24 家，占 17.65%；自行开发的事务所仅有 6 家，占比 4.41%。还有个别事务所使用 E 审通、审计大师、通达 OA、阿帕奇系统、审友、新纪元数据狗、悦审软件、E 注册会计师等。此外，此次调查发现目前使用审计作业系统存在的问题主要有：功能较为单一，兼容性不强，智能化程度不高，难以全面满足各类型、全流程作业的要求以及拓展新业务和"做精做专"的需求；"重底稿、轻智能化"，难以将风险评估和应对穿透到项目全流程，难以满足注册会计师应对舞弊的业务需求；单机版模式满足不了移动办公和协同工作的需求；产品价格偏高等问题。还有事务所认为：软件系统仅是审计过程中的一个工具；网络化和单机版存在矛盾的问题；购买审计作业系统不能获得技术手册，在需要调整时不能自行调整，必须依赖于软件商的技术支持，从而耽误了审计时间；缺少智能化等。在所有希望实现的功能中，超五成以上的中小会计师事务所希望审计作业系统能实现的功能主要为：一是作业管理，占 83.09%；二是档案管理，占 72.79%；三是项目管理，占 69.12%；四是客户信息管理与维护，占 58.09%。

9.2.3 审计软件、审计平台、解决方案介绍

根据中国注册会计师协会网站"信息技术产品推介"专栏，共推荐了以下 15 种审计软件、审计平台、解决方案：

（1）中企云链——企业间往来区块链数字函证平台（云函证）

云函证是中企云链股份有限公司（以下简称"中企云链"）开发的第三方企业

间往来区块链数字函证平台（以下简称"云函证平台"），致力于为会计师事务所、企业单位提供基于成熟产融生态及金融隐私安全的企业间往来区块链数字函证服务，作为第三方平台为审计函证程序提供高效、集约的数字化服务。云函证平台借助区块链技术将函证文件进行分布式、碎片化存储，通过用户私钥授权管理，保证函证全流程无人工干预，规避人为篡改风险，助力函证业务数字化发展。截至2023年6月30日，云函证平台现有核心企业（链长企业）3845家，与核心企业具有链属购销或其他交易关系的中小企业近29万家，会计师事务所使用方29家，已充分具备实施函证的条件；在云函证平台使用上，累计确认金额已超过1万亿元，截至2023年6月30日，协助链属企业实现累计融资6800亿元，使用度已形成市场规模优势。

（2）中科江南——企业数字函证智能平台

中科江南企业数字函证智能平台（以下简称"智能平台"）是专注于企业往来函证全流程、数字化、智能化的独立第三方数字函证平台。针对会计师事务所对企业函证集约化、规范化、数字化转型升级的需求，智能平台首创基于国家市场监督管理总局电子营业执照系统权威验证企业身份并对数据进行电子签名，完成企业函证的制作、授权、发函、提醒、回函、查询、核验、预警、归档、存证等全生命周期的管理，并以SaaS模式、本地服务等多种模式，灵活满足各类会计师事务所的不同需求，实现企业函证全流程的数字化、智能化。被审计企业和被询证企业无须注册、无须安装、无须额外成本，即可安全快捷验证企业身份登录使用平台，平台覆盖全国所有企业主体。截至2023年6月，全国约有4800万户各类企业主体为潜在函证对象。已领用电子营业执照2600多万户，企业已使用电子营业执照办理各类业务1.2亿多次。利用电子营业执照可以有效触达全国所有企业主体，已领用电子营业执照的2600多万户企业可以一照扫码直接登录平台。

（3）币码网络——区块链电子函证平台（币码E函证）

"币码E函证"区块链电子函证平台，是北京市币码网络科技有限公司自主研发的电子函证平台，作为第三方中立平台独立于会计师事务所、被审计单位、被询证者。其使用电子函证替代传统纸质函证，解决企业函证过程中效率低、成本高、回函慢、风险大等问题，在合规和安全的同时真正做到免快递、闪回函。自2020年10月上线，截至2022年3月底，已有300余家会计师事务所使用（含27家全国百强所）。

（4）财智共享——第三方智慧区块链函证平台（i发函）

第三方智慧区块链函证平台——i发函，是财智共享（北京）技术服务有限公司（简称"公司"）开发的独立于被审单位、被询证单位、会计师事务所的第三方函证平台。该平台服务于会计师事务所、企业、金融机构，功能涵盖函证设计、制作、审核、授权、发函、回函、分析、归档，平台内集成天眼查、百度地图、物流服务、高扫仪、电子签章、安全认证等多个第三方服务。公司致力于为审计行业提供信息化、数字化、智能化解决方案，帮助会计师事务所实现数字化转型，提升工作效率、降低工作风险。i 发函于 2017 年上线，截至 2021 年 7 月已服务会计师事务所 43 家，函证量 608342 封。其中，电子函证功能上线后，于 2020 年年审期间，服务 5 家会计师事务所、855 家企业，实现电函 3885 封。

（5）铭太科技——注册会计师审计协同作业系统（E 审通）

注册会计师审计协同作业系统——E 审通，是广东铭太信息科技有限公司（以下简称"公司"）为会计师事务所审计作业量身定做的应用软件，是一套面向项目团队审计作业全过程的协同作业软件，为用户提供一套集数据采集、项目管理、测试调整、查询分析、底稿管理为一体的审计作业综合解决方案。公司在审计监管、财政监管、国资监管、人大监管、证券监管、纪检监管等领域形成了专业的行业解决方案。

（6）用友友数聚——CPAS 查账通和 CPAS 迷你版

用友友数聚在 CPAS 审计信息系统的基础上，推出了 CPAS 查账通和 CPAS 迷你版，为中小型会计师事务所提供阶梯式审计应用方案，为大型会计师事务所提供审计工具类的融合应用产品。软件为中小型会计师事务所量身打造，采用轻量化设计，涵盖项目管理平台、数据准备、账表查询、综合查询和科目分析五大功能模块，可实现数据采集、查账看账、科目分析，应用简便，高效实用。同时，可与大型会计师事务所自研的审计作业系统进行融合应用，提升工作效率。

（7）九君科技——靶向综合评价与决策分析系统

靶向综合评价与决策分析系统（以下简称"系统"）集成了多种运筹学的数学算法，包括层次分析法、网络分析法、TOPSIS、VIKOR、拉开档次法、熵权法、复相关系数法、模糊综合评价法等，可以在决策（综合评价）过程中提供模型构造、计算和分析，以及多种科学算法工具。系统运用现代决策科学的方法，把影响决策的主客观因素通盘考虑进来，以运筹学系统论、控制论和科学计算为理论依据和方法，通过算法库，结合业务需求的各个属性建立数学模型，实现决策过程和结果反馈的科学化，为决策工作提供丰富的量化工具和科学依据，帮助决策者解决综合评价过程中遇到的模型构建、数据处理和分析等方面的技术问题，为各级各类决策（综合评价）对象提供服务。

（8）德勤——财报粉饰甄别解决方案（财报智评）

德勤大数据时代的财报粉饰甄别解决方案——财报智评，结合自身深厚审计经验及人工智能技术优势，独创多层次财报质量分析架构，在评估企业整体财报质量的同时直接提示重点异常问题，为用户提供真正对决策有用的信息。此外，德勤提供成熟的咨询及系统实施解决方案，可将成型的云端产品部署至本地，提升财务分析效率。财报智评充分结合在审计服务中积累的财务造假识别经验与风险咨询服务中秉持的风险管理理念，创新性提出动机分析导向的财报粉饰分析框架，利用大数据和人工智能技术搭建企业财务报告异常点识别规则引擎及智能分析系统，基于公开数据对全市场发债或上市企业财务报告质量进行持续监控，帮助监管机构、投资银行、金融机构的投资、信贷类部门等客户扩大业务覆盖面，高效识别财报风险，提高财务报告研究分析效率。财报智评首发于 2019 年 9 月 19 日，自上线以来，对 2020 年所有因涉嫌财报造假被证监会行政处罚企业的提前识别率达 100%，平均提前预警天数高达 606 天。

（9）铭垚科技——智能审计报告复核系统（易审宝）

智能审计报告复核系统"易审宝"，将专家模型和大数据建模相结合，通过大数据挖掘和基于神经网络的机器深度学习技术，融合图像识别（OCR）、自然语言处理（NLP）、知识图谱等人工智能技术，帮助会计师事务所审计报告质控部门精准识别审计报告的一致性差错，并快速侦测财务报表的合理性问题。"易审宝"包含以下两大核心功能：审计报告一致性审核、财务报表健康度检测。

（10）天健财智——财务智能预警解决方案

天健财判系统，是一款综合利用计算机视觉（OCR）、自然语言处理（NLP）、大数据及云计算等先进信息技术，并结合中国财务舞弊研究中心的财务舞弊识别核心框架及天健财智专家模型等财会专业技术，对企业财报可信度进行智能甄别，进而对财务健康度进行评价的企业财务智能预警信息系统。该系统具有舞弊智能预警、一键财报分析和数据研判三项核心功能。天健财判作为专家辅助系统，旨在为监管机构、金融机构、资本市场中介服务机构等用户，在监管、投资、风控、信评、审核等场景提供辅助服务，提高专家工作效率及效果。该系统已在上海、江苏、深圳、厦门、宁波等地监管局签约使用；与宁波银行、宁银理财、永赢基金和容诚会计师事务所等金融和审计领域客户达成合作。

（11）用友友数聚——CPAS 4.1 远程审计

用友友数聚的 CPAS 审计信息系统，自 2014 年 1 月发布以来，已从 1.0 版更新到 4.1 版。目前可为会计师事务所提供 CPAS 4.1 审计管理系统、CPAS 4.1 审计作业系统、CPAS 4.1 电子档案系统和 CPAS 函证中心系统四大产品线，通过线上立项、线下作业和远程复核，实现非现场审计策略下的数据实时共享、底稿在线复核、电子档案归档和函证线上管理等功能。通过 CPAS 的完整审计信息系统解决方案，能解决疫情时期会计师事务所审计人员不能现场办公、不能到被审计单位进行现场审计，合伙人不能及时管理项目进度，进而导致工作效率低等诸多问题，为会计师事务所用户提供足不出户即可实现完整审计流程的解决方案。

（12）成功快车——互联网+新财税综合服务平台

深圳市成功快车科技有限公司是一家集智慧财税和大数据处理于一体，以互联网技术、云计算、人工智能、大数据为基础，专注于打造"互联网+智能财税"服务的科技创新型互联网企业，旨在为财税领域上下游企事业单位与从业者提供综合财税服务解决方案，致力于"引领财税服务创新，构建健康财税生态圈"。成功快车已推出注册会计师行业智能服务系统、财税服务 B2B 交易撮合平台、财税知识共享平台、财税学院、财税便捷工具等产品，已实现智慧财务服务全端、全场景覆盖。

（13）鼎信诺——审计作业整体解决方案（ACE 系统）

新一代注册会计师审计作业整体解决方案——鼎信诺 ACE 系统，鼎信诺 ACE 系统的独特功能：①充分满足大所合规、集中质控需求。②独创的"事务所服务器—项目组服务器—项目成员电脑"三层系统架构。③风险导向审计。④智能审计，ACE 系统内置工作量裁剪问题，可以根据审计人员的回答智能裁剪审计工作量、工作底稿和审计程序，可以有效避免过度审计问题。⑤极大地提高审计效率。⑥审计协作。⑦无纸化办公。⑧集团审计。鼎信诺专注于为审计行业提供 IT 服务的公司，除了旗舰新型产品 ACE，鼎信诺还在审计共享服务中心、大数据库、知识库以及大型会计师事务所管理系统、中小所管理云平台 IFC 产品方面不断创新。

（14）CaseWare Working Paper 和 IDEA 软件

总部位于加拿大安大略省多伦多市的快思维国际公司（CaseWare International），基于 Audit System 基础平台，分类提供了审计管理、审计作业（Working Papers）和审计分析（IDEA）等功能应用软件产品。Working Papers 和 IDEA 软件已广泛应用于全球 172 个国家和地区的会计师事务所。

（15）用友 CPAS 审计信息系统

工作管理方面，CPAS 审计信息系统可以帮助会计师事务所实现审计资源、审计项目、审计工作底稿、审计档案的全面管理，使审计工作在可视化的信息应用平台上相互协作、高效管理，完善会计师事务所内部治理和运行机制。移动办公方面，用友公司开发的以审计管理系统为开发原型的审计助理 App，可以满足会计师事务所管理层远程、无纸化办公，随时随地审批需求，在提高其应对突发事件反应能力的同时，还帮助会计师事务所提高业务管理和内部管理的效率。审计项目开展方面，CPAS 审计信息系统可以帮助会计师事务所实现被审计单位数据无障碍采集，审计项目合理分工。按照执业准则固化的以风险为导向的审计程序，针对审计风险进行全面内控测试和实质性测试；灵活应用并不断沉淀审计经验、方法、技巧，将现场作业审计工作底稿及时传递回审计管理系统，进行审计项目质量控制和成果管理。审计策略创新方面，CPAS 审计信息系统通过对执业准则的固化，将风险导向审计理念贯穿审计实务全过程。这对注册会计师审计理念、审计程序及审计责任将产生深远影响，代表了现代审计发展的最新趋势。

9.3 信息系统审计技术

9.3.1 信息系统审计的概念

根据《内部审计基本准则》、《内部审计人员职业道德规范》、《第2203号内部审计具体准则——信息系统审计》、《信息技术服务治理安全审计》、《中华人民共和国国家标准信息技术服务治理第4部分：审计导则》（GB/T34960.4-2017）、《COBIT 5.0》（信息系统审计与控制协会（ISACA）2012）、《全球技术审计指南 GTAG》（国际内部审计师协会）、《中华人民共和国网络安全法》、《网络安全等级保护基本要求》（GB/T22239-2019）、《关键信息基础设施网络安全保护基本要求》（报批稿）等标准制定的2014年1月起实施的（第2203号内部审计具体准则一信息系统审计）中指出，"信息系统审计，是指内部审计机构和内部审计人员对组织的信息系统及其相关的信息技术内部控制和流程所进行的审查与评价活动"。

信息系统审计包括审计计划、审计依据、审计方法、审计技术、审计人员配置、审计实施流程、审计报告以及审计质量控制等内容。内部审计机构应建立信息系统审计的相应组织管理体系，对信息系统审计的流程和质量进行管控，并依照规章制度开展信息系统审计。

总的来说，可以将信息系统审计理解为是根据公认的标准和指导规范，对信息系统从规划、实施到运行维护各个环节进行审查评价，对信息系统及其业务应用的完整性、有效性、效率性、安全性进行监测、评估和控制，以确认预定的业务目标得以实现，并提出一系列改进建议的管理活动。

9.3.2 信息系统审计的内容

信息系统审计的内容是由信息系统审计的对象所决定的，主要由信息系统内部控制审计、信息系统组成部分审计以及信息系统生命周期审计所组成。

一是信息系统内部控制审计，包括一般控制和应用控制审计。一般控制审计是对信息系统的开发、实施、维护及运行审计，主要对系统的开发维护过程以及信息系统的环境安全和技术安全进行审查。应用控制审计即业务流程审计，与一般控制审计相对应，主要对交易的完整性、准确性、有效性、机密性和可用性以及在应用处理中的数据的控制审计，通常分为应用程序级一般控制审计、业务流程控制审计、接口控制审计、数据管理系统控制审计四类。

二是信息系统组成部分审计，由计算机硬件、系统软件、应用软件组成。这部分审计以应用软件审计为主要内容，主要对应用程序的控制措施、合法性、正确性和效率性进行审查。

三是信息系统生命周期审计，即信息系统的规划、开发、设计、编码、测试等全过程。主要是对信息系统的可行性、全面性、适当性进行审查。

9.3.3 信息系统审计的技术方法

信息系统审计流程跟一般审计无根本性的区别，分为准备阶段、实施阶段和终结阶段，准备阶段和终结阶段的技术方法与一般审计相同。审计实施阶段的信息系统审计技术方法分为了解、测试和评估等。

第一，了解信息系统的基本情况。一是与被审计单位人员交谈，询问有关情况收集审计证据。询问前应收集相关的背景资料，确定合适的询问对象，询问过程中应做好记录并要求被询问对象签字。询问后应对谈话的内容进行评价和总结。二是检查与信息系统有关的文档，以了解信息系统的总体情况、控制情况以及开发设计情况等。三是审计人员对信息系统的物理环境、硬件设施和办公场所，对信息系统的开发设计、构成和操作情况进行了解，对控制措施的实施进行实地查看。

第二，对信息系统进行测试。可以采用测试数据法、平行模拟、嵌入审计模块、虚拟实体、受控处理、受控再处理、程序代码检查等方法进行。一般按照如下程序进行测试：一是将被审计单位处理过的真实数据，在审计人员的监督下，在相同的信息系统或以前保存的程序副本上再处理一次，与以前处理的结果相比较。二是审计人员对被审计单位的业务数据先进行核实，核实之后，在被审计单位的监督下处理或亲自处理，并将处理结果与预期结果进行比较分析，以判断被审计单位的系统是否符合规定的要求。三是通过检查源程序代码的内部运行逻辑来发现存在的问题，并对程序是否符合规章制度的规定、能否完成预定功能及其质量进行评判的方法。该方法可以绕过输入输出直接检查程序内部代码，这样容易发现作弊程序，但对审计人员的计算机程序水平要求非常高。

第三，评估系统瑕疵所导致的后果。审计人员通过了解以及实质性的测试，从中发现信息系统存在的重大问题及漏洞，对整个信息系统做出合理的评价，提出改进建议。

9.3.4 信息系统审计的问题与改进

信息系统审计主要存在的问题包括：

第一，没有可借鉴的信息系统审计规范。信息系统审计规范是信息系统审计经验的总结，是对审计活动内在规范的反映，审计人员按照信息系统审计规范所确定的程序、步骤、技术和方法开展工作，能够少走弯路，提高信息系统审计效率，保障信息系统审计科学、高效运行，降低审计风险。当前信息系统审计正在探索和完善，没有可以借鉴的审计规范。

第二，信息系统审计目标不清晰。信息系统审计总体目标主要包括被审计单位信息系统的真实、合法、效益，在制定具体目标时，审计人员未能充分考虑行业不同带来的审计目标的区别，在审计实施过程中，部分审计机关及审计人员不能把握总体审计目标与具体目标的界限，笼统地进行表述，不具备操作性、指导性。

第三，信息系统审计缺乏计划性，后续审计跟不上。信息系统的审计是一个过程，包括审计计划、实施、审计报告以及后续审计阶段，而目前信息系统审计正处于探索阶段，根本谈不上审计计划，审计结束后续整改的落实和反馈也跟不上。

第四，信息系统审计缺乏质量控制标准。目前，信息系统审计方面的质量控制尚处于空白状态，虽然审计署颁布了一些关于审计质量控制的标准和规范，但这些规范不是专门针对信息系统审计的，审计机关开展信息系统审计缺乏质量控制标准，增大了审计风险。

信息系统审计问题的改进方法包括：

第一，在借鉴国外信息系统审计资源的基础上，出台完整、系统的审计规范体系，规范信息系统审计人员的行为准则，明确信息系统审计应当包括的内容和范围，使审计机关能够依法开展信息系统审计，更好地履行宪法和法律赋予的职责。

第二，制定信息系统审计质量控制准则，规范和指导信息系统审计实践，提高审计工作质量，防范和规避审计风险。

第三，加快信息系统审计人才的培养，信息系统审计对审计人员的专业技能要求很高，因此，审计机关应加大计算机人才的培养，并对其进行持续不断的后续教育，以增强信息技术的审计能力。

9.4 数据导向审计技术

9.4.1 数字化时代对数据导向审计技术的需求

秦荣生（2023）认为，人类社会正处在新一轮科技革命的浪潮中，特别是数字技术对审计带来的新需求和新挑战让人们始料未及。数字化技术正在颠覆性影响传统审计技术，企业数字化转型带来了客户需求数据化、产品创新数字化等新变化。数字化时代对数据导向审计技术的需求，数据导向审计便应运而生，审计过程的风险评估、控制测试和实质性程序都普遍使用数据导向，为审计人员迅速、快捷地完成审计任务提供手段。因此，面对被审计单位业务的数据化，审计人员需要审时度势，更新审计观念、技术和方法，加速实施审计变革，构建一种新的审计模式，创新中国审计行业的发展道路。

数字化时代对数据导向审计技术的需求中，智能化与数字化相结合是其中一个新的方向，审计人员通过综合运用并整合自动化数据分析、智能数据挖掘等数据导向审计技术，在数据导向审计基础之上，打造全新的智能数据导向审计。实施智能数据导向审计，主要应依赖审计人员设定相关规则，利用智能技术对数据进行筛选、识别异常及高风险样本数据，提供审计风险预测、数据审计模型扩展等智能化决策建议。

企业数字化转型带来了客户需求数据化、产品创新数字化等新变化。面对被审计单位业务的数据化，审计人员应审时度势，更新审计观念、技术和方法，加速实施审计变革，构建一种新的审计模式。随着数字化时代的到来，一个大规模生产、分享和应用数据的时代正在开启。因此，数据导向审计便应运而生，审计过程的风险评估、控制测试和实质性程序都普遍使用数据导向，为审计人员迅速、快捷地完成审计任务提供工具。

数字化时代的到来让整个审计流程的数据化成为必然，被审计单位生产经营中会产生越来越多的数据，审计人员只有将数据收集、挖掘、分析、利用、整合才能得出客观的审计结论。在数字化时代，审计对象不再是纸质的会计账簿，也不是电算化环境下孤立的电子账套，而是被审计单位的所有业务系统和全部数据。审计所使用的数据不再局限于财务数据，而是包含大量业务数据和外部数据。面对海量业务数据，审计人员需要快速从海量数据中理解数据、挖掘数据、分析数据，并找出审计疑点。审计工作需要从"经验导向"向"数据导向"转化，数据导向审计成为审计技术与方法发展的必然趋势。

数据导向审计不同于以往的审计模式，它将数据作为直接的审计对象。数据导向审计的审计风险模型为：审计风险＝数据差错风险×检查风险。其中，数据差错风险可以分为数据技术性差错风险和数据失控性差错风险：数据技术性差错风险可能来自数据操作、传输、转换失误等因素，如不同数据工具间的数据逻辑差异，对同一个数据不同的定义和计算规则，原始数据凌乱或缺失，复杂多变的业务逻辑等，任何公司都会遇到数据差错的技术性风险；数据失控性差错风险是指缺乏内部控制或者在内部控制无效的环境下所产生的各类数据所发生的差错。检查风险是指如果存在数据重大差错，审计人员为将审计风险降至可接受的低水平而实施审计程序后没有发现这种重大差错的风险。

实施数据导向审计，应坚持"数据先行"。审计人员应广泛收集数据，逐步建立集被审计单位业务与财务数据、审计过程数据、第三方信息数据于一体的数据审计平台。审计人员应要求被审计单位每年年初报送所有预算数据，经常性收集与被审计单位相关的经营、税收、重大项目建设等数据；从工商、税务、外汇管理、海关等部门收集用于关联分析的第三方数据和行业及竞争对手的相关数据；在审计过程中收集审计所需的相关业务数据，做到"应收全收"。实现内部审计所需数据"横向到边、纵向到底"全覆盖。为实现对数据的有效分析和利用，审计人员应在数据审计平台上搭建集数据收集、挖掘、分析、利用、共享、项目管理多位一体的综合性平台，实现由定期审计与日常的分析监控相结合，由集中检查向全面分析、重点核查相结合，由抽样向整体、单一时间段向年度连续审计转变。审计人员应遵循大数据理念，运用大数据技术方法和工具，利用数量巨大、来源分散、格式多样的企业运行数据，开展跨层级、跨系统、跨部门和跨业务的深入挖掘与分析，实施总体分析、发现疑点、分散核实、系统研究的审计工作模式，从中发现问题、评价判断、得出结论。

9.4.2 数据导向审计的基本业务逻辑①

9.4.2.1 数据导向审计的验证型逻辑与挖掘型逻辑

从理论界目前对于数据导向审计业务逻辑的争论来看，数据导向审计的基本业务逻辑具体包含两条路径：一是以任务为导向的验证型逻辑；二是以数据为导向的挖掘型逻辑。其内涵解释如下：

验证型逻辑是指在既定的审计目标下，将具体的审计业务问题定义为与之相对应的数据可分析的问题，实现审计业务的数据化，在此基础上采用传统的审计方法进行数据收集和数据分析，发现潜藏在数据中的规律并进行问题诊断和疑点核实，并探寻原因的一种审计数据分析思路。可以说，这种业务逻辑是从审计总目标到审计具体目标或审计命题分解而形成的，究竟需要分析什么问题，其本身是清晰的，其核心内容就是通过关键指标计算、结构分析、趋势分析、统计分析、数据查询等数据分析方法找到问题的线索，进而确定"已发生事项"与既定标准之间的相符程度。从本质上来说，验证型逻辑体现了审计的业务属性。

挖掘型逻辑是将审计数据分析作为挖掘过程，在海量异构、杂乱无章的电子数据中萃取和提炼重要的疑点、异常点以及数据规律的一种审计数据分析思路。一般来讲，挖掘型逻辑是通过对陌生数据进行分析，了解数据全貌，探索数据属性之间的关系，并选择关键属性建模，预测发现隐含的特征及未来的趋势。从本质上来说，挖掘型逻辑体现了审计的技术属性。

9.4.2.2 数据导向审计的业务逻辑分析：验证与挖掘的融合

数据导向审计的业务逻辑究竟是验证型还是挖掘型？需要基于数据导向审计的理论基础——事项审计思想予以论证说明。

首先，事项审计思想要求数据导向审计不能脱离验证型逻辑。事项审计的最大特点就是围绕经济事项本身，并以此作为审查分析的切入点展开原因分析。因此，以事项为核心的事项审计思想指导着数据导向审计的开展必须以目标为导向，以具体审计任务为驱动，而非漫无目的地进行数据收集和分析，由此才能确保审计业务活动能够满足审计理论体系框架中"以审计目标为起点，以审计结论得出为终点"的闭环循环。

其次，事项审计的多元数据来源促使数据导向审计转向对于挖掘型逻辑的关注。基于事项审计思想中原始多维的数据来源特点，在不久的未来，随着新技术的不断发

---

① 张庆龙，何佳楠. 大数据审计的业务逻辑——基于事项审计的思考 [J]. 会计之友，2022，（21）：46-51.

展、数据量的不断聚积，内部数据将不再作为数据导向审计的主要数据来源，取而代之的是大体量的外部数据。因此，面对这一变化，是否需要调整审计思维改变审计数据分析的逻辑成为审计人员亟待解决的问题。面对大体量的外部数据，若仅依靠验证型逻辑开展审计业务活动，审计调查取证的难度将大大增加，那么审计人员就难以有效建立起外部数据与验证型逻辑之间的连接，这就需要通过挖掘型逻辑找到数据导向审计中外部数据的切入点，由此辅助验证型逻辑的有效实现。

最后，事项审计的实时审查要求是数据导向审计挖掘型逻辑的应用关键。从事项审计思想的核心内容来看，以事项为起点的决策相关、有用和及时就要求审计业务活动的开展必须转变过去传统的事后审计模式，转而应通过持续的数据采集与分析实现对事项的事中监控甚至事前预警。而验证型逻辑是基于事后已发生事项的审计，这就要求数据导向审计的开展必须实现前移关口，改变审计的业务逻辑，通过挖掘型逻辑的持续采集与分析，将持续审计的理念融合于审计过程之中。在新技术的支持下，持续审计的理念需要通过数据导向审计平台的搭建予以实现。具体而言，搭建数据中台，并将数据采集技术嵌入系统，实现数据的共享和自动、实时采集；搭建应用中台，并将数据分析技术嵌入系统，该应用中台涵盖数据挖掘、文本分析、图形建模、RPA 审计机器人等功能，实现数据的智能分析与结果可视；搭建业务前台，并嵌入自动化、智能化技术，能够实现高度自动化、智能化地开展审计作业。

综合上述分析可以看出，以事项审计思想为指导的数据导向审计的业务逻辑不是单一的验证型或挖掘型，而是需要将两者有机融合。具体而言，以事项为基础和核心的事项审计思想要求数据导向审计的开展始终不能脱离验证型逻辑，而原始多维的数据来源以及实时审查的时效要求又需要数据导向审计的业务逻辑延伸至挖掘型，进而在新技术的支持下辅助验证型逻辑的有效实现。上述两种业务逻辑并不是泾渭分明、相互排斥的，而是从不同视角以及在不同的约束条件下考察审计业务开展的切入点到底是什么，它体现了在达到审计目标、完成审计任务的过程中对各类数据边界的探索过程。例如，在进行挖掘型业务逻辑的任务时，实际上是在向一个目标不断迈进的过程，只是这个目标开始并不会足够清晰，需要在探索过程中不断地修正和调整。那么，上述两种业务逻辑该如何实现有机融合？在数据导向审计发展的不同阶段，是否要根据上述两种业务逻辑有所侧重？

9.4.2.3 数据导向审计的业务逻辑应用：基于成熟度模型的分析

要回答上述问题，必须基于技术的现实条件，考察理论与应用的匹配程度，对数据导向审计的发展阶段进行划分，并结合每一阶段的目标对数据导向审计的业务逻辑展开分析。能力成熟度模型（Capability Maturity Model，CMM）是由美国卡内基梅隆大学软件工程研究院发布的，主要用于指导软件开发组织不断完善软件的概念、量化、运行、测试以及升级等过程，使得软件开发管理逐步从混乱、不成熟走向规范、成熟，因此在软件企业的应用获得了巨大成功。由于它构建了具有动态性和持续演进性的标准，其适用范围逐渐扩大，应用领域也变得越来越广阔。数据导向审计正是在大数据技术发展的浪潮中产生的，大数据技术的发展和应用必然会对电子数据采集和分析的效率和效果，以及电子数据存储的真实、完整和安全产生影响，进而影响到审计的业务逻辑及对应程序。因此，依据能力成熟度模型，构建一个数据导向审计的业务逻辑分析工具，进行数据导向审计发展阶段的评估和分析，并对应选择适用的业务逻辑，制定与之相匹配的审计程序，是推进数据导向审计理论发展，并进一步实现理论指导实践的重要手段。

具体而言，以数据导向审计的核心内容即数据、算力、算法的发展程度与作用关系为依据，将数据导向审计的发展阶段界定为"初级阶段、发展阶段、成熟阶段"，以体现数据导向审计基于过程改进的阶梯式进化架构。上述三个阶段的业务逻辑分别对应着"洞察—数据—决策"的验证型逻辑、"数据—洞察—决策"的挖掘型逻辑，以及"数据—洞察—预测—决策"的预测型逻辑。

（1）初级阶段：验证型逻辑占据主导地位

初级阶段可以说是数据导向审计发展的基础或起步阶段，它既保留了审计的业务属性，又体现了大数据分析技术在审计中的应用，是按照"洞察—数据—决策"的验证型逻辑思路展开的。

1）以"洞察"为起点突出审计业务属性。首先必须明确，数据导向审计并没有改变审计的业务本质，它只是增加了技术在审计中的应用。而实现这一变化的基础就在于审计切入点的变化，即由纸质材料等演变为被审单位信息系统和底层电子数据。在初级阶段，尽管审计的基础已经实现了全业务、全流程的数据贯通，但基于数据安全的考量，数据治理方式和能力的技术限制，用于审计决策的数据仍然局限于手工审计时代的内部"小数据"，数据分析的结果不能够直接用于决策，这就要求审计必须以风险导向的"业务洞察"为起点，即在既定目标和确定任务下充分考虑"人"的思维判断在审计中的关键作用。

2）以"数据"为重点强调大数据分析技术。在初级阶段，大数据技术在审计中的应用突出体现为大数据分析技术。但受到数据范围以及算力和算法的技术发展限制，审计业务的开展仍然是基于法律法规、审计经验、检查思路等线性规则的模型或指标的"点"解决方案为主，缺乏对业务和风险的全面画像能力。此时，"数据"的关键作用体现在"洞察"后的辅助验证，即在勾画画像"轮廓"的基础上不断描绘"五官"，确保画像的充实和完整。

3）以"决策"为终点回归审计业务本质。"决策"是数据导向审计的最后一环，也是得出审计结论、回归审计业务本质的关键一环。在初级阶段，数据导向审计以业务需求为主导进行业务"洞察"，通过将审计经验和检查思路特征化、模型化、指标化，构建审计分析与监测系统。在此基础上，运用数据采集、数据存储、数据标准化以及其他数据库技术构建审计数据库，并实现审计数据库和审计分析与监测系统之间的衔接。基于"洞察"概况，从审计数据库调取数据，展开多维"数据"分析，并根据分析结果形成问题线索清单，为审计"决策"提供支持。

（2）发展阶段：挖掘型逻辑突出重围

发展阶段是继基础阶段后，数据导向审计发展到的一个基于海量数据基础，且技术发展与实践应用均达到较高程度的阶段。该阶段体现了大数据挖掘、分析和可视化技术在审计中的主导作用，突出了审计的技术属性，是按照"数据—洞察—决策"的挖掘型逻辑思路展开的。

1）以"数据"为起点突出审计技术属性。较之初级阶段，发展阶段的"数据"起点直接改变了"人"的思维判断在审计中占主导作用的"洞察"前置性。这主要是基于数据应用范围的扩展以及技术本身的发展和实践应用。在数据应用范围方面，通过数据映射，将内外部各种分散的点数据和分割的条数据汇集起来，对多元数据进行整合与网络化；在技术发展和应用方面，通过引入数据挖掘、社交网络分析、非结构化数据分析等新技术，从更深层次对海量数据进行分析，揭示数据间的内在联系，以及采用全景洞察、数据标签等可视化技术，构建审计对象的 360 度视图，提高全面画像能力。可以说，在初级阶段的基础上，数据应用范围的扩展以及技术的发展和应用使得抽样不再成为估计总体的前提条件，此时基于大数据的分析结果能够代表总体，并成为数据导向审计业务的切入点。

2）以"洞察"为延伸嵌入人类智慧判断。发展阶段的算力和算法为数据导向审计提供了基础技术保障，数据导向审计也具备了较为全面的大数据分析能力和高效的自动化处理能力，但该阶段在智慧的业务风险洞察能力方面仍然存在不足，不能摆脱"机器不具有人类思维"的关键问题。加之以"数据"为起点并非漫无目的地进行开展数据挖掘和分析，它仍然是在审计任务或审计方向的框架下展开的，这就要求审计人员在借助大数据技术对海量"数据"进行分析时，仍要结合人类智慧"洞察"数据间的内在关联，进而对发现的审计线索进行把关，实现人与机器的交互性配合。

3）以"决策"为终点凸显可视审计结果。在前述"数据"挖掘与分析和"洞察"判断的基础上，审计人员能够借助可视化技术开展建模分析，并对结果图形等可视化呈现方式展开分析，以获取审计线索。但需要注意的是，较之初级阶段，发展阶段对于审计工作模式的影响在于"数据"挖掘和分析的前置，审计人员必须在确保数据的安全、完整、真实的基础上开展审计工作。审计人员首先要对信息系统的数据安全性、完整性和真实性进行分析测试，并在此基础上按照数据准备、数据分析和数据报告三个阶段开展数据审计。审计程序的核心环节从线下转移到线上，并围绕着大数据挖掘和分析展开，数据导向审计的结果将以"例外报告"的可视化形式呈现，审计的现场工作就是对"例外报告"中的问题进行延伸查证。

（3）成熟阶段：基于验证和挖掘的预测型逻辑发展

在成熟阶段，技术的发展推动着数据、算力、算法的进阶和相互作用，数据导向审计已经实现了业务理念与技术方法的高度融合。较之发展阶段，成熟阶段的突出特点在于人工智能技术的发展与深度应用，使得数据导向审计全面进入智能审计阶段。该阶段体现了审计业务属性与审计技术属性的有机融合，是按照"数据—洞察—预测—决策"的预测型逻辑思路展开的。

1）以"数据"为起点的审计技术属性从"条数据"走向"块数据"。从数据的视角来看，尽管发展阶段已经实现了海量的数据基础，但相关数据的挖掘、分析及应用是基于行业或领域内链条状数据串起来的"条数据"，它们彼此割裂、互不融通，哪些行业、领域的风险会直接影响到本行业、本领域甚至是本组织，这是在大数据时代应该关注的。因为大数据时代组织关注的不仅是本单位或本行业，更重要的是从协同共生的视角关注生态链或生态圈中的个体。这就要求成熟阶段下，数据导向审计的起点要从"条数据"走向"块数据"，即对各类"条数据"进行解构、交叉、融合，形成新的数据集合，并在此基础上实现多维度、多关联的交叉数据分析。

2）以"洞察"为线索的审计业务属性从"交互智能"走向"自主智能"。从技术的视角来看，在前述两个阶段，人工智能尚处于"弱"智能阶段，思辨和复杂判断仍需依赖人，属于人与机器的"交互智能"阶段。但在成熟阶段，人工智能发展步入"强"智能阶段，并达到完全"智慧"。此时，数据导向审计能够通过智能审计系统开展场景审计，不仅能够自主学习适应并切换审计场景，还能够场景化还原被审计对象的可能情形，与被审计对象进行有效交互，而无须审计人员的参与。这也直接促使业务"洞察"模式由"交互智能"走向"自主智能"。

3）以"预测"为核心，以"决策"为终点的智慧解决方案使风险控制从"事后、事中"走向"事前"。之所以将"预测"环节称为预测型逻辑的核心，是因为它直接对应着数据导向审计的一种新型的业务逻辑——预测型逻辑。基于"块数据"的挖掘和分析，以及"自主智能"的业务洞察，数据导向审计不仅可以通过更加准确的描述性分析来发现过去存在的问题，还可进一步通过诊断性分析来发现问题背后的原因，更具突破性的是大数据带来的预测分析能力。通过对数据的量化分析，提供 API 输出的方式进行风险发现能力输出，并嵌入业务电子流中，结合人工智能等技术，能够在数据报告阶段有规律地生成持续性审计存在问题的报告，并在所定义的"例外事项"出现时，立刻将发现的问题通知当事人，督促他们采取必要的应对措施，以起到风险预警的作用。

预测的根本目的是防患于未然。因此，数据导向审计的最终环节依旧是决策。无论是预测还是决策环节，数据导向审计的核心已从发展阶段的"数据"转向基于数据开展分析和应用的"算力""算法"，以期为预测环节的风险评估和决策环节的风险应对提供技术支撑，并为发现的问题推荐最优的智慧解决方案，促使风险控制从"事后解决、事中监控"到"事前防范"。

9.4.3 运用数据导向式审计技术的实践案例①

2021年以来，深圳市龙华区审计局深入贯彻落实《"十四五"国家审计工作发展规划》《广东省审计事业发展"十四五"规划》"科技强审"要求，大胆探索智慧审计之路。经过充分全面的调研、科学务实的设计、严谨细致的研发、反复多次的完善。历时一年，智慧审计管理系统于近日正式上线投入试运行，一套实现从计划立项、审计实施到整改监督全流程网上办理的信息系统，以及集数据分析、现场调度多功能于一体的多功能数据分析室落地，"1+1+N"（1个系统+1个数据分析室+N个解决方案）的智慧审计模式成为龙华审计局提质增效的有效利器。智慧审计管理系统的上线标志着龙华审计正式进入了数字化、智能化时代，填补了"数字龙华"宏伟蓝图中审计领域的空白。

（1）数字化审计模式，搭建领导驾驶舱

以审计项目、整改数据为基础，被审计单位画像辅两翼，以财政财务数据做后盾，通过图、表等可视化界面，从"管"项目、"知"对象、"明"内审、"督"整改、"控"进度五个维度进行综合展示，方便一览知全局，为指挥决策提供坚实可靠的数字基础。

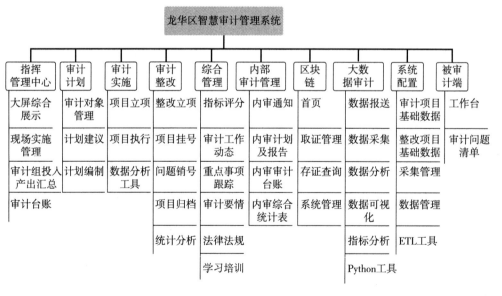

图9-2 龙华数据导向式审计技术下的智能审计框架

---

① 资料来源：龙华区审计局。

（2）精细化审计模式，开启业务全流程网上办理新时代

聚焦审计效率低下、电子档案留存难、审计新人上手慢等难题，定制化开发9大应用模块，100余个子目录，300余个功能界面，支持从征求计划意见、计划立项、审计实施、审理到整改监督全流程网上办理。一是梳理业务节点，实现对30个子节点精准划分，以资料树的形式复刻审计实施全流程，实现龙华审计从传统手工作业到数字化实施的转变；二是提供规范化审计文书模板，从源头规范审计文书，提高审计质量；三是整合历年审计项目文书资料、政府工作报告、整改台账等内容，方便审计人员多维关联查询，有效辅助开展审计计划立项、审前实施调查等工作。

（3）智能化审计模式，引领审计工作方式变革

引入机器学习、人工智能、大数据等高新技术，立足审计工作痛点难点，精准提供智能化服务，一是提供法律法规智能推送服务，倒逼法规适用标准化、统一化；二是实现审计文书自动纠错、审计文书智能生成、审计报告自动拆分、审理左看右写等功能，借力信息化手段为审计工作插上科技的翅膀，切实做到为审计工作提质增效；三是基于区1+9+N区块链底座，在全市审计行业，率先探索尝试区块链在审计中的应用，利用区块链不可篡改、可追溯的特性，系统后台自动上链重要节点信息，并支持审计人员留痕查看存证信息，有效解决审计电子数据取证难、跟踪难的问题。

（4）协同化审计模式，创造审计监管合力

一是创新实现审计机关与被审计单位之间的协同，系统充分考虑审计机关与被审计单位之间的业务交互需求，开设被审计单位端，并设计了审计项目、内审、整改、审计单位情况、通知公告五个板块，被审计单位可在线查阅审计规章制度、接收相关通知、填报审计信息，审计机关可在线查看被审计单位内部规章制度、发布通知、接收资料等，实现审计工作一站式解决；二是实现上下级审计机关联动，借助多功能数据分析室，开展跨级审计项目；三是实现业务人员与数据人员之间的现场调度，利用数据分析室的硬件基础，业务人员和数据人员可相互配合，实现审计实施从数据先行、业务分析、数据确认到查出疑点的闭环。

（5）数据导向式审计技术模式，促进大数据审计高速发展

一是拓展数据采集渠道，建立数据库，在数据安全的基础上，由单一的离线报送数据方式扩展为API接口对接区数据集中平台、数据仓库在线报送、数据标准表在线报送、区块链跨链共享、对接数据分析网五种数据采集方式，从横向纵向两个维度实现可持续数据共享，目前已采集区财政、财务、工商、信用、社保、工程等数据，为大数据审计奠定了坚实的数据基础；二是搭建大数据审计分析平台，把审计思路固化成大数据审计模型，系统现已收集各类审计模型30余个，模型可支持一键式运行，屏蔽技术细节，方便无技术基础的业务人员使用，能极大推广模型使用率，同时集成数据分析工具，借助工具弥补技术"瓶颈"，持续推动大数据审计在审计项目中的应用。

推动智慧审计模式变革任重道远。接下来，龙华区审计局将致力于重塑审计业务流程，完善电子数据使用管理、信息系统使用管理等相关配套制度，配齐配强数据分析团队力量，不断推广运用信息化、数字化审计技术，加大数字化审计人才培养力度，推动龙华智慧审计模式不断成熟、定型。

本章小结

本章介绍了审计信息技术及迭代的不同方面，包括计算机辅助审计技术、信息系统审计技术和数据导向审计技术。计算机辅助审计技术利用计算机软件和工具提高审计效率和准确性；信息系统审计技术关注信息系统安全性和对企业运营的影响；数据导向审计技术通过数据分析发现问题和机会。这些技术的应用可以帮助审计人员更好地发现问题、降低风险、提高审计质量。审计人员应了解并掌握这些现代技术，以适应复杂多变的商业环境和信息技术发展。综合运用这些技术，审计人员可以更全面地审计企业，提高审计效果和效率，为企业提供更有价值的审计服务。

关键概念

电子数据处理审计：Electronic Data-processing Auditing

计算机辅助审计：Computer-aided Auditing

数据导向审计：Data-oriented Auditing

自测题

一、单项选择题

1. 以下审计活动中，不属于计算机审计活动的是（　　　）。

A. 审计人员对被审单位的电子数据所进行的审计

B. 审计人员用计算机审计方法和技术对被审单位账簿所进行的审计

C. 审计人员利用计算机审计方法和技术对被审单位信息系统所进行的审计

D. 审计人员用手工审计方法和技术对纸质账簿所进行的审计

2. 下面哪个不是促进会计师事务所数字化转型，推动实现（　　　）的战略目标。

A. 标准化　　　　B. 数字化　　　　C. 网络化　　　　D. 智能化

E. 成本最小化

二、多项选择题

1. 数据导向审计的基本业务逻辑（　　　）

A. 以任务为导向的验证型逻辑

B. 以数据为导向的挖掘型逻辑

C. 以账务处理系统为导向的挖掘型逻辑

D. 以电子业务数据为导向的验证型逻辑

2. 数据导向审计的基本业务逻辑具体包含两条路径（　　　）

A. 以任务为导向的验证型逻辑

B. 平行模拟的数据导向型逻辑

C. 以数据为导向的挖掘型逻辑

D. 虚拟实体的数据导向型逻辑

E. 受控处理的数据导向型逻辑

三、判断题

1. 数据导向审计的审计风险模型为：审计风险＝数据差错风险×检查风险。（　　　）

2. 信息系统审计包括审计计划、审计依据、审计方法、审计技术、审计人员配置、审计实施流程、审计报告以及审计质量控制等内容。（　　　）

3. 数据导向审计的核心已从发展阶段的"信息"转向基于数据开展分析和应用的"财务数字""会计软件"。（　　　）

四、简答题

1. 简述事项审计的相关内容。

2. 简述数据导向审计的审计风险模型内容。

五、论述题

1. 信息系统审计的问题与改进。

 相关阅读

数据导向审计的实现路径①

数字经济时代已经不可阻挡地到来，数据成为各行各业利用的对象。面对被审计单位生产经营活动形成的海量数据，审计人员应审时度势，更新审计的观念、技术和方法，明确数据导向审计的实现路径，加快实施数据导向审计。

（一）构建数据审计平台是实施数据导向审计的基础

实施数据导向审计，应坚持"数据先行"。审计人员应按照"广泛、深入、共享"原则，整合原有分散的各类数据，构建一套对接被审计单位内外部数据的一体化、模块化的数据审计平台，广泛采集被审计单位业务与财务数据、审计程序数据、第三方数据，深入挖掘用于支持财务报表数据，提供给审计人员共享、共用的相关数据，既满足各类审计业务需求，又便于审计人员采集、挖掘、利用各类数据。主要包括三个方面：一是经常性采集数据。审计机构和审计人员应要求被审计单位每年年初

---

① 摘自"数据导向审计体系构建：风险模型、方法体系与实现路径"，资料来源：秦荣生. 数据导向审计体系构建：风险模型、方法体系与实现路径［J］. 审计研究，2023（5）：3-10.

报送生产经营计划、投融资、全面预算等数据，并在年度内经常性收集与被审计单位相关的业务、税收、重大项目建设等数据。二是按需要采集数据。根据审计目标，审计人员应从市场监管、财政、税务、外汇管理、海关等部门采集用于关联分析的第三方数据，采集本行业及竞争对手的相关数据，采集与被审计单位有关联的供应链、产业链相关公司的数据。三是在审计中采集数据。审计人员应在审计程序中采集审计所需的业务、财务数据，做到应采尽需数据"横向到边、纵向到底"的全面覆盖。

数据审计平台主要面向审计机构和审计人员，把广泛采集、不断积累的数据真正利用起来，充分挖掘、分析、利用和共享各类数据。数据审计平台应通过打通和连接不同行业、不同领域、不同单位之间数据关系，绘制数据关联网络，构建"数据关系网"，绘制贯通不同数据领域的"交通地图"，从而"唤醒"数据，为实施数据导向审计提供"导航"。构建数据审计平台，促进了审计转型升级，实现审计实施由年末单点向年中多点转变，由年终的定期审计与年中的日常分析监控相结合，年末审计所需时间大为缩短；审计方法由抽样审计向全部审计、年末单一时间段向年度内连续审计转变，审计涉及面更广和审计期间明显扩大；审计方式由现场集中检查向在线全面分析、重点核实转变，审计质量将会明显提高。

（二）实施远程联网审计是数据导向审计的核心

远程联网审计，也称非现场审计，是指审计机构和审计人员通过网络与被审计单位业务系统、财务系统进行互联后，进行实时、远程监控数据产生和流转的行为。

审计人员实施远程联网审计，一般可以实施以下程序：一是数据采集。审计人员利用被审计单位业务系统、财务系统等各种信息系统，通过互联网网络、计算机磁介质等信息传输渠道，收集各类生产经营数据和财务数据。审计人员应采集的数据主要包括总账、业务、资金、财务、供销、资产等数据，也包括综合经营计划、业务管理办法、规章制度等数据。二是数据整理。审计人员按照相关标准和方法对采集到的数据进行加工整理，产生财务报表项目审计分析所必需的特定数据；对采集到的原始凭证数据和账簿数据加工产生财务报表项目数据进行关联分析，形成审计分析报表。三是数据挖掘。审计人员根据数据整理得到分析数据，采用各种技术方法监测被审计单位业务经营管理状况，挖掘、查找违规行为，潜在风险及异常情况，并进一步对被审计单位生产经营管理和财务状况进行风险评估。四是数据质询。审计人员就数据整理、数据挖掘中发现的问题、疑点及异常，采用多种方式，向被审计单位及其相关人员提出质询，根据反馈结果作出审计判断。审计人员实施数据质询，能够突破数据来源的局限，使审计触角延伸到被审计单位外部，便于进一步掌握关联的数据和风险评估，从而作出较为准确的判断、评价和结论。五是数据报告。根据数据质询、风险评估的结果，按照现场审计和其他有关工作需要形成数据报告。数据报告形式多样，有专题报告、风险评估报告、综合报告、审计线索等。

实施远程联网审计给审计人员提供了前所未有的海量审计数据，审计领域空前扩大，审计程序前移，有利于促进审计预警机制建立，可以实现审计"全覆盖"的功能。同时，审计人员实施远程联网审计，有利于数据审计平台更广泛、深入采集生产经营程序的各种数据。

（三）运用大数据技术是数据导向审计的技术支持

审计人员运用大数据技术实施数据导向审计，是遵循大数据原理，运用大数据技术方法和工具，对海量、多来源、多格式的被审计单位内外部的相关业务数据和财务数据，开展跨行业、跨企业、跨部门和跨系统的深入挖掘与分析，从而发现问题、评价判断、作出审计结论。

审计人员运用大数据技术实施数据导向审计，审计的数据从样本数据变成全部数据，整体性分析取代样本分析，从而对被审计单位的认识可以更加全面和深刻；运用的数据从因果数据变成相关数据，关注相关数据，可以帮助审计人员了解和认识审计对象的各个方面，成为审计人员深入了解和认识被审计单位全貌的新视角。审计人员应用大数据技术的程序为：第一，审计人员应摸清被审计单位信息系统运行特点，全面了解信息系统建设运行情况，重点开展对信息系统数据资源的调研，详细了解后台数据库的种类、版本、数据量、存储及备份方式等信息。第二，审计人员根据审计目标，进行可视化分析，应用可视化图表完整展示数据分析的程序和数据链走向；应用数据挖掘算法，从海量的、随机的数据中构建数据挖掘模型，挖掘隐含在数据内部的价值。第三，审计人员根据可视化分析和数据挖掘的结果，可以作出预测性的判断；应用语义引擎，借助一系列工具去提取、解析和分析数据，从海量数据中提取相关数据；将转换、清理、验证后的源数据按照审计目标要求形成审计中间表。创建审计中间表是构建海量数据与财务报表项目数据关联性的前提和基础，是实现数据导向审计的关键技术。第四，审计人员根据审计中间表进行数据关联分析，初步得出审计结论。审计人员将审计中间表中的数据进行关联性分析，采用有针对性的数据分析技术，依据不同的关联数据采用不同的数据分析方法。通过数据分析，按照数据取得、挖掘、关联分析、趋势分析等方面的工作，得出初步审计结论，使审计工作更具效率、效果。

审计人员常用的大数据方法有：一是在数据审计平台将非结构化数据转化为结构化数据。审计人员一般通过数据接口、深度学习、机器分析，将非结构化数据进行图像可视化展现，进而转化为结构化数据。二是利用数据加工工具 SQL EM、CLEMATINE 等进行数据挖掘，通过多维分析（OLAP）和聚类分析等来分析数据关联，利用工具 R、Python 算法等对数据进行提取、处理。三是通过疑点发现技术，如利用 Python 算法包、C++等工具，以及数据相似度监测、审计业务模型、GIS 在审计中的应用等方法，分析挖掘数据中隐含的异常数据。四是实施数据在线监测，如利用 SAS Base 等工具对实时数据进行归集整理，所存数据将用于构建数据审计平台。

（四）制定数据审计法规是数据导向审计的实施保障

审计是现代国家治理的基础和重要保障，是国家法治化建设的产物，还是推进国家法治建设的重要手段。因此，实施数据导向审计，应遵循法规先行的原则，制定数据审计的相关法规，使审计工作有法可依。制定数据审计的相关法规，是一项开拓性的工作，需要政府相关部门支持和配合，才能规范数据审计行为。

一是制定数据采集法规。制定数据采集法规，可以为数字基础设施建设和数据资源体系利用提供有力支撑，能够有效助力数据规范采集。首先，数据采集法规应对财务软件、审计软件提出标准化要求，规范企业和审计机构采用标准化的软件，推动数据采集规范化。其次，数据采集法规应对企业内部的数据采集具有指导作用，提高企业数据采集水平，优化数据采集基础建设。此外，数据采集法规的制定，可以使不同企业、行业间的数据采集更易于利用和共享，促进数据的市场化流通，助力畅通数据大循环。二是制定数据审计准则。审计人员长期致力于将数据技术运用于审计程序，但在整个审计数字化转型程序中，由于缺少准则指引，导致审计数字化转型之路十分艰难。制定数据审计相关准则，规范审计机构和审计人员数字化转型，解决其在审计程序中无审计准则可依的困难，更好地利用数据服务于审计工作。制定数据审计相关准则，对于利用数据技术审计的各个环节都应加以规范，规定数据审计取证流程，明确取证程序，确保审计数据模型的正确性，保障数据审计的安全性，建立数据审计工作底稿和数据审计档案等。三是数据审计的法律保障。建立和完善审计人员运用数据技术审计的法律体系，需要内外部环境的不断完善，以促进数据技术得以在审计工作中的应用和发挥作用。审计人员实施数据导向审计，采集的数据涉及政府部门、金融机构、关联企业，需要获得法律授权；审计人员运用数据技术跨部门、跨领域查询比对所获得的审计数据，由此得出的审计结论，其法律效力需要政府监管部门和社会的认可；相关法律法规需规定政府部门、金融机构和关联企业有向审计人员提供各种数据的义务。

10

······

大数据审计

本章学习目标

> 1. 掌握大数据审计是指审计机关遵循大数据理念，运用大数据技术方法和工具，利用数量巨大、来源分散、格式多样的经济社会运行数据，开展跨层级、跨地域、跨系统、跨部门和跨业务的深入挖掘与分析，提升审计发现问题、评价判断、宏观分析的能力。
> 2. 掌握大数据审计的原理、大数据审计数据采集及大数据审计数据预处理等基本内容。
> 3. 深入理解大数据审计数据的分析等内容。

10.1 大数据审计的原理、局限性及流程

10.1.1 大数据审计的原理

数据资产已经是当今许多优秀企业的核心资产，与传统企业固定资产、流动资产不同，大数据有着决定企业战略决策、公司治理、内控管理等强大能量。可以这样说，当下谁掌握了行业大数据，谁就获得了引领行业的核心竞争力。因此，大数据审计涉及的操作风险、道德风险尤为突出，规避风险也成为大数据审计工作的重点。

大数据审计的原理是基于对大数据的收集、分析和解释，使用先进的技术和工具，如机器学习、数据挖掘和统计分析，来识别潜在的风险、错误和不规范的行为。这些工具可以自动化地处理海量数据，从而提高审计效率并降低错误率。同时，大数据审计还可以通过实时监控数据流和交叉比对不同数据源的信息来识别异常行为。这种综合性的分析方法能够帮助审计人员更准确地发现问题，并提供更全面的审核结果。总之，大数据审计是利用信息技术将银行全数据整合，实现对全数据审计的全新方法，所运用的审计原理仍是传统经典审计逻辑。所以说，有了审计思维的强大，才有大数据审计的强大，抛开审计思维，大数据只是在堆砌毫无意义的数字。

10.1.2 大数据审计的局限性

大数据分析的自身技术特点、数据质量普遍不高的现状、政策环境的复杂性以及现实状况的多样性决定了目前仅凭大数据分析结果还无法直接得出审计结论。当前，审计工作受到广泛关注，审计成果利用也越来越深化，审计人员应强化质量意识，既向大数据分析要效率，又通过必要抽查核实来夯实审计证据，确保大数据分析成果落

实落地，经得起历史和实践检验。

　　大数据分析在证明因果关系方面有局限性。大数据审计与传统审计模式相比，在反映相关关系方面具有独特优势，但在解释因果关系方面却缺乏说服力。例如，审计人员通过数据分析发现，某工程建设项目施工单位财务负责人个人名下有多张银行卡，存在在其居住地和承揽工程所在地同时消费的情况，是否能据此认定施工单位通过赠送银行卡的方式向建设单位相关人员行贿？其中可能存在财务负责人的银行卡为工程项目部或其亲属实际使用等其他情况。如果不进行抽查核实，便难以对具体情形作出定论。审计工作强调因果关系分析，不仅要查清楚是什么，还要弄明白为什么，才能提出有针对性的处理意见和审计建议，因此抽查核实是审计中非常重要的环节。

　　大数据分析结果不具备绝对精确性。大数据审计与传统审计模式相比，整体性是其突出优势，能够通过对整个底层数据库的分析，达到把握事物总体的目的，但纳入分析范围的数据越多，其精确性就越弱。大数据的天然特征是体量大、来源广、产生速度快，其中很可能夹杂着大量无用、冗余乃至错误的数据，形成大数据中的噪声。数据挖掘作为大数据分析的重要技术方法之一，就是从充满噪声的数据中提取潜在有用信息和知识。它在很大程度上依赖于概率统计，并非绝对精准。目前，这一技术方法已广泛用于商业营销和用户推广。但审计工作要确保事实清、证据实、定性准，要对被审计对象精准画像，对每一项违纪违法违规事实的认定和处理，都必须建立在坚实的审计证据基石之上，因此数据分析结果只有经过必要的核实后才能作为审计证据。

　　大数据分析对非结构化数据处理存在技术挑战。大数据来源复杂、格式多样，既包括结构化数据，也包括图像、音频、视频等非结构化数据。目前，对于非结构化数据的分析处理，技术难度较大，应用程度还非常有限。一些被审计单位在履职行为方面存在问题，但承载具体行为相关信息的数据，如记录相关执法部门监督检查的数据，很多是非结构化数据。当前，对非结构化数据进行处理的大数据审计分析技术还很不成熟。一般而言，需要在对结构化数据进行系统分析、发现疑点的基础上，对记录行为的相关图像、音频、视频等或其他未作为数据存储的信息进一步抽查核实，才能对是否存在实质性违纪违法违规问题作出准确的审计结论。

10.1.3　大数据审计的流程

　　大数据审计的流程主要分为四个方面，分别是大数据审计数据的采集、数据的集成、数据的存储与管理及大数据的分析，下面对四个流程逐一阐述。

10.1.3.1　大数据审计数据的采集

　　大数据审计数据来源包括：①大交易数据，这些数据是传统的、结构化的；通过关系型数据库进行管理和访问的静态、历史数据。②大交互数据，这些数据源于社交媒体数据，包括传感器信息、海量图像文件、Web 文本、电子邮件等。大数据环境下，数据采集的类型可分为结构化数据和非结构化数据。采集这些数据的技术分为四类：

（1）数据库采集技术

刘国城（2023）认为，大数据审计主体通常会使用 NoSQL、HBase、MongoDB 等数据库采集、存储被审计单位的数据，并应用高端采集技术，如 ODBC 技术、审计接口技术等，以此来连接审计主体和被审计单位的数据库，完成大数据审计的采集工作。

1）ODBC 技术的应用。ODBC 技术是通用的审计大数据采集方法之一，其主要涵盖应用程序、驱动程序管理器、驱动程序和数据源。应用程序层通过采用 ODBC 接口，可以实现与数据源的连接和会话，并向数据源发送结构化查询语言（SQL）请求，再对结果定义数据格式。ODBC 技术目前被广泛应用于计算机辅助审计业务中，作为连接审计主体和被审计单位数据库的公共接口。持续审计是计算机辅助审计未来的一个重要发展方向，其中，数据库采集技术为审计人员采集数据提供了诸多便利。

2）审计接口技术的应用。针对审计接口技术应用的业务不同，可以划分为通用审计接口与专用审计接口。通用审计接口有三种实现方式。第一，审计主体可以直接连接被审计单位的目标数据库，采集有用的各种数据。第二，审计主体可以通过联网方式远程采集被审计单位的数据。第三，在审计主体采用大型数据库，与被审计单位建立直接接口存在困难时，可以先获取生产转换文件，按照目标的文件格式进行导出，完成大数据审计的采集工作。

（2）系统日志采集技术

系统日志记录了被审计单位日常系统中关于各种硬件、软件问题的数据，以及对系统运行情况的监控记录，如有关应用程序、系统安全等方面的各种记录。目前，日志采集技术被广泛应用于审计业务的很多方面，本部分的系统日志采集技术主要涉及 Flume、Scribe、Kafka 等技术。

1）Flume 技术的应用。Flume 是一种资源收集系统，主要用于收集被审计单位的系统日志等数据资源，在将服务器中的数据收集完成之后，Flume 会把这些大数据资源统一集中到相应位置，如分布式文件系统（HDFS）。

2）Scribe 技术的应用。Scribe 从被审计单位的日志源中收集各种与审计业务相关的日志，并统一存放到网络文件系统或分布式文件系统中，以便将来审计主体对数据进行处理与分析，此类分布式收集、集中处理的运行方式具备了高容错性、易扩展性的优点。审计主体采用 Scribe 技术开展审计大数据的采集工作，在实践中也体现出了强大的优势：审计从抽样变为全覆盖，有效降低了审计风险；对海量数据的快速、灵活分析大大提高了审计效率；审计结论以数据说话，说服力更强，改善了审计效果。

3）Kafka 技术的应用。Kafka 从属于 Java 阵营，是一种由 Scala 编程语言编写的数据采集存储系统，用于信息的实时发布和审计日志的采集与存储。

（3）感知设备采集技术

感知设备采集技术主要是借助被审计单位的各种信号、图片、视频等信息，挖掘与审计业务相关的各种数据，且大数据智能感知系统会对结构化和异构化的数据进行识别、感知、适配和传输。本部分的感知设备采集技术主要涉及摄像头监控、数字会议桌面、遥感等技术。

一是摄像头监控技术的应用。审计摄像头监控技术是指审计主体通过安装摄像头的方式，代替审计人员对特殊的场景进行监督与观察，以节省相应的人力资源。通过摄像头监控技术采集到的各类图片、视频数据背后蕴藏的价值是巨大的，审计主体应充分关注摄像头监控技术的重要性。采用摄像头监控代替传统的人工观察，可以及时发现被审计单位内部控制存在的问题，发现更多的审计疑点，评价内部控制的执行情况，延展审计取证业务的时间范围与空间范围。

二是数字会议桌面技术的应用。尤其是在财经法纪审计业务中，审计人员使用基于数字会议桌面的智能数据采集技术，可以迅速捕捉有用的审计信息。

三是遥感技术的应用。在自然资源资产离任审计中，可将遥感影像作为数据源，获取领导干部任期内自然资源资产的客观时空分布状况，通过持续性监测获取自然资源资产时空变化信息，最终反映实际的自然资源资产时空分布和变化情况。

（4）网络数据采集技术

网络数据采集技术是指审计主体利用人工智能等新兴技术，从网站上获取与被审计单位业务相关的数据资料，将非结构化数据与半结构化数据从网页中提取出来，并存放到提前设置好的存储系统之中。本部分以网络爬虫和自然语言处理为例，阐释两者在审计数据采集过程中的应用。

1）网络爬虫技术的应用

网络爬虫技术被广泛应用于审计数据收集、舆情监测、咨询业务等审计情境。

2）自然语言处理技术的应用

自然语言处理作为"大智移云"发展的代表性技术，是一种让计算机能够像人类一样，理解与学习自然语言、处理阅读和书写的新兴技术，它可以用来处理与审计相关的文本信息，避免人工检查的知识局限以及漏判、误判等情况的发生。

10.1.3.2 大数据审计数据的集成

大数据审计数据集成的目的是将不同被审计单位或同一被审计单位的不同数据源中各种不同的数据整合在一起，这些数据往往涉及很多数据源，其数据模式也可能不同。大数据集成工具 Spark，由加州大学伯克利分校 AMP 实验室开发，可用来构建大型的、低延迟的数据分析应用程序，是开源的应用程序。Apache Spark 是专为大规模数据处理而设计的快速通用的计算引擎，Spark 是在 Scala 语言中实现的。Spark 提供了大量的库，包括 Spark Core、Spark SQL、Spark Streaming、MLib. GraphX。

在大数据审计分析时，需要分析采集数据的来源形式：①上级审计部门数据中心提供的数据。②审计部门定期采集并上传至上级审计部门或本部门数据中心的各类数据。③在审计项目实施程序中根据需要采集的各类数据。④通过大数据工具从互联网上抓取的公开数据。对这些被审计大交易数据和被审计大交互数据进行数据预处理，以适应大数据审计分析工作的需要。

10.1.3.3　大数据审计数据的存储与管理

现在的数据存储技术已经不能满足大数据审计环境的需求。在大数据环境下，审计数据的存储方式已经发生了变化，包括存储架构、数据访问机制等。因此，可以借助云计算平台或分布式文件系统，对大数据进行审计存储和管理。大数据的集中存储与管理，打破了部门内部制约信息共享的障碍，为实现数据关联分析提供了可能。

10.1.3.4　大数据审计数据的分析

大数据审计是跨领域、跨部门、跨层次的关联分析，具体体现为五个方面，即开展财政、金融、企业等各领域间数据的关联分析，中央、部门、地方间数据的关联分析，财务与业务数据间的关联分析，部门纵向各级间的数据关联分析，各被审计单位、行业、地方等单个系统与宏观经济运行系统间的数据关联分析。

以云计算为例，云计算（Cloud Computing）是一种数据分析技术，包括：

软件服务（Softwareas Service，SaaS）、平台服务（Plormas Erxice，PaaS）和设施服务（Infra Structureas Service）。云计算可以充分利用物理设施的弹性，获得应对快速增长数据的能力。云计算提供基础架构耦合、审核大数据分析等应用在这个平台上进行运行。

常用的大数据分析方法主要有：大数据可视化分析技术、大数据多数据源综合分析技术、大数据智能分析技术。此外，在大数据环境下，常用的审计数据分析方法，如数据查询、统计分析等，仍可根据审计工作的实际情况与大数据技术结合使用。

10.2　大数据审计数据采集

10.2.1　大数据审计数据采集的原理

数据采集是基础，要谋划在先，通过制定三年数据规划、年度采集计划和采集方案，逐步建立起满足各级审计机关业务需要的分行业、分地区、分层级的审计数据目录体系、数据标准体系、数据定期采集机制。

案例：徐州市审计局搭建形成覆盖全市 525 家单位、4 个年度、共计 1457 套财务账的财务审计数据"基础库"；围绕财政业务流程，采集、清洗、整理市本级及 10 家县区的预算执行数据，形成涵盖财政全流程数据的"规划库"，为开展全覆盖审计提供了强大数据支撑。2023 年 4 月，在 2022 年部门预算执行审计项目现场，徐州市审计局电子数据处审计人员将项目数据上传至大数据中心"审计专区"，结合专区上部署的企业信息、社保信息等数据开展关联分析。随着市级政务数据共享平台的逐步完善，数据资源的不断扩充，自 2019 年起，徐州市审计局为项目量身定制《审计数据需求资源目录》，深化与市大数据管理部门的数据合作，清除数据"盲区"，形成"一个审计项目，一个数据平台，一张资源目录"的数据采集应用模式，有效破解因数据分散、源头多样、质量参差而导致的审计数据协调难、归集难、治理难、使用难等问题。徐州市审计局还与市大数据中心签订《数据共享使用保密协议》，数据资源的申请、审批、存储、使用、分析依托原有平台，确保对数据使用过程中的安全风险进行有效管控。

实现数据共享后，徐州市审计局在审计项目中融合开展信息系统审计内容，关注被审计单位信息系统建设、使用、运维、管理情况和政务数据共享情况，推动各部门数据资源发挥校验作用，推进业务、数据、技术深度融合；在运用数据资源开展分析、取证时，有效评估数据资源质量，反馈数据治理建议，形成数据资源共享、运用、治理良性循环体系，持续提高数据准确性、可用性。

10.2.2　大数据审计的数据采集的主要步骤

主要步骤一般分为审前调查、提出审核数据需求、完成审计数据采集工作、审核数据验证。

案例：土地资源审计中的大数据审计数据采集（黄露葵，2023）。

第一步为采集各类相关数据，包括多期遥感影像数据、基础地理信息数据和被审计单位所提供的专题数据。其中：第一项数据主要是审计年度连续三年的卫星遥感数据；第二项数据是指地貌、水系、植被以及社会地理信息中的居民地、交通、境界、特殊地物、地名等基础地理信息数据；第三项主要是采集相关部门业务数据。

第二步为数据资料整理，包括坐标转换、投影转换、格式转换。由于采集数据来自国土、林业、农业、水务等不同部门和单位，审计人员需要在使用前，首先对取得基础数据的可用性进行校验和处理，如调整坐标系、数据整理、数据合并与分解等一系列操作，以达到统一规格和要求，具有专业可比性。

第三步为空间分析，包括叠加分析、提取分析和缓冲区分析。例如，通过将林业部门提供的植树造林数据与国土部门提供土地利用现状数据进行对比，标记出两者图像数据重叠部分，可以清楚地发现存在土地利用现状数据中的水浇地和旱地上植树造林问题。

第四步为问题核实。根据数据分析得出初步疑点图斑及问题线索，审计组需要对重点问题深入现场勘察验证，有的甚至需要现场重新对问题地块面积进行丈量，对数据分析比对结果进行的数据整理、数据合并与拆分等，进一步锁定证据。根据实际情况对分析模型进行修正与完善，重新生成分析最终分析结果，确保数据准确无误后，形成审计问题证据。

第五步为问题定性。经过以上操作，分别将疑点问题填写进《审计证据单》，汇总整理相关证据，与国土、林业等部门交换意见，凡是核实无误的问题要求被审计单位签字盖章，审计人员以此为依据，制作《审计工作底稿》，将审计发现问题对照法律法规梳理汇总定性。

10.2.3　审计大数据的采集难点

（1）缺乏大数据审计思维

审计大数据采集的核心在于创新，在大数据海量增长的今天，如何审计大数据采集效率最大化取决于使用者的需求和创新思维。就审计而言，当采集各类被审计单位的内外部大数据后，审计人员需要根据审计目标、审计内容以及被审计单位的业务逻辑等，对相关的数据进行分析以发现被审计单位存在的问题及风险。因此，大数据审计采集的重点不在于数据分析技术或工具，而是依赖于审计人员的思维方式，即"为什么采集""如何去采集"。如果审计人员知道如何采集这些数据，通过数据之间的联系从中发现问题，那么大数据的价值将得以体现，否则数据毫无价值。然而，目前大多数基层审计机关审计人员对大数据审计的采集认识存在误区，认为大数据审计不过是计算机辅助审计的一种延续，是属于采集技术人员的工作，因此从审计项目、工作安排中往往呈现出一种业务与技术割裂的状态。此外，许多审计人员缺乏采集创新主动，难以适应大数据发展的需要，依然习惯于传统的审计模式，大多是翻账本、查凭证，涉及与数据有关的工作首先想到的是交给数据采集技术人员去做，导致自己很多时候连最基本的采集业务流程、逻辑都搞不清楚，更不用说从数据的内在联系发现采集问题了。

（2）缺少大数据审计采集人才

大数据已渗透到各行各业，新技术、新业态的层出不穷离不开专业人才的创新。如何将大数据采集相关的先进技术应用于审计行业，同样离不开高端人才的支持。但是基层审计机关受限于编制、财力、人员引进规定等因素，普遍缺少掌握大数据采集的专业人才，有的甚至都没有计算机专业人员，导致采集大数据审计难以开展。此外，目前针对大数据审计的采集培训较少，虽然上级审计机关开展了一些初级采集技术培训工作，但是由于网络培训缺乏监管，加之日常审计工作繁忙，难以抽出时间进行认真学习采集，导致采集培训效果不好。

（3）大数据审计有时采集成本过高

大数据审计需要采集足够的数据才能使用大数据技术。目前根据国家有关规定，县（区）级各部门使用的信息系统一般由上级行业部门统管，数据多集中存储在市级及以上部门，能够留在县级部门可被审计机关直接采集的数据少之又少，因此如何获取这些数据需要花费很大精力。比如住宅专项维修资金审计，需要住房备案、不动产登记信息数据等，由于这些数据分属于不同机构管理，且管理模式及权限均不同，需要同时协调多个部门，即便最终能够提供数据也会影响数据分析的时效性，协调成本过高。此外，有的数据是以文本文件、表格、PDF 文件等非结构化形式提供，采集数据处理和标准化难度较大。例如，在公文处理中普遍使用的 PDF 文件，因其包含文字、图片、表格等各种类型信息，要将里面的数据提取出来需要编写专门的采集程序，对审计人员的计算机水平要求较高。因此，在实践中，面对上述困难审计人员在权衡成本收益后，可能会放弃数据采集。同时，随着获取的数据越来越多，数据的安全性越发重要，采集大量数据是存放在办公电脑还是专门服务器，都给基层审计机关的行政运行带来一定压力。

10.2.4　强化审计大数据采集的对策

（1）着力破解"为什么审"

大数据审计不是各类采集技术的罗列和堆砌，而是在审计目标的指导下对有关事项进行采集数据应用于审计中以达到审计目的，因此"为什么采集"是大数据审计需要首先解决的问题。如果审计项目不具备采集大数据审计条件，那么即使使用了先进的采集技术也不会取得较好的效果。现有条件下，基层审计机关应紧紧围绕党和国家重大政策措施目标，将大数据采集思维贯穿整个审计流程。审计项目计划阶段，选择重点部门、单位、资金时将大数据审计作为重要采集依据，通过对各单位信息系统进行调查了解以及数据采集的可行性进行充分论证，对那些采集数据种类繁多、数据结构化且各类内外部数据容易采集的优先纳入审计范围，并试编审计操作指引。审计实施阶段，做好数据采集和标准化工作，按照操作指引进行审计，并根据审计发现的新采集情况、新采集问题及时补充采集数据、修订采集操作指引。审计报告阶段，汇总大数据审计成果，总结大数据审计经验，将其中的亮点工作以专报形式予以推出，为以后的审计项目立项提供依据。

（2）聚焦"如何去采集"

"如何去采集"是大数据审计采集的灵魂，是大数据审计成败的关键，如果缺乏大数据审计思维，有再多的数据也是徒劳。做好"如何去采集"，基层审计机关应做到以下三点：一是鼓励全员采集创新。通过召开审计项目采集研判会、讨论会等方式，提出新的审计采集方法和思路，充分发挥头脑风暴优势，最大限度激发审计人员采集创新活力。采集技术人员则对业务人员提出的采集方法思路进行可行性研究，从数据采集、技术方法的选择入手进行充分的调研，最大限度地实现业务人员的采集想法，确保采集大数据审计取得较好效果。二是加强采集业务培训，不断提高采集人员素质。审计机关应加强大数据审计采集培训工作，通过优秀采集案例讲解、与先进审计机关交流学习等方式提高采集业务素质。积极参与以干代训审计项目，向省、市审计部门学习先进的审计采集经验和方法，并向全局审计人员推广，转化为自己的审计成果。三是建立适用于大数据审计采集的考核奖惩机制。将大数据审计采集纳入考核范围，在职务晋升、职称评聘、正向激励等予以倾斜。审计机关应加强采集顶层设计，协调全局力量，打破科室间的界限，建立多部门合作攻关机制，消除大数据审计面临的采集障碍，确保大数据审计项目顺利完成。

（3）积极探索"用什么去采集"

现阶段，基层审计机关受限于各种内外部条件，不宜过多追求高、精、尖采集技术，但是审计人员应该对此做好准备，以便将来时机成熟可以快速适应审计采集需求。①基层审计机关要重视采集人才储备，审计人员引进可以适当向大数据方面倾斜，优先选用采集高技术人才，比如数据采集、挖掘、地理信息、环保、BIM 等。②可以考虑以购买服务的方式，与高等院校或社会审计力量开展采集合作，充分利用合作方先进的采集技术经验，拓宽审计视野，实现大数据审计的突破。③鼓励业务人员学习新采集技术，钻研新采集业务，为审计人员创造积极健康的学习环境，通过在考核奖惩、职务晋升等方面予以奖励，变"被动学"为"主动学"，为大数据审计做好采集人才储备工作。

10.3　大数据审计数据预处理

10.3.1　大数据审计大数据预处理的原理

数据预处理是一系列技术和程序的集合，用于将原始数据精练成可分析的格式。采集后的大数据需要经过预处理才能有效地用于审计分析。审计数据预处理主要分为两步：首先，数据的文档必须转换成审计分析软件或 Excel 能识别的格式，如 CSV 格式；其次，审计人员必须对数据表中的无关字段信息、空白数据字段、错误的单元信息格式等进行清理。

审计数据预处理中发现的信息空白的数据，审计人员要决定是否直接忽略整条交易数据，还是以平均值、中间值、常见值或零来填充。数据的计算单位出现不匹配的情况，也需转换一致才能执行有意义的分析。例如，一个数据表的计数单位是万，另一个却是十万，就不能直接做对比分析。如果有敏感数据的，如敏感第三方名字、薪资信息、企业机密等，还要做好数据脱敏后才可让审计人员分析。同时，要考虑给这些信息加密，以防个别审计人员有意或无意地泄露了大批量的数据。

10.3.2　审计大数据预处理的步骤

第一步，数据清洗。主要是为了处理原始数据中存在的错误、缺失、重复、异常等问题，包括去重、处理缺失值、处理异常值以及处理错误值等。例如，对于缺失值，可以通过删除、替换或使用插值方法进行处理；对于异常值，可以进行删除、替换或使用插值方法进行处理。

第二步，数据集成。主要是将多个数据源中的数据结合起来，存放在一个一致的数据存储空间中，如数据仓库。在集成过程中，需要解决诸如实体识别、冗余和相关分析，以及数值冲突的检测与处理等问题。

第三步，数据变换。主要是将数据转换成适合数据挖掘的形式。包括数据平滑、聚集、概化、规范化以及属性构造等操作。例如，通过光滑技术去掉数据中的噪声，或者通过聚集操作对数据进行汇总或聚集。

第四步，数据规约。这个步骤是在数据量很大的情况下，通过数据规约技术来减小数据的规模，但同时保持数据的完整性。数据规约策略包括维规约和数值规约等。

10.3.3　审计大数据预处理的方法

常用的审计大数据预处理的方法有五种：①通过人工处理的方法去进行修复；②从常量中取一个相同的常量进行常量替代法；③平均值替代法；④通过最常见值进行替代；⑤估值替代法。针对以上几种方法，前4种相对来说没有那么复杂，基本上都是通过经验积累和业务情况去进行判断的；第5种是最复杂也是最科学的方法，是先通过相应的算法去计算该属性缺失值最可能值，然后再通过预测填充缺失的值。

10.4　大数据审计数据分析

10.4.1　大数据审计数据分析的原理

大数据审计数据分析是数字化审计的核心。企业审计数据分析经历了从聚焦"因果分析"向"关联分析"与"因果分析"相结合转变的过程，从"验证型"审计向"发掘型"审计转变的过程。

10.4.2　大数据审计数据分析的思路

大数据审计数据分析技术可归纳为大数据可视化分析技术、大数据多数据源一体化分析技术、大数据智能分析技术三种。崔竹（2023）认为，应用这些技术的数据分析思路分五种：

（1）企业报表数据总体审计分析思路

审计人员需要在对企业总体情况进行分析评价的基础上，选定审计的重点和难点，提升审计工作效率。企业财务报表分析是对企业总体情况进行评价的重要途径，主要包括以下四种：

一是集团总体经营状况分析。从财务状况、运营结构、运营效率、科技创新、价值创造、会计信息可信度、集团与所属行业主要指标、行业特色指标等维度进行趋势统计。

二是企业报表结构差异性分析。运用数理统计方法对企业集团所属单位的资产负债表科目和损益表成本费用科目进行方差、标准差和系数调整计算。

三是会计信息真实性诊断。分析企业合并报表的完整性，从集团与子企业的决策关系、关联关系和交易关系等方面分析，发现异常情况并进行提示；从企业盈利能力、资产质量、偿债能力和发展潜力四个方面进行评价和预警，判断企业会计信息的真实性。

四是重点事项分析。主要对集团及子企业对外投资、资本运作、薪酬与费用、物资服务采购、收入合规性、往来款、非经常性损益、科技创新能力、专项储备等重点审计事项进行疑点线索分析。

（2）企业多维数据关联审计分析思路

企业多维数据关联分析是企业审计中最常用的分析方法，主要利用 SQL 数据分析技术对财务数据进行横向和纵向比较，通过财务数据与业务数据的关联分析及企业内部数据与外部数据的比对分析等，快速从海量数据中筛选出审计疑点，方法简单直接，结果精准且导向性强，可以明显提升审计效率。以成本规制审计为例，多维分析技术应用可分为采集各业务条线系统数据、数据整合和重分类、局部数据多维分析、构建多维分析模型四个步骤。

（3）企业循环交易大数据审计分析思路

审计中发现，部分企业出于虚增收支规模、获取资金借贷利息、偷逃税款等目的，在上下游企业的配合下，存在循环贸易、融资性贸易、虚开增值税发票等虚构贸易行为。

这类经营行为虽然具备形式上的法律要件，但是并无实质上的货物流转，是以正常货物交易为外部形式从事无实物货物流转的违规贸易行为，往往涉及金额巨大，短期内易造成国有资产巨额损失风险。

这类以企业法人间贸易关系等合作经营为基础的违规行为，由于涉及外部交易环节多，隐蔽性强，且交易手续表面合规，因此难以通过企业内部数据的常规关联分析发现，需要利用企业外部税务、工商等数据进行大数据分析。

从数据分析的角度看，这类业务中的增值税发票、购销合同、收付款都呈现出闭环特征，可以通过增值税专用发票进销项抵扣信息，将交易链条上的各个交易主体串联成交易闭环。

（4）企业利益输送大数据审计分析思路

核查企业职工利用权力为自己或亲属参股企业牟利的问题，一直是企业审计关注的重点内容。

从数据分析的角度看，可以利用企业内部人员信息和外部工商、税务等数据，通过社交网络分析软件开展关联分析，构建企业内部人员与外部人员的关联关系，再与企业贸易往来、股权交易等数据匹配，挖掘出利益输送的"隐性关系网"。

（5）企业大数据挖掘审计分析思路

相比于数据审计对既有知识的验证，基于数据挖掘技术的大数据审计是对新知识的发掘。以"明股实债"分析为例。近年来，企业审计中发现部分违规交易行为更为隐蔽。

例如，在社会融资环境趋紧的背景下，部分国有企业利用自身的融资优势，以"明股实债"的方式向外部企业提供融资，表面上看是以股权形式对外投资，实质上是以获得固定收益及远期本金有效退出为实现要件的资金出借行为，且资金最终的使用方多为房地产或地方政府融资平台等国家政策限制性行业或领域。

但是这类问题很难从财务数据或业务数据等企业内部的结构化数据入手查找，由于多层包装隐蔽性高，外部数据很难直接关联分析，需要更多的经验判断和特征模型挖掘相结合的大数据分析方法。决策树算法是数据挖掘技术中较为基础、经典的算法模型之一，是对实例进行分类的树形结构，也是一种基本的分类与回归方法。决策树的学习就是从训练数据集中归纳出一组分类规则，规则对应的模型不仅对训练数据有很好的拟合，而且对未知数据也有很好的预测。

10.4.3　大数据审计数据分析转型需要关注的问题

（1）大数据审计组织模式有待进一步优化

随着国家大数据战略的推进，政府和企业的信息化水平不断提高，导致审计项目的规模和复杂程度显著增加，审计风险也随之上升。然后，不少审计机关仍采用传统的审计分工、行业审计划分，以及传统审计流程、取证方式和审计技术，这与信息化发展不相符，存在着不适应的问题。审计机关亟须进行理念和模式的创新，以应对跨地区、跨行业和跨领域审计的需求。当前，跨界思维方法的运用有限，局限于传统行业审计范围内，未能打破行业界限。大数据审计提倡融入审计全流程理念，但目前主要限于审计项目的初期分析。在计划制订、现场取证、成果提炼和报告生成等方面，尚未充分发挥数据挖掘等技术力量的潜力，现场与非现场审计的互动仍处于早期阶段，疑点核查的反馈机制、举一反三机制不够健全，对于疑点问题原因的全面分类分析还有待提升，实时动态管理水平亦较弱。建立以数据管理部门为核心的常态化数据分析机制尚处于探索阶段。

（2）审计数据资源体系建设仍需改进

面对被审计单位庞大的数据量，一些审计机关缺乏有针对性的方法来有效利用这些数据。部分审计机关存储了质量较差且价值有限的数据，造成了资源的浪费。此外，在数据采集和处理技术上，许多省（市）数据中心数据容量和相应的处理技术尚未达到大数据水平。他们仍主要使用 SQL 和 Oracle 技术来处理数据，无法满足 PB 级别以上的数据处理需求，智能化和自动化技术的应用也相对有限，难以迅速支持多元异构数据的处理。半结构化和非结构化数据的采集、处理和存储方面，审计专业技术和工具仍然匮乏。整合各级审计机关的信息资源，深度挖掘审计业务需求，实现各级审计机关之间的业务数据协同分析和信息共享网络互联互通仍有待完善。同时，部分市县审计机关还存在数据存储环境未达安全保护要求、数据管控不严格等多方面安全隐患，通过等级保护测评的单位还比较少，数据分析安全环境存在改进的迫切需求。

（3）大数据新技术与审计业务深度融合不够

目前，审计数据分析与大数据技术的融合程度不够深入，分析思路有限，用信息化手段解决审计问题的路径尚未建立体系。数据分析仍主要依赖审计人员对财政、金融、社保、扶贫等领域的熟悉。不同行业审计仍然是各自独立的，数据分割明显，缺乏围绕党政中心工作、社会热点问题的全域分析能力，无法实现独立于审计项目的全面数据分析。流行的、能助力审计工作的新技术和方法，如图数据库、Python 语言和数据挖掘等，在实际数据分析中缺乏充分的应用。预警指标和模型也有待改进，审计特有的指标和模型相对缺乏，对新型审计业务领域，如党政领导人员经责评价、政策实施效果评估和投资项目全周期分析等，应用仍有限。宏观经济数据等多领域的综合运用不足，金融等行业数据与政府财政预算、宏观经济数据、财务数据以及企业社保数据等领域数据的关联分析不够深入。在数据环境相互割裂的情况下，这些数据未能充分利用金融审计的优势，不利于审计思路和成果的创新。

（4）大数据审计发展面临机制和人才保障的挑战

尽管金审工程在各级审计机关的推进下加强了审计信息化硬件设施，然后，在适应日益常态化、流程化和智能化的大数据审计特征方面，一些审计制度规则和信息化人才培养机制仍显不足。现行的审计法律法规与当前大数据审计的变革不完全相符，需要突破一些制度障碍。例如，审计部门可获取的数据范围相对有限，规范不够明确，数据采集的强制力不足，而且缺乏全国大数据审计工作的指导性文件。在辅助审计计划的制订、审计技术标准的制定、数据质量检验、数据取证审理方式、数据分析模型评估以及大数据审计报告编制等方面，仍缺乏明确的规范指南和实质性的测试评价方法。

大数据审计是一项跨学科工作，但过去的审计信息化培训内容相对固定，方法不够灵活，未充分考虑地区间的发展不平衡。特别是对于少数民族地区和整体信息化水平较低的地区，尚未提供有针对性的培训，缺乏分类指导。同时，大数据审计需要多方面技能的综合人才，但招聘和培养这样的复合型人才存在一定难度，尤其是在基层审计机关。即使是多年培训出来的计算机中级审计人员，由于数据资源受限、工作业务繁重等原因，也难以将所学应用到实践中，许多人仍然处于各自为战的状态，缺乏进一步提高信息化技能的机会。

10.4.4　大数据审计数据分析助力审计高质量发展的转型路径

（1）树立与时俱进的大数据审计理念

近年来，党和国家通过制度的顶层设计不断为审计事业创造有利的发展环境，丰富了审计在国家监督体系中的重要作用，也赋予审计监督更为重要的职能定位和更高的时代要求。审计机关作为政治机关和宏观管理部门，应紧密围绕推进国家治理体系和治理能力现代化的推进，坚定走科技强审之路，认真履行常态化"经济体检"职责，构建与审计职能相匹配的大数据审计理念，重点突出大数据审计在"查病""治已病""防未病"方面的支持作用。

（2）创建高效合理的大数据审计组织模式

随着大数据审计在审计业务工作中的广泛应用，2014年审计署开始在全国推广"总体分析、发现疑点、分散核查系统研究"的数字化模式，将数据视为替代审计经验的强有力工具。在大数据审计的背景下，信息海量扩展，技术手段升级，因此需要转变审计思维模式以适应新的审计业务组织方式。

大数据审计以数据和共享互联为特征，需要对内部和外部资源进行重组和高度统筹。一些省份已将数据采集和数据分析作为常规工作进行，将数据分析、整理和挖掘作为服务宏观决策的先决条件，并纳入年度审计项目计划的制订和审计工作方案的组建。数据分析团队需要把握宏观情况、强调关键问题、与实地审计紧密结合。此外，应完善大数据审计要素保障。建立数据驱动和综合研判机制，使数据分析成为审计全流程的基础，以现场审计和非现场审计相结合，多角度的调查和研究为补充的常态化和全覆盖式的数据分析工作机制。

此外，各级审计机关还应建立学习分享机制，通过搭建交流平台、调研学习、推举优秀审计成果以及建立大数据审计智库等多种形式进行。

（3）构建紧密融合审计业务全过程的大数据技术

大数据审计流程与关键技术的融合，具体体现在数据采集、数据处理、数据分析挖掘和结果评价等业务环节。

在数据采集环节，需要实现多样化的数据采集格式、方法和手段，包括原始数据上传、联网收集和定期报送等多种方式。例如，在资产环境审计中，可以采用无人机航拍、水下声呐探测系统、GPS定位系统等技术手段。同时，需要建立明确的数据收集、传输、分析和授权规范，以加强数据安全管理。

在数据处理环节，需要加强对非结构化数据的预处理，包括数据清洗、脚本标准化和结构化数据的转化。例如，可以使用应用机器学习算法，开发以 Python 语言为媒介的程序，以追踪商业银行对公流水数据。

在数据分析挖掘环节，审计数据分析方法可分为常规方法、数据挖掘方法和新技术方法三类。第一类主要有统计、查询、趋势分析、比率分析等传统方法；第二类主要有回归分析、聚类分析、管理分析等；第三类则是利用大数据新技术的文本挖掘分析方法、知识图谱等可视化分析方法等。审计数据分析技术的应用需要涵盖数据库、地理信息技术、OCR（扫描和光学字符识别）、云计算和区块链等技术。大数据审计需要对不同部门和领域的数据进行分析和对比，以制定判断和建立模型。因此，审计机关需要具备各类相关专业人才储备，如土木专业知识、地理专业知识、环境相关专业知识等。

在数据分析结果评价环节，需要建立大数据审计的工作流程，通过日常的数据整理和收集、挖掘分析，制订年度审计计划，组建分析团队，集中分析，发现疑点，分类核实。其中，一个简单而直观的数据挖掘质量评价方式是疑点的价值数量与疑点发现数量之比，即价值疑点数量与疑点发现数量的比率。

本章小结

大数据技术产生的新型的计算机审计作业信息化的方式。通过分析被审计数据，并通过审计判断可疑数据，最终获得审计证据。在审计数据采集方式、审计数据预处理方式、审计数据分析方式、审计数据存储方式等方面均有所改变。大数据分析技术一般可归纳为大数据可视化分析三大技术、大数据多数据源综合分析技术、大数据智能分析技术。

关键概念

大数据审计：Big Data Audit

大数据采集：Big Data Acquisition

大数据集成：Big Data Integration

大数据存储与管理：Big Data Storage and Management

大数据分析：Big Data Analytics

网络爬虫：Web Crawler

大数据审计数据分析技术：Big Data Auditd at Analysist Echnology

自测题

一、单项选择题

1. 大数据审计多种多样，其中（   ）是传统的、结构化的。

A. 审计大交易数据　　　　　　　　B. 审计大交互数据

C. 大数据审计　　　　　　　　　　D. 审计大交流数据

2. 云计算是一个什么服务？（   ）

A. 数据分析服务　　　　　　　　　B. 数据处理服务

C. 数据加工服务　　　　　　　　　C. 数据分类服务

3. 审计大数据预处理的步骤不包括（   ）。

A. 数据清洗　　　B. 数据集成　　　C. 数据规约　　　D. 数据采集

二、多项选择题

1. 大数据环境下，数据采集的类型可分为（   ）。

A. 结构化数据　　　　　　　　　　B. 可视化数据

C. 非机构化数据　　　　　　　　　D. 非可视化数据

2. 采集数据的来源主要包括哪几个方面？（   ）

A. 上级审计部门数据中心提供的数据

B. 审计部门定期采集并上传至上级审计部门或本部门数据中心的各类数据

C. 在审计项目实施程序中根据需要采集的各类数据

D. 通过大数据工具从互联网上抓取的公开数据

3. 审计数据预处理的意义是（   ）。

A. 为下一步开展审计数据分析工作做准备

B. 帮助发现隐含审计线索

C. 降低审核风险

D. 更改命名方式，便于进行数据分析

三、判断题

1. 大数据审计集成的目的是将不同被审计单位或同一被审计单位的不同数据源中各种不同的数据整合在一起。（   ）

2. 在开展电子数据审计之前，应在调查被审计单位的基础上，掌握被审计单位计算机信息系统在其组织内部的应用的总体状况。（   ）

3. 大数据智能分析技术就是采用各种高性能的数据处理算法，人工智能与挖掘算法等手段分析被审计的大数据，现如今大部分审计人员采用这种方法。（   ）

四、简答题

1. 简述大数据审计中数据采集的类型。
2. 简述大数据审计数据分析技术可归纳为哪几类。

五、论述题

1. 为什么要对审计数据进行预处理。

 相关阅读

大数据在社会救助领域审计中的应用案例①

社会救助事关困难群众基本生活和衣食冷暖，是保障基本民生、促进社会公平、维护社会稳定的兜底性、基础性制度安排，也是我们党全心全意为人民服务根本宗旨的集中体现。为全面贯彻党中央、国务院决策部署，统筹发展社会救助体系，巩固脱贫攻坚成果，切实兜住兜牢基本民生保障底线，审计署统一组织开展困难群众救助补助资金审计，甘肃省审计厅主要对定西市等4个市州及所属县区进行了审计。在审计中坚持"集中分析、系统研究、发现疑点、分散核实、精确定位"的数字化审计方式，保证了审计工作顺利开展，取得了良好成效。

一、转变传统观念，充分利用大数据分析审计问题线索

（一）坚持数据先行，确保按时采集到位

困难群众救助补助资金涉及千家万户，关联数据涉及单位多，采集困难大。临夏省审计厅社保审计处和电子数据审计处根据审计实施方案，在前期调查了解的基础上，提出电子数据需求清单，积极与民政、人社、工商、税务、医保、残联等10家省级部门对接沟通，采集全省城乡最低生活保障、特困人员救助、医疗救助一站式结算、养老保险缴存及待遇领取、第二代残疾证管理信息、住房公积金等18项电子数据，采集数据量达到335.4GB。对采集到的数据进行严格校验、清洗和标准化，为开展大数据分析奠定坚实基础。

（二）聚焦政策落实，开展跨部门跨行业数据关联分析

紧紧围绕困难群众生活救助政策落实、医疗救助政策落实、社会救助政策公平、救助资金管理和发放等情况，对采集到的电子数据开展跨部门、跨行业、跨区域、全链条交叉分析，分门别类对流浪乞讨、临时救助和医疗救助等8类救助政策落实情况进行多维度分析、全过程审查；对低保、特困政策享受人群采取链接预测、相似匹配等方法开展数据分析；关联社保、工商等部门数据，对特定区域、特定行业大规模集中纳入政策保障人员进行全方位扫描。通过上述方法分析得出4个市州将不符合条件

---

① 资料来源：临夏市人民政府网。https://www.lxs.gov.cn/lxs/zwgk/zjdbmxx/bm/lxssjj/sjxx/art/2022/art_bf9d4b7d734340dc8d74977eaf330c88.html

对象纳入保障对象、重复享受救助待遇等问题疑点线索11.88万条。

（三）现场核实验证，提高审计的精度准度

对照大数据分析问题疑点线索，紧扣困难群众生活救助政策落实情况，确定审计涉及的县区抽查一个街道、一个乡镇的低保、特困人员、孤儿、领取残疾人两项补贴人员档案和临时救助档案，核查享受待遇人员的家庭收入、家庭财产状况、家庭成员状况等信息，对比民政部门的"申请救助家庭经济状况核对报告"，查看是否违规享受待遇、是否存在将特定人群整体纳入低保形成"政策保"问题，以及是否存在审核把关不严造成享受待遇问题。对审计中发现的打卡发放中异常情况和大数据分析发现的应救助未实施救助、重复享受救助和不符合条件人员领取救助补助资金等问题，在被审计单位核查的基础上，深入村社困难群众家中走访调查，查询原因，确定是否收到救助款项，并固定证据，从而落实了困难群众是否及时足额领取救助补助资金的审计事项。

二、大数据审计分析思路及成效

（一）向不符合条件对象发放低保金等基本生活保障待遇的问题

需要的数据。主要有城乡低保人员、特困供养人员、孤儿和事实无人抚养儿童、困难残疾人和重度残疾人名单，以及相关待遇发放情况；财政供养人员名单、养老保险数据、公积金缴存和贷款数据、村两委人员名单、医学死亡数据、殡葬数据；服刑人员数据、车辆登记数据、房屋产权登记数据、工商登记数据，低保、特困人员银行存款数据。

大数据分析思路。一是财产或收入不符合领取标准的分析核查：将低保、特困等人员信息，与养老金待遇领取、公积金、车辆、房产、婚姻、工商登记、银行存款等外部数据进行比对，核查是否存在财产或收入不符合领取标准的问题，如有工作或退休金且收入超标（未如实申报领取养老金情况、开办企业情况、共同生活的家庭成员情况等）、银行存款余额超限、开豪车或者有多套房产等情况，将低保、特困人员信息与财政供养人员信息及婚姻数据比对，检查是否存在财政供养人员隐瞒配偶信息享受低保的情况；将低保、特困人员信息与公积金贷款数据比对，检查是否存在低保特困人员隐瞒收入及财产信息的情况。二是人员身份不符合领取标准的分析核查：将低保、特困等人员信息，与医学死亡、殡葬、服刑人员等外部数据进行比对，核查向已死亡人员或服刑人员继续发放相关待遇的情况；将残疾证发放数据与残疾人两项补贴发放数据比对，核查无残疾证或残疾等级不足但领取残疾人两项补贴的疑点线索并核实。

（二）重复或叠加享受低保金、特困供养金等保障待遇

需要的数据。城市与农村低保金发放数据、特困供养金发放数据、孤儿和事实无人抚养儿童生活补贴发放数据、残疾人两项补贴发放数据、工伤保险生活护理费发放数据。

大数据分析思路。筛选出同一月份、同时领取城市低保金和农村低保金的情况，

进行核实；筛选出同一月份、同时领取低保金和特困供养金的情况，进行核实；筛选出同一月份、同时领特困供养金和孤儿、事实无人抚养儿童生活补贴的情况，核实是否补差发放；筛选出同一月份、同时领取特困供养金和残疾人两项补贴的情况，进行核实；筛选出同一月份、同时领取工伤保险生活护理费和残疾人两项补贴的情况，进行核实；筛选出同一月份、同时领取孤儿生活补贴和困难残疾人生活补贴的情况，进行核实。

（三）未将符合低保或特困保障条件的对象纳入保障范围

需要的数据。低保、特困人员信息，防返贫监测信息、残疾证发放数据、重度残疾人护理补贴发放数据。

大数据分析思路。将低保人员信息与防返贫监测信息系统数据比对，筛选出人均收入低于农村最低生活保障标准但没有纳入最低生活保障的人员进行核实；将低保人员信息与防返贫监测信息系统数据比对，筛选出人均收入高于农村最低生活保障标准但仍纳入最低生活保障的人员进行核实；将低保人员信息与防返贫监测信息系统数据比对，筛选出人均收入低于当地关于纳入"单人保"的低收入家庭收入标准（如低保标准 5 倍，可适当调高阈值），再将上述人员与残联部门残疾证发放数据比对，将上述人员中的重度残疾人筛选出来进行核实，确认是否应享受残疾人两项补贴；从低保人员信息中筛选出保障对象均为年龄小于 18 岁或大于 60 岁，且家庭人均收入为 0 的保障对象，核实其真实情况，确认是否应纳入特困供养范围；从低保人员信息中筛选出保障对象均为重度残疾人（领取重度残疾人护理补贴），且家庭人均收入为 0 的保障对象（剔除重残"单人保"），核实其真实情况，确认是否应纳入特困供养范围。

（四）符合孤儿等认定标准未纳入保障范围

需要的数据。婴儿出生登记数据，低保、特困、孤儿、事实无人抚养儿童，残疾证发放数据，死亡人员数据，服刑人员数据，留守儿童台账、困境儿童台账、事实无人抚养儿童排查台账数据。

大数据分析思路。从婴儿出生登记数据中获取儿童父母的相关信息，与残疾人领证数据、死亡人员数据、服刑人员数据比对，查找父母双方分别为重度残疾、死亡、正在服刑等情形之一的儿童信息，与孤儿和事实无人抚养儿童数据比对，核查是否存在应保未保的情况；从低保数据中筛选出低保家庭保障对象或特困供养人员全部为大于 60 岁或小于 16 岁（至少有一人小于 16 岁）的情况，以及低保家庭保障对象中父母均为有重残重病标识的情况，核查是否存在应当将儿童纳入孤儿或事实无人抚养儿童予以保障的问题；从当地收集的困境儿童、留守儿童及事实无人抚养儿童排查台账中获取儿童父母的相关信息，与残疾人领证数据、死亡人员数据比对，核查是否存在应纳入事实无人抚养儿童予以保障的情况。

（五）因数据未共享导致未享受或违规享受医疗救助

需要的数据。基本医保参保信息，低保、特困人员信息，医保结算数据，医疗救助数据。

大数据分析思路。将基本医保参保信息与低保、特困人员信息比对，筛选出属于低保或特困人员且已参保，但基本医保参保数据中未将其标识为低保或特困人员的数据；非低保、特困人员，或已退出低保或特困保障范围，但基本医保参保数据中仍将其标识为低保或特困人员的数据；将上述疑点数据与医保结算数据比对，核查是否存在应享受而未享受医疗救助，以及不应纳入医疗救助范围的非困难群众或已退出保障的困难群众违规享受医疗救助的疑点；对疑点数据进行核实，测算应享受未享受或违规享受医疗救助的金额。

三、大数据审计分析核查存在的问题及困难

（一）数据质量还不满足审计工作需求

数据分析人员在数据转换、检验过程中，通过对采集的不同类型数据、不同系统数据进行校验、比对，发现存在数据不准确、不完整，关键字段缺失，关键字段为空值，数据内容错误等数据质量问题。

（二）大数据分析问题疑点精准度还需持续提高

对采集的数据虽经过重新整理、清洗，提高了部分数据质量，但由于海量数据由基层工作人员录入或采集，还存在一些关键信息缺失、数据不准确，造成分析的疑点数据量较大，精准度不够高，经现场核查和抽查后不能确定为问题，加大审计核查工作量。

（三）数据标准不统一和不共享的问题仍然存在

近年来，虽然政府各部门都在大力进行政务信息化建设，也取得了不少的成果，数据采集及积累方面也达到了新的高度。但由于部分单位数据标准不一，行业系统信息化建设各自为政，行业部门数据还不能完整、及时互联互通、高度共享，导致数据关联整合难度大，数据综合利用效率低，审计分析效果也难以提升。

四、加强大数据在困难群众救助补助资金审计中的应用建议

（一）构建大数据网络，提高审计效率

各级审计部门要借助电子政务数据资源，配合运用人口基础信息库，全面纳入相关信息，结合税务、金融、民政等资源，打造出数据更加丰富、全面的信息网络，为困难群众救助补助资金审计工作的开展，奠定坚实的基础保障。在具体审计实践中，要加强与民生领域活动开展过程各工作单位之间的交流与联系，有效收集贫困人口数量及基本情况，拓展大数据平台在民生中的应用范围与应用程度，实现各部门之间的相关信息共享，对社保和医保信息的真实性、全面性、合理性展开全面具体的审计，及时发现其中存在的问题与疏漏。

（二）政府与公众联动，强化绩效审计意识

各级审计机关要搭建信息公开平台，建立社会大众、政府、第三方专业机构的绩效评价机制，对相关资金做到全方面监督。同时要鼓励和引导基层民众参与，加强对于大数据技术及其应用的宣传与讲解，使基层群众能够更加深刻地认知大数据审计，

向其重点强调保障困难群众信息真实、准确的重要意义，让民众也能够合理运用大数据技术，通过官方信息平台查看、了解相关数据及具体情况，参与到审计工作中，从自身做起监督困难群众救助补助资金发放，对资金发放过程中存在的问题与违规行为，及时通过信息平台向审计部门进行举报，作为审计线索予以查证落实。

（三）完善过程管理，提高审计透明度

借助大数据平台，建立审计对象数据库，精准定位困难对象，对审计范围做到全覆盖、全过程审计。将审计流程及审计结果借助于信息平台进行公开披露，保障审计流程的公开化、透明化，满足民众的知情权和监督权，以借助于大数据技术充分发挥困难群众审计的保障民生功能。线上线下同时进行跟踪审计，提高困难群众资金保障发放过程的透明程度，真正做到事前有审核、事中有监督、事后有评价，保证救助补助资金真正发放到困难群众手中。

（四）提高法治理念，健全相关政策法规

规范的困难群众救助补助资金审计要求健全完善相关审计准则，制定困难群众信息化审计的制度，规范审计内容、审计范围、审计方法以及审计报告，完善审计整改和审计结果公开和运用的制度，促进大数据环境下民生审计工作的合理合法性，充分发挥审计在困难群众中的预防、揭示和抵御作用，降低因制度缺失导致的审计风险。

11

审计报告及结果应用

本章学习目标

> 1. 熟悉审计报告的种类、审计报告的基本要素等基础性知识。
> 2. 了解审计报告的作用。
> 3. 比较简式审计报告与详式审计报告的异同点。
> 4. 掌握简式审计报告的主要内容、详式审计报告编写的基本原则与要求。

11.1 审计报告及其种类

11.1.1 审计报告的概念与作用

11.1.1.1 审计报告的概念

审计报告是指注册会计师根据审计准则的规定，在执行审计工作的基础上，对财务报表发表审计意见的书面文件。详见中国注册会计师协会印发2023年7月1日起施行的《中国注册会计师审计准则第1501号——对财务报表形成审计意见和出具审计报告》应用指南。另外，《中国注册会计师审计准则第1504号——在审计报告中沟通关键审计事项》对注册会计师在审计报告中沟通关键审计事项的责任作出规范。《中国注册会计师审计准则第1502号——在审计报告中发表非无保留意见》《中国注册会计师审计准则第1503号——在审计报告中增加强调事项段和其他事项段》规定了注册会计师在审计报告中发表非无保留意见、增加强调事项段或其他事项段时，审计报告的格式和内容如何进行相应调整。其他审计准则也包含出具审计报告时适用的报告要求。

审计报告是注册会计师在完成审计工作后向委托人提交的最终产品，具有以下特征：

1）注册会计师应当按照审计准则的规定执行审计工作；

2）注册会计师在实施审计工作的基础上才能出审计报告；

3）注册会计师通过对财务报表发表意见履行业务约定书约定的责任；

4）注册会计师应当以书面形式出具审计报告。

审计报告是注册会计师对财务报表是否在所有重大方面按照财务报告编制基础编制并实现合法、公允反映发表审计意见的书面文件，因此，注册会计师应当将已审计的财务报表附于审计报告之后，以便于财务报表使用者正确理解和使用审计报告，并防止被审计单位替换、更改已审计的财务报表。

11.1.1.2 审计报告的作用

（1）鉴证作用

注册会计师签发的审计报告，不同于国家审计和内部审计的审计报告，是以超然独立的第三方身份，对被审计单位财务报表的合法性和公允性发表意见。

（2）保护作用

审计报告是注册会计师对财务报表发表审计意见的书面文件，能够在一定程度上对被审计单位的债权人和股东以及其他利害关系人的利益起到保护作用。

（3）证明作用

审计报告是对注册会计师审计任务完成情况及其结果所做的总结，它可以表明审计工作的质量并明确注册会计师的审计责任。因此，审计报告可以对审计工作质量和注册会计师的审计责任起到证明作用。

11.1.2 审计报告的种类

审计报告可以按不同的标准进行分类，熟悉各类审计报告的特点，有助于根据审计报告的不同要求写好和用好审计报告，使审计报告发挥更大的作用。

11.1.2.1 按审计报告行文形式分类

按审计报告行文形式的不同来细分，审计报告可分为简式审计报告和详式审计报告两种。

简式审计报告采用较为简洁的语言来说明审计范围和表达审计意见，文体比较短小、内容比较概括。一般只就全面的或最重要的问题加以说明或归类解释。如遇有例外情况则需另增加一部分保留事项。简式审计报告一般为注册会计师审计采用，根据审计人员所发表审计意见的不同，又可分为无保留意见报告、保留意见报告、否定意见报告和拒绝表示意见报告。

详式审计报告又称长式审计报告，是一种比较详尽而带有评论性的审计报告。它与简式审计报告的不同在于对审计结果部分要点进行详细评述、分析、解释，并按问题的性质分类提出审计意见和改进建议，使审计报告使用者能够详细地了解被审计单位的财务状况、经营成果及其变动原因以及今后如何改进经营管理。我国的国家审计机关、内部审计机构所进行的财政、财务审计、经济效益审计及经济责任审计等一般都编写详式审计报告。

11.1.2.2 按审计结果和被审计单位对有关问题的处理情况分类

注册会计师审计报告划分为四类：

第一，无保留意见的审计报告，无保留意见意味着注册会计师认为会计报表的反映是合法、公允和一贯的，能满足非特定多数利害关系人的共同需要。

第二，保留意见的审计报告，存在下述情况之一时，应出具保留意见的审计报告：个别重要财务会计事项的处理或个别重要会计报表项目的编制不符合相关会计法规的规定，而且被审计单位拒绝进行调整；因审计范围受到局部限制，无法取得应有的审计证据；个别会计处理方法的选用不符合一贯性原则。

第三，否定意见的审计报告，存在以下情况时，应当出具否定意见的审计报告：会计处理方法的选用严重违反相关会计法规的规定，且被审计单位拒绝进行调整；会计报表严重歪曲了被审计单位的财务状况，经营成果和现金流动情况，且被审计单位拒绝进行调整。

第四，无法（拒绝）表示意见的审计报告，注册会计师在审计过程中，由于审计范围受到委托人、被审计单位或客观环境的严重限制，不能获取必要的审计证据，以致无法对会计报表整体反映发表审计意见。

11.1.3 大数据与智能审计的审计报告自动生成

随着移动互联网、云计算、大数据、RPA 机器人流程自动化技术、人工智能等现代信息技术在企业内部审计中的应用，审计逐渐由传统的事后审计模式转向事前审计模式，实现了信息收集、数据分析、报告生成等方面的自动化和智能化。

在智能审计的帮助下，可以根据客户的重大失实陈述风险以及发现的错误数量及其影响来计算分数，并自动评价审计风险。这让审计师可由原来从类别中形成审计意见转为依据连续数字评分形成意见，从而消除分类意见可能导致的一些歧义。总体审计意见仍基于专业判断，但是智能审计可使事实和数据更好地支持审计意见。自然语言处理（NLP）就是在机器语言和人类语言之间沟通的桥梁，以实现人机交流的目的，NLP 可以根据已知的最终意见、审计程序、重大失实陈述风险和结果自动创建审计报告草稿。

2021 年 8 月，铭垚科技"智能规则引擎"底层平台开发了"易审宝"——中国首个智能审计报告质控管理系统。智能审计报告复核系统"易审宝"，将专家模型和大数据建模相结合，通过大数据挖掘和基于神经网络的机器深度学习技术，融合图像识别（OCR）、自然语意处理（NLP）、知识图谱等人工智能技术，帮助会计师事务所审计报告质控部门精准识别审计报告的一致性差错，并快速侦测财务报表的合理性问题。"易审宝"包含以下两大核心功能：审计报告一致性审核、财务报表健康度检测。

另外，ChatGPT 是基于生成式人工智能技术驱动的新兴自然语言处理工具。审计人员利用 ChatGPT 辅助完成内部审计报告时，可以先让 ChatGPT 生成内部审计报告的模板，自动完成大部分文本内容的创作，再由内部审计人员结合审计对象、审计目标、审计方法、审计程序等实际情况，最后 ChatGPT 生成的内部审计报告模板进行修改和完善，从而节省大量时间成本。

11.2 审计报告的内容与格式

11.2.1 审计报告的基本结构和内容

由于审计的类型多种多样，各种审计的目标和任务也不尽相同，因而审计报告所反映的内容、表现的形式也有所区别，但其基本结构应该是一致的。审计报告的基本结构应包括以下五个方面：

（一）审计报告的标题

标题表明审计报告属于何种类型或为什么目的而编写。报告的标题一般由报告事由加文名组成，如"关于×单位××年度经济效益的审计报告"，反映出审计活动的主题是审查和评价被审计单位××年度的经济效益情况。

（二）审计报告的接受者

报告接受者因审计授权人、委托人不同而有所不同。如果是授权审计，则审计报告主要由授权机关提出；如果是委托审计，则审计报告应向委托审计的单位部门提出。

（三）审计报告的具体内容

审计报告一般应具有被审计单位的基本情况、审计概括、审计结果、审计意见和审计建议五个部分内容。例如，审计组在对审计事项实施审计后，向审计机关提出的审计报告应包括下列七项内容：

1）审计的范围、内容、方式、起讫时间；

2）被审计单位的基本情况、财政财务隶属关系、财政财务收支状况等；

3）被审计单位对提供的会计资料的真实性和完整性的承诺情况；

4）实施审计的步骤和采取的方法及其他有关情况说明；

5）被审计单位财政收支、财务收支的真实、合法、效益情况及其评价意见；

6）审计查出的被审计单位违反国家规定的财政收支、财务收支行为的事实以及定性、处理、处罚的法律法规规定；

7）对被审计单位提出改进财政收支、财务收支管理的意见和建议。

（四）审计附件

审计附件是指必须附于审计报告后面的证据资料，如报表、账证和有关的证明材料。

（五）审计报告人及报告日期

在审计报告中，应明确由谁对审计报告承担责任；同时，应该写明于什么时间提出报告。

根据《审计机关审计报告准则》第4条规定，审计报告包括下列五个基本要素：①标题；②主送单位；③审计报告的内容；④审计组组长签名；⑤审计组向审计机关提出审计报告的日期。

内部审计报告准则规定了内部审计报告的基本要素有标题、收件人、正文、附件、签章和报告日期等。

11.2.2　简式审计报告的内容和格式

简式审计报告一般分为两个部分，即文字说明部分（正文）和附件部分。文字说明部分是审计报告的主要部分，记载了审计报告需要说明的全部事项。文字说明部分包括审计概况审查发现问题的说明、审计意见、有关审计人员的签章及审计报告日期，因此必须做到有理有据。附件部分包括主要会计报表或与调整后的会计报表有关的说明或解释资料。

根据《中国注册会计师审计准则第1501号——对财务报表形成审计意见和出具审计报告》（2022年1月颁布）中规定，审计报告应当包括10个要素：

（一）标题

审计报告应当具有标题，统一规范为"审计报告"。

（二）收件人

审计报告应当按照审计业务的约定载明收件人。注册会计师通常将审计报告发布给财务报表使用者，一般是被审计单位的股东或治理层。

（三）审计意见

审计报告的第一部分应当包含审计意见，并以"审计意见"作为标题。

审计意见部分还应当包括下列五个方面：

1）指出被审计单位的名称；

2）说明财务报表已经审计；

3）指出构成整套财务报表的每一财务报表的名称；

4）提及财务报表附注；

5）指明构成整套财务报表的每一财务报表的日期或涵盖的期间。

(四) 形成审计意见的基础

审计报告应当包含标题为"形成审计意见的基础"的部分。该部分提供关于审计意见的重要背景,应当紧接在审计意见部分之后,并包括以下方面:

1) 说明注册会计师按照审计准则的规定执行了审计工作;

2) 提及注册会计师按照审计准则规定的注册会计师责任的部分;

3) 声明注册会计师按照与审计相关的职业道德要求对被审计单位保持了独立性,并履行了职业道德方面的其他责任。声明中应当指明适用的职业道德要求,如中国注册会计师职业道德守则;

4) 说明注册会计师是否相信获取的审计证据是充分、适用的,为发表审计意见提供了基础。

(五) 管理层对财务报表的责任

审计报表应当包含标题为"管理层对财务报表的责任"的部分,其中应当说明管理层负责下列方面:

1) 按照适用的财务报告编制基础编制财务报表,使其实现公允反映,并设计、执行和维护必要的内部控制,以使财务报表不存在由于舞弊或错误导致的错报;

2) 评估被审计单位的持续经营能力和使用持续经营假设是否适当,并披露与持续经营相关的事项(如适用)。对管理层评估责任的说明应当包括描述在何种情况下使用持续经营假设是适当的。

(六) 注册会计师对财务报表审计的责任

审计报告应当包含标题为"注册会计师对财务报表审计的责任"的部分,其中应当包括下列内容:

1) 说明注册会计师的目标是对财务报表整体是否不存在由于舞弊或错误导致的重大错报获取合理保证,并出具包含审计意见的审计报告;

2) 说明合理保证是高水平的保证,但按照审计准则执行的审计并不能保证一定会发现存在的重大错报;

3) 说明错报可能由于舞弊或错误导致。

在说明错报可能由于舞弊或错误导致时,注册会计师应当从下列两种做法中选取一种:

1) 描述如果合理预期错报单独或汇总起来可能影响财务报表使用者依据财务报表作出的经济决策,则通常认为错报是重大的;

2) 根据适用的财务报告编制基础,提供关于重要性的定义或描述。

注册会计师对财务报表审计的责任部分还应当包括下列两个方面的内容:

1) 说明在按照审计准则执行审计工作的程序中,注册会计师运用职业判断,并保持职业怀疑；

2）通过说明注册会计师的责任，对审计工作进行描述。

（七）按照相关法律法规的要求报告的事项（如适用）

例如，如果注册会计师在财务报表审计中注意到某些事项，可能被要求对这些事项予以报告。此外，注册会计师可能被要求实施额外的规定程序并予以报告，或对特定事项（如会计账簿和记录的适当性）发表意见。

（八）注册会计师的签名和盖章

审计报告应当由项目合伙人和另一名负责该项目的注册会计师签名和盖章。为进一步增强对审计报告使用者的透明度，在对上市实体整体通用的财务报表出具的审计报告中应当注明项目合伙人。

（九）会计师事务所的名称、地址和盖章

审计报告应当载明会计师事务所的名称和地址，并加盖会计师事务所公章。为进一步增强对审计报告使用者的透明度，在对上市实体整体通用的财务报表出具的审计报告中应当注明项目合伙人。

（十）报告日期

审计报告应当注明报告日期。审计报告日不应早于注册会计师获取充分、适当的审计证据，并在此基础上对财务报表形成审计意见的日期。

在确定审计报告日时，注册会计师应当确信已获取下列两方面的审计证据：

1）构成整套财务报表的所有报表（含披露）已编制完成；

2）被审计单位的董事会、管理层或类似机构已经认可其对财务报表负责。

标准的审计报告的参考格式范例如下：

审计报告

ABC 股份有限公司全体股东：

一、对财务报表出具的审计报告

（一）审计意见

审计了×××股份有限公司（以下简称"×××公司"）财务报表，包括20××年12月31日的资产负债表、20×1年度的利润表、现金流量表、股东权益变动表以及相关财务报表附注。

认为，后附的财务报表在所有重大方面按照企业会计准则的规定编制，公允反映了×××公司20××年12月31日的财务状况以及20××年度的经营成果和现金流量。

（二）形成审计意见的基础

按照中国注册会计师审计准则的规定执行了审计工作。审计报告的"注册会计师对财务报表审计的责任"部分进一步阐述了在这些准则下的责任。按照中国注册会计师职业道德守则，独立于×××公司，并履行了职业

续表

道德方面的其他责任。相信，获取的审计证据是充分、适当的，为发表审计意见提供了基础。

（三）关键审计事项

关键审计事项是根据职业判断，认为对本期财务报表审计最为重要的事项。这些事项是在对财务报表整体进行审计并形成意见的背景下进行处理的，不对这些事项提供单独的意见。［按照《中国注册会计师审计准则第1504号——在审计报告中沟通关键审计事项》的规定描述每一关键审计事项。］

（四）其他信息

［按照《中国注册会计师审计准则第1521号——注册会计师对其他信息的责任》的规定报告。］

（五）管理层对财务报表的责任

管理层负责按照企业会计准则的规定编制财务报表，使其实现公允反映，并设计、执行和维护必要的内部控制，以使财务报表不存在由于舞弊或错误导致的重大错报。

在编制财务报表时，管理层负责评估×××公司的持续经营能力，披露与持续经营相关的事项，并运用持续经营假设，除非计划清算×××公司、停止营运或别无其他现实的选择。

（六）注册会计师对财务报表审计的责任

注册会计师审计的目标是对财务报表整体是否不存在由于舞弊或错误导致的重大错报获取合理保证，并出具包含审计意见的审计报告。合理保证是高水平的保证，但并不能保证按照审计准则执行的审计在某一重大错报存在时总能被发现。错报可能由于舞弊或错误导致，如果合理预期错报单独或汇总起来可能影响财务报表使用者依据财务报表作出的经济决策，则通常认为错报是重大的。

在按照审计准则执行审计的程序中，运用职业判断，并保持职业怀疑。同时，也执行下列工作：

1）识别和评估由于舞弊或错误导致的财务报表重大错报风险，对这些风险有针对性地设计和实施审计程序，获取充分、适当的审计证据，作为发表审计意见的基础。由于舞弊可能涉及串通、伪造、故意遗漏、虚假陈述或凌驾于内部控制之上，未能发现由于舞弊导致的重大错报的风险高于未能发现由于错误导致的重大错报的风险。

2）了解与审计相关的内部控制，以设计恰当的审计程序，但目的并非对内部控制的有效性发表意见。

3）评价管理层选用会计政策的恰当性和作出会计估计及相关披露的合理性。

4）对管理层使用持续经营假设的恰当性得出结论。同时，根据获取的审计证据，就可能导致对×××公司持续经营能力产生重大疑虑的事项或情况是否存在重大不确定性得出结论。如果得出结论认为存在重大不确定性，审计准则要求在审计报告中提请报表使用者注意财务报表中的相关披露；如果披露不充分，应当发表非无保留意见。然而，未来的事项或情况可能导致×××公司不能持续经营。

5）评价财务报表的总体列报、结构和内容，并评价财务报表是否公允反映相关交易和事项。

与治理层就计划的审计范围、时间安排和重大审计发现等事项进行沟通，包括沟通在审计中识别出的值得关注的内部控制缺陷，并就已遵守与独立性相关的职业道德要求向治理层提供声明，与治理层沟通可能被合理认为影响独立性的所有关系和其他事项，以及相关的防范措施。

从与治理层沟通的事项中，确定哪些事项对本期财务报表审计最为重要，因而构成关键审计事项。在审计报告中描述这些事项，除非法律法规禁止公开披露这些事项，或在罕见的情形下，如果合理预期在审计报告中沟通某事项造成的负面后果超过在公众利益方面产生的益处，确定不应在审计报告中沟通该事项。

二、按照相关法律法规的要求报告的事项

［本部分的格式和内容，取决于法律法规对其他报告责任的性质的规定。本部分应当说明相关法律法规规范的事项（其他报告责任），除非其他报告责任涉及的事项与审计准则规定的报告责任涉及的事项相同。如果涉及相同的事项，其他报告责任可以在审计准则规定的同一报告要素部分中列示。当其他报告责任和审计准

则规定的报告责任涉及同一事项，并且审计报告中的措辞能够将其他责任与审计准则规定的责任（如差异存在）予以清楚地区分时，可以将两者合并列式（包含在"对财务报表出具的审计报告"部分中，并使用适当的副标题）。]

×× 会计师事务所中国注册会计师：×××（项目合伙人）

（盖章）（签名并盖章）

中国注册会计师：×××

（签名并盖章）

中国 ×× 市二〇二 × 年 × 月 × 日

11.2.3　详式审计报告的内容和格式

国家审计的详式审计报告的内容主要包括以下六个方面：

（一）被审计单位基本情况

单位基本情况一般包括被审计单位的名称、性质、法人代表、隶属关系、组织机构设置、资产情况和经营状况财务情况（包括主要经济指标以及其他情况等）。审计报告中的基本情况是必不可少的，其作用是使审计人员了解被审计单位情况，全面分析和研究审计问题，供提出审计报告、出具审计意见书和作出处理、处罚决定时参考。

（二）审计概况

审计概况主要说明审计的任务及依据、审计的种类及目的、审计的对象及范围、审计组的组成及分工、审计的起讫日期以及审计的程序、方法和简要经过等。

（三）审计结果

审计结果是指审计结束后对被审计单位作出的全面评价。一方面，要对被审计单位取得的成绩给予充分的肯定；另一方面，要指出被审计单位存在的问题，反映审计人员在审计程序中查明的问题，并按问题的性质进行归类，按问题的重要程度编排，说明问题产生的原因，明确责任部门和责任人。

（四）审计意见

审计意见主要是指在对被审计单位作出全面评价的基础上对存在的问题提出的处理意见。审计处理意见的提出必须以事实为依据、以法律为准绳。严格区分不同权责和审计依据，做到有理有据、宽严适度、合情合理，既要有原则性，又要有灵活性，认真做好定性处理工作。

(五) 审计建议

审计建议是审计人员针对被审计单位存在的各种问题，联系其实际情况提出的改善经营管理、克服弱点与缺点、提高经济效益的措施。审计建议要有针对性和可行性，提出的审计建议必须紧密联系被审计单位的实际情况，切忌空谈理论。

(六) 审计附件

附件是将审计报告所必需的证据资料 (如账、表、证和其他有关证明材料) 附于审计报告后，以增强审计报告的说服力。由于在审计程序中取得的资料内容繁多，在选用资料时应注意资料有无针对性、有无代表性以及性质是否重要，一般性的证据资料不必选用。

以上各项内容是指完备的详式审计报告而言的，并非所有的审计报告都必须如此，应根据审计的任务和具体情况而定。

内部审计的详式审计报告的内容主要包括以下五个方面：

1) 审计概况。说明审计立项依据、审计目标和范围、审计重点和审计标准等。

2) 审计依据。应声明审计是按照内部审计准则的规定实施，若存在未遵循该准则的情形，应对其作出解释和说明。

3) 审计结论。根据已查明的事实，对被审计单位经营活动和内部控制所做的评价。

4) 审计决定。针对审计发现的主要问题提出的处理、处罚意见。

5) 审计建议。针对审计发现的主要问题提出的改善经营活动和内部控制的建议。

11.3 审计结果与公开

11.3.1 国家审计中审计报告使用的特殊效力

根据《审计法》规定，国家审计不同于注册会计师审计或内部审计，审计机关涉及审计结果的执行与后续整改工作。

审计机关按照审计署规定的程序对审计组的审计报告进行审议，并对被审计对象对审计组的审计报告提出的意见一并研究后，提出审计机关的审计报告；对违反国家规定的财政收支、财务收支行为依法应当给予处理、处罚的，在法定职权范围内作出审计决定或者向有关主管机关提出处理、处罚的意见。审计机关应当将审计报告、审计决定送达被审计单位和有关主管机关单位，并自送达之日起生效。

（1）出具审计结果

根据规定，审计机关出具审计报告、出具审计决定和出具审计移送处理书。

审计结果是审计机关作出的对被审计单位违反国家规定的财政收支、财务收支行为依法进行处理处罚的法律文书。对被审计单位作出的处理处罚决定，具有强制性，被审计单位和有关单位必须执行。审计结果主要包括下列内容：

1）审计的范围、内容、方式和时间；

2）被审计单位违反国家规定的财政收支、财务收支的行为；

3）定性、处理、处罚决定及其依据；

4）审计处理、处罚决定执行的期限和要求；

5）被审计单位不服审计决定，依法申请复议的期限和复议机关。

根据有关规定，审计处理的种类主要有责令限期缴纳，上缴应当缴纳的财政收入，责令限期退还违法所得；责令限期退还被侵占的国有资产；责令重整或者调整有关会计科目；依法采取的其他处理措施。

审计机关应当在收到审计报告之日起 30 日内，将审计决定送达被审计单位，同时抄送被审计单位的上级主管部门和其他有关部门，以便监督执行，重大问题还应抄报上级审计机关和本级人民政府。

审计结果是有法律效力的体现国家强制力的法律文件，自送达之日起生效。审计机关可根据《中华人民共和国行政诉讼法》第 36 条的规定，申请人民法院强制执行。

（2）提出审计结果报告

《审计法》明确规定："国务院和县级以上地方人民政府应当每年向本级人民代表大会常务委员会提出审计机关对预算执行和其他财政收支的审计工作报告。"审计工作报告应当重点报告对预算执行的审计情况。必要时，人民代表大会常务委员会可以对审计工作报告作出决议。国务院和县级以上地方人民政府应当将审计工作报告中指出的问题的纠正情况和处理结果向本级人民代表大会常务委员会报告。对审计工作中发现的宏观经济管理中与财政收支、财务收支有关的重要问题，审计机关应当向本级人民政府和上一级审计机关提出专题报告。审计机关还应当按照本级人民代表大会常务委员会的安排，受本级人民政府的委托，每年向本级人民代表大会常务委员会提出审计机关对预算执行和其他财政收支的审计工作报告。

11.3.2 大数据与智能审计时代的审计报告公开新形式

2021 年 7 月 30 日，国务院办公厅发布了《关于进一步规范财务审计秩序促进注册会计师行业健康发展的意见》（国办发〔2021〕30 号，以下简称《意见》）。《意见》的发布，充分有力地传达了中央对于加大加强监督管理、形成监管合力、改善经济秩序的高度重视。2022 年 6 月 30 日,财政部举行"注册会计师行业统一监管平台"上线仪式,"注册会计师行业统一监管平台(http：//acc. mof. gov. cn)"正式启用(以下简称"统一监管平台")。2022 年 10 月 1 日,审计报告自动赋码和验证功能正式开通,实现全国统计报告"一码通查"。审计报告右下角新增的二维码是审计报告经系统备案后自动生成的验证码。普通群众可用微信"扫一扫"扫描二维码查阅真伪。扫描二维码后显示审计报告名称、会计师事务所、报告出具日期、签字注册会计师姓名(加密)等相关信息。

审计报告电子版与纸质版同效,普通人也能扫码查。2022 年 10 月 1 日后,除涉密审计报告外,全国所有的审计报告均需上传统一监管平台并被赋码,由统一监管平台备案赋码后的审计报告才是正规报告(审计报告每页均赋码),不论报告上的印章是黑色还是彩色,都同样具有法律效力,以二维码为核心,随时扫码查验真伪。如果审计报告没有验证码,或扫码界面与真实界面有所出入,需警惕此类审计报告很可能并非正规报告,在招投标、银行贷款、资金申请等活动中将被否认或拒绝。

11.4　上市公司年报审计工作①

上市公司年报是上市公司年度报告的简称,是上市公司一年一度对其报告期内的生产经营概况、财务状况等信息进行披露的报告,是上市公司信息披露制度的核心。《中华人民共和国公司法》《中华人民共和国证券法》规定：上市公司必须披露定期报告。定期报告包括年度报告、中期报告、第一季报、第三季报。年度报告由上市公司在每个会计年度结束之日起 4 个月内编制完成(一至四月份)。定期报告的披露要求为在指定报刊披露其摘要,同时在中国证监会指定的网站上披露其正文。

《中华人民共和国公司法》《中华人民共和国证券法》规定：上市公司的年度会计报表必须经过独立的会计师事务所审计,一是可以防止报表的错误、漏洞造成对国家税收的影响,避免偷税漏税现象;二是可以保护投资者的经济利益,合法权益,防止财产出现不正当转移及其他损害社会公众利益的问题。随着经济发展变化,上市公司年报审计工作方向在不断变化,通过了解中国注册会计师协会最新年报审计工作通知,可以理解最新审计动向、需要重点关注的领域和审计工作未来趋势,对审计学基础的知识学习具有重要启示意义。

2023 年 12 月 29 日,中国注册会计师协会就做好上市公司 2023 年年报审计工作进行通知,主要内容如下：

---

①　本节节选《中国注册会计师协会关于做好上市公司 2023 年年报审计工作的通知》。

11.4.1 充分认识做好上市公司 2023 年年报审计工作的重要意义

注册会计师审计是社会主义市场经济体系的重要制度安排，党中央高度重视注册会计师行业发展，习近平总书记多次对行业改革发展作出重要指示批示。2023 年 2 月，中共中央办公厅、国务院办公厅印发《关于进一步加强财会监督工作的意见》（以下简称《意见》）明确要求，进一步健全财会监督体系，发挥事务所等中介机构执业监督作用，强化注册会计师协会等行业协会自律监督作用。2023 年 12 月，中国注册会计师协会第七次全国会员代表大会强调，要推动财会监督提质增效，做好上市公司 2023 年年报审计工作。

11.4.2 加强事务所内部管理，持续提升年报审计质量

（1）严格遵守职业道德要求

事务所要认真对照中国注册会计师职业道德守则和质量管理准则中"相关职业道德要求"要素，查找自身在职业道德政策和程序设计、实施方面存在的突出问题与薄弱环节，有针对性地加以改进完善，进一步提高职业道德水平，有效识别、评价和应对对遵循职业道德基本原则造成不利影响的情况。

独立性是审计业务的灵魂。事务所和注册会计师在执行审计业务过程中，要严格按照中国注册会计师职业道德守则要求，确保从实质上和形式上保持独立，不得因任何利害关系影响其客观公正。事务所不得以或有收费方式提供审计服务，收费与否或者收费多少不得以审计工作结果或实现特定目的为条件。事务所要建立并完善与公众利益实体审计业务有关的关键审计合伙人轮换机制，指定专门岗位或人员跟踪、监控本所连续为同一公众利益实体执行审计业务的年限，做到实质性轮换，防止流于形式。

专业胜任能力和勤勉尽责是高质量审计工作的基础。事务所要综合考虑客户业务复杂程度等因素，保持应有的职业怀疑，为每项业务分派具有适当胜任能力的项目合伙人和项目组成员，并保证其有充足的时间持续高质量地执行业务，避免超出胜任能力执业。事务所要配备具备相应专业胜任能力、时间和权威性的专家和技术人员，为审计业务提供必要的专业技术支持。

注册会计师要严格遵循保密原则，对业务活动中获知的涉密信息保密，不得利用获知的涉密信息为自己或第三方谋取利益。事务所要强化数据安全意识，建立并实施保护数据安全的相关政策和程序，以确保会计审计等资料的安全性。

（2）持续完善质量管理体系

完善的质量管理体系是持续提高审计质量的关键。事务所要对标质量管理准则及

应用指南，设计和实施风险评估程序，设定质量目标，识别和评估质量风险，设计和采取应对措施。事务所 2023 年 1 月 1 日起要建立完成并开始运行适合本所的质量管理体系，一年内应对该体系运行情况进行评价。事务所要充分认识评价质量管理体系运行情况的重要性，配备适当的资源执行有效的风险评估流程，结合内外部监督检查发现的问题以及新的法规准则要求，对质量管理体系的设计、实施和运行进行动态调整，更新质量目标、质量风险及应对措施，不断完善和优化质量管理体系。事务所要实事求是，根据本所具体情况及业务性质"量身定制"质量管理体系，不应机械执行质量管理准则，也不应盲目"照搬照抄"其他事务所的政策和程序。

新备案从事证券服务业务的事务所，要充分认识构建完善质量管理体系的重要性及相关任务的系统性、复杂性和艰巨性，扎实做好贯彻实施工作；切实加强对执业质量的把控，完善内部控制制度，建立内部风险防控机制，加强风险分类管理，提升内部管理水平；规范承揽和开展业务，建立健全事前评估、事中跟踪、事后评价管理体系，强化质量管理责任，严格依法履行审计鉴证职责。

事务所要将贯彻落实新审计准则作为完善质量管理体系的重要内容。2022 年，财政部修订了重大错报风险的识别和评估、会计估计和相关披露的审计两项审计准则，自 2023 年 7 月 1 日起施行。事务所要站在质量管理体系建设的高度，更新相关业务标准、审计程序，强化准则内部培训，推动准则贯彻实施。

（3）加强事务所一体化管理

事务所应当建立并严格执行一体化管理机制，实现人员管理、财务管理、业务管理、技术标准和质量管理、信息化建设五方面的统一管理，对于合并的分所（分部）也不应当例外。事务所应当实施统一的业务管理制度，在客户与业务风险评估分类、业务承接与保持、业务执行、独立性与职业道德管理、报告签发、印章管理等方面制定统一的政策和程序，并确保有效执行。事务所要对分支机构负责人和质量管理负责人、财务负责人等关键管理人员实施统一委派、监督和考核，在全所范围内实施统一的资源调度和配置。事务所要在全所范围内统一进行合伙人考核和收益分配，不得以承接和执行业务的收入或利润作为首要指标，不得直接或变相以分所、部门、合伙人所在团队作为利润中心进行收益分配。

11.4.3　年报审计中需要重点关注的上市公司

注册会计师要密切关注国际国内社会经济环境对上市公司运营的影响，贯彻落实风险导向审计理念，充分识别和评估可能存在的重大错报风险，有效应对舞弊风险，获取充分、适当的审计证据，恰当发表审计意见。

一是可能触发股票退市条件的上市公司。事务所要审慎承接退市风险较高的上市公司审计业务，加强与前任注册会计师、相关监管机构的沟通，充分了解拟承接上市公司的有关情况，审慎做出承接决策。注册会计师要高度关注与退市风险相关的重大错报风险，相应地，实施恰当程序以识别、评估和应对由于舞弊导致的重大错报风险；要持续关注上市公司可能触发股票退市条件的各种情形，尤其要关注接近财务类强制退市指标临界值的上市公司；关注是否为避免触发强制退市而通过虚构营业收入或经营业绩等方式实施财务造假，是否存在与主营业务无关的业务收入和不具备商业实质的收入；关注非经常性损益是否真实、准确、完整，以及是否将不具备可持续性的经营和盈利模式的相关损益计入经常性损益；关注是否存在突击交易，例如第四季度的重大资产处置、关联方的赠与等情况；对存在债务重组情形的，关注前期债务形成原因、债务豁免或以资抵债等协议的商业合理性、是否具有不确定性、是否履行必要的决策程序等。

二是可能存在持续经营重大不确定性的上市公司。注册会计师要基于整体经济环境状况，关注上市公司内外部风险因素，评价是否存在可能导致对其持续经营能力产生重大疑虑的情况，重点关注是否存在诸如债务违约、重大合同无法继续履行、主要客户或主要市场流失、银行借款无法展期等情形；与管理层和控股股东进行充分沟通，获取未来详细经营计划和融资计划，结合对市场情况的分析，评价管理层相关应对计划和改善措施能否消除对持续经营能力的重大不确定性；关注现金流量预测与债务偿还需求的匹配情况和债务偿还安排，关注上市公司或其子公司违规对外担保情况和未披露的关联方资金占用、担保、质押等隐性债务风险；出现债务违约的，要关注是否可能触发其他债务交叉违约及对正常商业合作的影响；关注持续经营相关事项及相关审计证据对财务报表编制和披露的影响，恰当发表审计意见。

三是频繁变更审计机构的上市公司。注册会计师要全面评估相关上市公司年报审计业务的风险领域，尤其是新备案从事证券服务业务的事务所，要充分考虑上市公司业务复杂程度等因素和自身胜任能力，审慎承接。注册会计师应当在首次承接变更审计机构的上市公司审计业务时，了解上市公司的治理层结构、管理层诚信状况等，充分考虑管理层凌驾于内部控制之上的可能性，有效识别、评估和应对由于舞弊导致的重大错报风险；关注前任注册会计师是否与管理层在重大会计和审计等问题上存在意见分歧、是否存在审计范围受到限制等情况；关注上市公司所有事项，了解诉讼和担保等事项的最新进展及可能影响，复核上市公司对相关事项的会计处理和披露的恰当性；关注上市公司更换审计机构前后发布的业绩预告、业绩快报及其他与财务报告相关的公告，了解上市公司更换事务所的真正原因；关注上年度非无保留意见事项在本年的消除情况，恰当发表审计意见。

四是业绩异常波动的上市公司。注册会计师应保持职业怀疑，结合市场行情，了解上市公司业务模式、产品、交易对手、经营决策等方面的变化情况，从而对上市公司的业绩变化趋势做出判断；关注上市公司与市场趋势、预期等不相符的波动，询问了解原因，分析商业合理性，判断管理层的解释是否符合商业逻辑，就管理层作出的解释获取充分、适当的审计证据；关注同行业其他可比公司的业绩变化；关注重大非常规交易的商业合理性及其会计处理；关注相关交易证据的完整性，对异常或非常规交易资金来源或流向进行必要核查；关注与业绩预告相关的内部控制制度是否健全并得到有效实施。

注册会计师还应重点关注金融类、房地产、医药等重点行业上市公司的年报审计风险，对上市公司年报存在异常的，应当保持高度的职业怀疑，做出恰当的职业判断。

11.4.4　年报审计中需要重点关注的领域

注册会计师要高度关注下列高风险领域，更有效地识别、评估和应对财务报表重大错报风险。

一是收入审计。注册会计师要保持职业怀疑，关注收入相关内部控制设计和执行的有效性，基于收入确认存在舞弊风险的假定，评价哪些类型的收入、收入交易或认定存在舞弊风险；基于上市公司的实际交易模式、商业目的、交易定价机制、购销交易的流程及双方权利和义务等，判断交易的真实背景和商业实质，并重点关注海外销售收入、新业务模式或新产品收入、关联交易形成的收入、存在业绩对赌或其他业绩承诺的业务板块收入真实性与合理性；关注合同中每项履约义务是否能恰当区分主要责任人和代理人身份，并相应地按照总额法或净额法确认收入；关注上市公司是否存在复杂收入安排，收入确认是否涉及较多的管理层判断，充分评估收入确认时点的准确性，按照时段法确认收入是否满足企业会计准则要求的条件，是否存在跨期问题；关注毛利率较高或报告期毛利率波动较大、现金流量与收入不匹配、收入与外部渠道信息不符、特殊收付款安排、期后退款等情况；关注收入函证及应收账款、合同负债等科目函证的回函情况，恰当评价回函的可靠性；借助数据分析工具，加强对收入财务数据、业务运营数据的多维度分析，有效识别异常并实施有针对性的审计程序。

二是金融工具审计。注册会计师要关注上市公司适用金融工具系列准则规定与要求的情况，特别是金融工具分类的恰当性，是否存在债务工具与权益工具划分不当、金融工具分类随意调整等情形；关注金融工具计价的准确性；关注预期信用损失模型的运用，是否恰当识别和评估信用风险特征，是否考虑前瞻性因素对金融资产减值准备的调整，判断预期信用损失模型所使用参数的相关性和准确性，恰当识别及应对金融资产减值相关的重大错报风险；关注上市公司在客户信用风险特征发生变化时，是否及时调整组合划分情况并恰当计提信用损失准备；关注预期信用减值测试中是否存在通过改变结算方式重新计算账龄、提供增信措施重新计算损失额、变更结算对手重新计算账龄和损失额等方式调节减值损失金额等情况；关注资金集中管理的相关金融工具列报是否恰当。

三是资产减值审计。注册会计师要设计和实施审计程序，复核与资产减值相关的会计估计是否存在偏向，并评价产生这种偏向的环境是否表明存在舞弊导致的重大错报风险；充分考虑上市公司年度经营状况和未来盈利能力，综合判断相关资产是否存在减值迹象，检查减值准备计提的合理性和准确性；了解管理层是否聘请专家协助执行资产减值测试，评价其专业胜任能力、独立性，评估采用的估值方法和数据，以及将管理层专家的工作用作相关认定的审计证据的适当性；评价管理层商誉分摊方法的恰当性和盈利预测的合理性，是否将商誉合理分摊至资产组或资产组组合进行减值测试；关注是否恰当披露减值测试方法、关键假设及减值测试所使用的增长率、毛利率、折现率等关键参数；对存在前期资产减值转回等情形的，要重点关注是否存在业绩操纵及转回事项的商业合理性。

四是货币资金审计。注册会计师要关注货币资金的真实性，严格实施银行函证程序，保持对函证全过程控制，恰当评价回函可靠性，深入调查不符事项或函证程序中发现的异常情况；分析利息收入和财务费用的合理性，关注存款规模与利息收入是否匹配，是否存在"存贷双高"现象；关注是否存在与上市公司实际控制人相关的资金归集业务或资金管理协议，是否存在未披露的资金受限及关联方资金占用等情况；关注资金存放于公司注册地或业务活动以外地区的合理性，以及大额定期存款或大额存单的合理性；关注是否存在大额境外资金，是否存在缺少商业实质或与交易金额不相匹配的大额资金或汇票往来等异常情况。

五是集团审计。注册会计师在进行充分风险评估的基础上，应恰当识别集团层面的重大错报风险、识别重要组成部分、确定组成部分重要性水平；对于组成部分财务信息，集团项目审计组应当确定由其亲自执行或由组成部分注册会计师代为执行的工作类型，关注重要组成部分注册会计师是否具有必要的专业胜任能力，并与组成部分注册会计师全程进行有效双向沟通；关注上市公司是否以控制为基础确定合并财务报表的范围，并据此确定合并财务报表的合并范围是否恰当，评估未纳入合并范围的子公司可能对财务报告整体产生的影响，分析有无人为调整合并范围的情形；关注合并财务报表范围变化时，上市公司是否正确处理未实现的内部交易损益。

六是会计政策和会计估计审计。注册会计师要结合上市公司经营状况的变化及企业会计准则相关要求，充分了解变更会计政策和会计估计的意图与合理性，尤其应当关注会计政策和会计估计变更前后经营成果发生的重大变化，判断上市公司是否存在通过会计政策和会计估计变更实现扭亏为盈；要根据识别的舞弊风险因素或异常迹象，关注上市公司异常或偶发交易的重要会计政策变更，分析是否存在滥用会计政策和会计估计变更调节资产和利润等情况。

注册会计师还应重点关注关联方交易、股份支付、期后事项及大股东占用资金等相关领域的审计风险。

11.4.5　充分发挥执业监督作用，扎实做好上市公司2023年年报审计工作

（1）树立风险意识，审慎承接，加强业务执行

在客户关系和具体业务的接受与保持方面，树立风险意识，充分考虑相关职业道

德要求，全面评估新承接上市公司年报审计业务的风险领域，充分考虑业务复杂程度、业务风险等因素及执行业务必要的专业胜任能力、时间和资源、收费安排和轮换要求等，分派具有适当胜任能力的项目合伙人和项目组成员，保持应有的职业怀疑，充分关注高风险行业和审计领域，严格遵守执业准则规则，坚持诚信执业、审慎执业、勤勉执业，防范审计失败风险。

（2）关注数字化转型影响，利用新技术手段进行审计创新

随着互联网、大数据、人工智能等信息技术在经济社会各领域深度应用，事务所要关注数字经济发展和上市公司数字化转型带来的商业模式创新、业务流程重塑及管理模式变更对审计风险的影响，分析对审计方式、审计抽样、审计证据收集等技术和方法的影响，获取、开发、维护、利用适当的数字化审计工具，进行审计创新；要加强对数字化审计技术的培训，培养审计人员数字化审计能力，确保审计人员在使用审计作业系统、函证电子平台、智能文档审阅工具和数据分析软件等新型审计工具时，具备相应的专业能力并保持应有的谨慎，以更有效地进行风险评估、设计更合适的程序，并调查异常情况。

（3）把好项目质量复核，恰当发表审计意见

加强质量复核和技术咨询，委派具有行业经验的合伙人或其他类似职位的人员担任项目质量复核人，在项目适当时点实施复核程序；对重大事项和疑难问题及时进行技术咨询，并结合咨询意见对疑难、重大、有分歧的事项进行充分讨论。出具审计报告时，要恰当确定关键审计事项，并恰当披露已实施的应对措施，提高审计报告信息含量及其有效性，避免模板化。此外，在有必要发表非无保留意见情况下，注册会计师要根据相关事项的性质及影响的重大性和广泛性确定恰当的非无保留意见类型，不应以无法获取充分、适当的审计证据为由，对应识别的财务报表整体重大错报不予识别，以"受限"代替"错报"。如确认存在"审计范围受限"，应当就有关事项与治理层沟通，即使审计范围受到限制产生的影响足以导致发表无法表示意见，仍需要对审计范围没有受到限制的方面按照审计准则的规定执行并完成审计工作。

（4）与治理层进行有效双向沟通，必要时向监管机构报告重大关键事项

按照《中国注册会计师审计准则第1151号——与治理层的沟通》规定的内容和方式，与上市公司治理结构的适当人员进行有效双向沟通，了解与审计相关事项的背景，向治理层获取与审计相关的信息，及时向治理层通报审计中发现的与治理层责任相关的事项，并告知与独立性相关的事项。注册会计师不能以管理层的回应替代与治理层的沟通，避免错误评估舞弊风险。对于影响审计报告形式和内容的情形，必要时应向监管机构报告与审计质量相关的重大关键事项。

本章小结

审计报告和审计结果对于组织至关重要，它们提供了有关财务状况、内部控制和合规性的关键信息。通过合规性保证、风险管理和对未来规划的指导，审计结果对组织的长期成功起到了关键作用。

2022年10月1日后，除涉密审计报告外，全国所有的审计报告均需上传统一监管平台并被赋码，审计报告电子版与纸质版同效，普通人也能扫码查。审计报告和审计结果的应用不仅仅是财务透明度的展示，更是一个综合性的程序，为组织的战略规划和运营决策提供了有力支持。

关键概念

审计报告：Audit Report

审计结果应用：Application of Audit Results

审计意见：Audit Opinion

自测题

一、单项选择题

1. 下列有关审计报告日的说法中，错误的是（　　）。

A. 审计报告可以晚于管理层签署已审计财务报表的日期

B. 审计报告不应早于管理书面声明的日期

C. 在特殊情况下，注册会计师可以出具双重日期的审计报告

D. 审计报告日应当是注册会计师获取充分、适当的审计证据，并在此基础上对财务报表形成审计意见的日期

2. 下列情形中，通常对财务报表不具有广泛影响的是（　　）。

A. 被审计单位更换全新的会计操作系统

B. 被审计单位没有将年内收购的一家重要子公司纳入合并范围

C. 针对已经减值的某管理用固定资产，没有计提固定资产减值准备

D. 当与披露相关时，产生的影响对财务报表使用者理解财务报表至关重要

3. 下列事项中，不属于增加强调事项段的情形的是（　　）。

A. 在允许的情况下，提前应用对财务报表有重大影响的新会计准则

B. 审计的财务报表采用特殊目的编制基础编制

C. 审计报告日后发现，含有已审计财务报表的文件中的其他信息与财务报表存在重大不一致，并且需要对其他信息作出修改，但管理层拒绝修改

D. 存在已经或持续对被审计单位财务状况产生重大影响的特大灾难

4. 下列事项中，应当在审计报告中增加强调事项段的是（　　）。

A. 该事项未被确定为关键审计事项

B. 该事项未被确定为其他事项

C. 该事项未被确定为导致注册会计师发表非无保留意见的事项

D. 提醒财务报表使用者注意财务报表按照特殊目的编制基础编制

二、多项选择题

1. 针对财务报表审计，关于审计报告日下列说法中正确的有（　　）。

A. 审计报告日不应早于财务报表批准日

B. 审计报告日不应晚于注册会计师获取充分、适当的审计证据，并在此基础上对财务报表形成审计意见的日期

C. 注册会计师签署审计报告的日期可能与管理层签署已审计财务报表的日期为同一天

D. 注册会计师签署审计报告的日期可能晚于管理层签署已审计财务报表的日期

2. 下列关于关键审计事项的说法中，错误的有（　　）。

A. 如果确定不存在需要在审计报告中沟通的关键审计事项，则无须与被审计单位治理层沟通

B. 注册会计师应当从与治理层沟通过的事项中，直接确定哪些事项对本期财务报表审计"最为重要"，从而构成关键审计事项

C. 关键审计事项的应对以对财务报表整体进行审计并形成审计意见为背景，注册会计师不对关键审计事项单独发表意见

D. 如果被审计单位运用持续经营假设是适当的，但存在重大不确定性，且财务报表对重大不确定性已作出充分披露，注册会计师应当在审计报告中的"关键审计事项"部分予以披露

3. 下列关键审计事项中，不应列示在审计报告的关键审计事项部分的有（　　）。

A. 导致保留意见的事项

B. 导致否定意见的事项

C. 可能导致对持续经营能力产生重大疑虑的事项或情况存在重大不确定性

D. 可能导致对持续经营能力产生重大疑虑的事项或情况不存在重大不确定性

4. 下列各项错报中，通常对财务报表具有广泛影响的有（　　）。

A. 被审计单位没有披露关键管理人员薪酬

B. 信息系统缺陷导致的应收账款、存货等多个财务报表项目的错报

C. 被审计单位没有将年内收购的一家重要子公司纳入合并范围

D. 被审计单位没有按照成本与可变现净值孰低原则对期末存货进行计量

5. 下列有关其他事项段的说法中，正确的有（　　）。

A. 如果在审计报告中增加其他事项段，注册会计师应当将该段落作为单独的一部分，并使用"其他事项"或其他适当标题

B. 如果拟在审计报告中增加其他事项段，注册会计师应当就该事项和拟使用的措辞与治理层沟通

C. 针对管理层未在财务报表中恰当列报的事项，注册会计师应当在审计报告的其他事项段中披露

D. 在审计报告的其他事项段中提及的是未在财务报表中列报或披露的事项，且根据注册会计师的职业判断，该事项与财务报表使用者理解审计工作、注册会计师的责任或审计报告相关

三、判断题

1. 内部审计报告和外部审计报告对外都具有公证作用。（　　）

2. 注册会计师在进行审计时未能发现由于舞弊导致的重大错报的风险高于未能发现由于错误导致的重大错报的风险。（　　）

3. 审计机关应当在收到审计报告之日起 60 日内，将审计决定送达被审计单位。（　　）

4. 公正性是审计业务的灵魂，要严格按照中国注册会计师职业道德守则要求，不得因任何利害关系影响其客观公正。（　　）

四、简答题

1. ABC 会计师事务所的 A 注册会计师负责审计多家上市公司 2022 年度财务报表，遇到下列与审计报告相关的事项：

（1）A 注册会计师无法就甲公司 2022 年末计提的应收账款坏账准备获取充分、适当的审计证据，对财务报表发表了保留意见。A 注册会计师认为除这一事项外，不存在其他关键审计事项，出具的审计报告中未包含关键审计事项部分。

（2）乙公司于 2022 年末转让了重要子公司丙公司的全部股权。由于新股东拒绝配合，A 注册会计师无法对丙公司 2022 年度财务报表进行审计，以无法就丙公司股权转让损益获取充分、适当的审计证据为由，对乙公司 2022 年度财务报表发表了否定意见。

（3）丁公司 2022 年流动负债高于流动资产，A 注册会计师实施审计程序并与治理层沟通后，认为可能导致对持续经营能力产生重大疑虑的事项或情况不存在重大不确定性。A 注册会计师将其在审计报告中与持续经营相关的重大不确定性部分予以披露。

（4）戊公司的某重要子公司因环保问题被监管部门调查并停业整顿。A 注册会计师将该事项识别为关键审计事项。因戊公司管理层未在财务报表附注中披露该子公司停业整顿的具体原因，A 注册会计师在审计报告的关键审计事项部分进行补充说明。

（5）乙公司 2022 年通过向非关联方销售自用办公楼扭亏为盈，并在财务报表附注中充分披露该事项，因该交易较为简单，不构成对本期财务报表审计最为重要的事项，但对财务报表使用者理解财务报表至关重要，A 注册会计师在审计报告的关键审

计事项部分进行沟通，并索引至相关财务报表附注。

要求：针对上述第（1）～（5）项，逐项指出 A 注册会计师的做法是否恰当。如不恰当，简要说明理由。

五、论述题

1. 简述详式审计报告的内容。

 **相关阅读**

审计报告也能编？银行惨遭损失逾 8 亿元，CPA 和会计所全栽了①

2022 年 4 月 13 日，北京裁判文书网公布了一份判决书，揭露了注册会计师肖某编造虚假审计报告底稿，并"借道"长期合作的会计师事务所出具正式审计报告，用于相关企业向银行套取贷款。

为三家企业编造全套审计文件，肖某仅收取十万余元，"借道"的会计所更是仅获利 3300 元，但给银行造成了数亿元的经济损失。最终，肖某与会计所负责人张某某双双获刑。

被告人肖某系北京 A 会计师事务所（普通合伙）执行事务合伙人、注册会计师；被告单位北京 B 会计师事务所有限公司，经营范围为出具审计报告等；被告人张某某系 B 会计所法定代表人，也是一名注册会计师。肖某和 B 会计所系长期合作关系。

中注协信息显示，肖某的 A 会计师事务所成立于 2019 年，法定代表人及主任会计师均为肖某，且注册会计师仅有 2 人。虽组织形式为普通合伙，但除了肖某外，仅有 1 名合伙人在列。

B 会计所则成立于 2004 年，注册资本为 50 万元；在中注协登记的注册会计师共有 9 人，合伙人 5 名，从业人数 20 人。相比之下，B 会计所显得更为正规，肖某与其建立"长期合作关系"也不难理解。

经法院审理查明，2019 年 5 月，肖某在北京市房山区，编造虚假的北京 C 文化传媒有限公司和珠海 D 文化传媒有限公司 2017～2018 年度审计报告底稿，并要求 B 会计所出具正式审计报告。B 会计所和张某某在没有履行任何审计职责的情况下，直接为北京 C 公司和珠海 D 公司出具 2017 年至 2018 年度审计报告。

2019 年 8 月，肖某编造虚假的北京 E 科技有限公司 2016 年至 2018 年度审计报告，并以 A 会计所名义出具正式审计报告。

2019 年 10 月，肖某编造虚假的 E 公司 2016 年至 2018 年度审计报告底稿，并要求 B 会计所出具正式审计报告。同样，B 会计所和张某某在没有履行任何审计职责的

---

① 材料来源：《中国基金报》。

情况下，直接为 E 公司出具 2016 年至 2018 年度的审计报告。

"一顿操作"之下，肖某获利共计 10.9 万元，而 B 会计所出具两份虚假审计报告的获利却只有 3300 元。但其制作的虚假审计报告，却给银行带来了重大损失。

虚假审计报告所为何来？自然是被企业用于向银行贷款。其中，肖某、B 会计所为北京 C 公司和珠海 D 公司出具的 2017~2018 年审计报告，被用于向北京银行某支行贷款 3.3 亿元。为 E 出具的两份 2016~2018 年度审计报告，同样被用于向北京银行某支行贷款 0.8 亿元、4 亿元。

记者获取的一份北京银行某支行与北京 C 等金融借款合同纠纷判决书显示，2019 年 5 月，北京银行某支行向北京 C 公司提供 3.3 亿元借款，借款期限为 1 年，珠海 D 公司及北京 C 公司法定代表人李某提供连带责任担保，且有 7 套房屋抵押。

在贷款发放后，北京 C 公司均未按约定支付相应利息。2020 年 4 月，北京银行某支行宣布贷款提前到期，要求北京 C 公司立即清偿债务，但各方一直未履行还本付息义务。在庭审中，北京 C 公司、珠海 D 公司及多名保证人均未出庭及答辩。虽然北京银行某支行最终胜诉，但未出现的被告往往意味着后续执行不畅，仍有可能产生损失。

为什么几份虚假审计报告"伤害"的总是北京银行某支行，这个问题判决书中并没有给出回答，但北京银行的确成为本案的被害单位。

据检察院指控，肖某编造的虚假审计报告给北京银行造成直接经济损失 8 亿余元，B 会计所出具的虚假审计报告给北京银行造成直接经济损失 7 亿余元。

2021 年 6 月，肖某、张某某被公安机关电话传唤到案，最终东窗事发。

公诉机关指出，被告人肖某作为承担审计职责的中介人员，故意提供虚假证明文件，情节严重，应当以提供虚假证明文件罪追究其刑事责任；被告单位 B 会计所及被告人张某某作为承担审计职责的中介方，严重不负责任，出具的证明文件有重大失实，造成严重后果，应当以出具证明文件重大失实罪追究其刑事责任，提请法院依法处理。

肖某及张某某对公诉机关的指控未提出异议，均当庭表示认罪认罚。B 会计所在认罪认罚之外辩称，其不知道出具审计报告的用途，是出于对长期合作的肖某的信任才出具审计报告。

被害单位北京银行的诉讼代理人则提出，认为肖某的行为构成骗取贷款罪的共犯，应当以该罪追究其刑事责任，不应对肖某适用缓刑；A 会计所构成单位犯罪，建议追究其刑事责任。

北京市房山区法院认为，公诉机关指控被告人肖某提供虚假证明文件罪、指控被告单位 B 会计所及被告人张某某犯出具证明文件重大失实罪的事实清楚，证据确实、充分，指控的罪名成立，法院予以支持。

此外，由于二人经民警电话传唤自动到案，到案后如实供述自己的主要犯罪事实，系自首，亦自愿认罪认罚，且被害单位的损失系多种因素作用在一起所造成，可依法对其从轻处罚并适用缓刑。B会计所在公安机关立案前积极配合公安机关调查并提供相关证据材料，系自首，可对其从轻处罚。

最终，法院判决如下：

一、被告人肖某犯提供虚假证明文件罪，判处有期徒刑1年，缓刑1年，并处罚金5万元。

二、被告单位北京B会计师事务所有限公司犯出具证明文件重大失实罪，判处罚金2万元。

三、被告人张某某犯出具证明文件重大失实罪，判处有期徒刑8个月，缓刑1年，并处罚金5000元。

四、向被告人肖某追缴犯罪所得10.9万元，向被告单位北京B会计师事务所有限公司追缴犯罪所得3300元，均予以没收，上缴国库。

五、随案移送的笔记本电脑一台、手机二部，均予以没收。

参考文献

［1］Stephenson S S. CPA Perception of Big Data Analytics［J］. Cost management，2023.

［2］陈伟，王子怡. 电子会计档案与数字化审计：机遇、风险与发展对策［J］. 中国注册会计师，2023（12）：74-77.

［3］陈伟. 大数据审计［M］. 中国人民大学出版社，2021.

［4］陈伟. 智能审计［M］. 机械工业出版社，2021.

［5］崔竹. 大数据审计实践路径与创新研究［J］. 财会通讯，2022（13）：111-116.

［6］董大胜. 审计本质：审计定义与审计定位［J］. 审计研究，2015（2）：3-6.

［7］黎占露. 新形势下风险导向审计应用实践——以 W 公司实践为例［J］. 中国内部审计，2023（5）：60-62.

［8］刘国城，李君，尤建，等. 浅析大数据审计采集技术体系的构成及其应用［J］. 中国内部审计，2023（1）：91-95.

［9］秦荣生. 数据导向审计体系构建：风险模型、方法体系与实现路径［J］. 审计研究，2023（5）：3-10.

［10］王会金，许莉. 审计学基础［M］. 北京：中国人民大学出版社，2020.

［11］王守龙，王珠强，杨玉龙，鲁学生. 审计学基础［M］. 清华大学出版社，2019.

［12］文硕. 世界审计史［M］. 立信会计出版社，2019.

［13］张莉. 计算机数据审计（大数据环境下的审计实务与案例分析）［M］. 清华大学出版社，2021.

［14］张庆龙，何佳楠. 大数据审计的业务逻辑：基于事项审计的思考［J］. 会计之友，2022（21）：46-51.

［15］周冬华，陈强兵. 大数据审计分析［M］. 清华大学出版社，2023.

自测题参考答案

1 审计的概念

一、单项选择题

1. B　2. C　3. B　4. B　5. B　6. D

二、多项选择题

1. AB　2. ABC　3. ABC

三、判断题

1. √　2. √　3. √

2 审计的对象和目标

一、单项选择题

1. B　2. C　3. D　4. D

二、多项选择题

1. BC　2. ACD　3. ABCD　4. ABC　5. ABC　6. ABC

三、判断题

1. √　2. ×　3. √

3 审计规范与职业道德

一、单选题

1. D　2. D　3. D　4. B　5. D　6. C　7. A　8. C

二、多选题

1. ABCD　2. ABCD　3. AD

三、判断题

1. ×　2. √　3. √　4. ×　5. √　6. ×

4 审计依据

一、单选题

1. B　2. D

二、多选题

1. ABCD 2. ABC 3. AC

三、判断题

1. √ 2. √ 3. × 4. √

5 审计程序

一、单项选择题

1. D 2. B 3. D 4. C 5. A 6. B 7. B

二、多项选择题

1. ABC 2. ABCD 3. ABCD 4. ACD 5. AB 6. AC

三、判断题

1. √ 2. √ 3. √ 4. × 5. × 6. √ 7. √ 8. √ 9. √

6 审计证据与审计工作底稿

一、单项选择题

1. B 2. C 3. B 4. D 5. D 6. D 7. A 8. B 9. A 10. A

二、多项选择题

1. ABCD 2. ABCD 3. CD 4. ABC 5. ABCD 6. CD

三、判断题

1. × 2. √ 3. √ 4. ×

7 审计取证策略与演进

一、单选题

1. C 2. A 3. D 4. D 5. C

二、多选题

1. ABC 2. AD 3. ABCD 4. ABCD 5. ABD

三、判断题

1. × 2. √ 3. × 4. √ 5. × 6. √ 7. √ 8. × 9. √

8 审计方法

一、单项选择题

1. A 2. D 3. D 4. D 5. C

二、多项选择题

1. AB 2. ABC 3. ABCD 4. ABCD 5. ABCD

三、判断题

1. × 2. × 3. √

9 审计信息技术迭代

一、单项选择题

1. D 2. E

二、多项选择题

1. AB 2. ABCDE

三、判断题

1. √ 2. √ 3. ×

10 大数据审计

一、单项选择题

1. A 2. A 3. D

二、多项选择题

1. AC 2. ABCD 3. ABCD

三、判断题

1. √ 2. √ 3. ×

11 审计报告及结果应用

一、单项选择题

1. D 2. C 3. C 4. C

二、多项选择题

1. ACD 2. ABD 3. ABC 4. BC 5. ABD 6. BCD

三、判断题

1. × 2. √ 3. × 4. ×